幕末維新史年表

大石 学 編

東京堂出版

はじめに

　本書は、天保15年（1844）から明治11年（1878）までの、幕末維新期の年表である。この時期、日本は、江戸幕府を中心とする近世国家・社会から、明治政府による近代国家・社会へと移行した。しかし、この過程は、まず外国への対応をめぐって、「攘夷」と「開国」の政治対立が引き起こされ、その後、政治状況と結びつき、「尊王攘夷」と「公武合体」の対立へと展開した。そして最終的には、幕府・徳川家の存否をめぐって、「倒幕・討幕派」と「佐幕派」の対立へと発展し、ついに大規模な武力衝突（戊辰戦争）へと突き進んだのである。
　この複雑な政治過程は、幕府、朝廷、藩、さらには民衆など社会諸階層を巻き込むものであった。「維新三傑」といわれる薩摩藩の西郷隆盛、大久保利通（としみち）、長州藩の木戸孝允（たかよし）、「四侯」とよばれる越前福井藩の松平慶永（春嶽）（しゅんがく）、薩摩藩の島津斉彬（なりあきら）（斉彬没後は久光（ひさみつ））、土佐藩の山内豊信（とよしげ）（容堂）（ようどう）、伊予宇和島藩の伊達宗城（だてむねなり）、さらには将軍徳川家定（いえさだ）、家茂（いえもち）、慶喜、その他、土佐藩の坂本龍馬など多くの人物が現れ、歴史の舞台を彩った。

■幕末維新の政権交代と時期区分

　本書は、上記のような「幕末維新期」、すなわち「徳川将軍体制」から「明治天皇体制」への移行の全貌を見渡そうとするものである。
　この体制移行の前提には、19世紀における、商品経済の発展にもとづく国内状況の変化と、資本主義の発達を背景とする欧米列強のアジア進出という国際環境の変化があった。
　幕末維新期は、3つの時期に大別できる。まず「第Ⅰ期」は、嘉永6年（1853）6月の「ペリー来航」から、慶応3年（1867）10月の徳川将軍体制消滅の「大政奉還」と、12月の天皇体制出現の「王政復古」までの約14年半。次の「第Ⅱ期」は、慶応4年（1868）正月の鳥羽伏見の戦いから、翌年5月の箱館五稜郭の戦いまで、新政府勢力と旧幕府・佐幕勢力が軍事的に衝突し、新政府勢力の勝利に終わる「戊辰戦争」の約1年半。そして「第Ⅲ期」は、明治2年（1869）6月新政府が全国藩主に命じ版（土地）と籍（人民）を朝廷に返納させる「版籍奉還」や、明治4年（1871）7月諸藩を廃し府県を置く「廃藩置県」をへて、明治10年（1877）2月から9月まで、西郷隆盛が新政府に武力闘争を挑んだ「西南戦争」の終結までの約8年である。以下、この展開を見ることにしたい。

はじめに

■第Ⅰ期:「徳川将軍体制」の終焉

　まず「第Ⅰ期」では、19世紀における欧米列強の日本接近という国際環境の変化を前に、国内では外国船の打ち払いを主張する「攘夷派」と、外国との交易を主張する「開国派」が対立した。すでに幕府は、文政8年（1825）2月に「異国船打払令」を出し、日本に接近する異国船を砲撃し追放するよう指示していた。しかし、天保11年（1840）オランダ船により中国のアヘン戦争勃発の報が伝えられると、天保13年（1842）7月に同令を撤回し、異国船に食料・薪水を与えて穏やかに退去させる「薪水給与令」を出し、政策を転換した。

　一方、この時期14代将軍の就任をめぐり、紀州藩主徳川慶福（のち家茂）を推す井伊直弼ら「紀州派」と、一橋家当主徳川慶喜を推す前水戸藩主徳川斉昭ら「一橋派」が対立した。

　その後、嘉永7年（1854）正月、ペリーが再来日すると、3月、幕府は日米和親条約を締結した。安政3年（1856）7月、アメリカ総領事ハリスが来日すると、安政5年（1858）4月、大老に就任した井伊は、朝廷の許可を得ないまま6月に日米修好通商条約を締結（つづいてオランダ、ロシア、イギリス、フランスとも締結）し「開国」路線を進めた。さらに、10月には井伊が推す家茂が将軍に就任したが、こうした井伊の強引な政治を批判して、「尊王攘夷」運動が高揚した。

　大老井伊は、安政5年（1858）から翌年にかけて、一橋派と尊攘派を弾圧する「安政の大獄」を断行した。しかし、激昂した尊攘激派の水戸浪士と薩摩浪士は、安政7年（1860）3月、井伊を暗殺する「桜田門外の変」を起こした。

　活発化した尊攘運動は、京都を席巻、強力な政治勢力となり、文久3年（1863）3月、将軍家茂を上洛させ、攘夷決行を約束させた。同年5月、長州藩は下関で外国船を砲撃する攘夷を実行し、7月、薩摩藩はイギリス艦と砲撃戦を展開した。しかし、同年8月、「公武合体」を名目に、京都で勢力回復を目指す幕府や会津・薩摩両藩などは、長州藩を中心とする尊攘派を京都から一掃するクーデター「八月十八日の政変」に成功し、翌元治元年（1864）7月、公武合体派は、反撃を試みる尊攘派を「禁門の変」で破った。しかも、同年8月長州藩は、イギリス・フランス・アメリカ・オランダの四か国連合艦隊の攻撃に敗れ、尊攘派は大きく後退した。

　しかし、その後尊攘派は、徳川家抜きの諸侯会議を軸とする国家構想である「公議政体論」を唱え「倒幕派」へと展開し、さらには武力倒幕を主張する「討幕派」へと成長した。この動きに対抗し、幕府など公武合体派は、徳川家を頂点とする「公議政体論」構想を主張し、慶応3年（1867）10月、15代将軍慶喜は、討幕派の先手を打ち、自ら天皇に政権を返上する「大政奉還」を表明した。しか

し、12月長州・薩摩両藩や急進派公家ら討幕派は、慶喜復活の可能性を奪う「王政復古」(天皇親政)の号令を発した。この日の夜、小御所会議において、討幕派は、徳川家の政権維持をねらう公議政体派を圧倒し、慶喜に辞官・納地を命じた。ここに、「徳川将軍体制」は終焉を迎えたのである。19世紀、「国訴」「郡中議定」などの民衆意識の成長や、全国各地での「世直し一揆」や「ええじゃないか」の高揚が、「徳川将軍体制」を根底から揺さぶったことも、政権移行の要因となった。

■第Ⅱ期：「戊辰戦争」の展開

しかし、新政府の基盤も盤石ではなかった。当時、徳川家の地位・権力の維持を目指す「旧幕府・佐幕派」勢力が、依然として大きな力をもっており、徳川家の排除を目指す「薩長・討幕派」と対立していた。

慶応4年(1868)正月、旧幕府・佐幕派と薩長・討幕派は、「鳥羽・伏見の戦い」で激突した。このとき、朝廷が薩長・討幕派を「官軍」と認定し、旧幕府軍総大将の徳川慶喜が、大坂から江戸に逃亡したため、薩長・討幕派の完全勝利となった。慶喜は、上野寛永寺で謹慎したが、この鳥羽・伏見の戦いを発端として、約1年半にわたる「戊辰戦争」が起こったのである。これを幕末維新「第Ⅱ期」と位置づけることができる。

慶応4年(1868)正月、徳川慶喜追討の命を受けた新政府軍の東征大総督府は、3月15日の江戸城総攻撃を決定した。しかし、総攻撃の前日、西郷隆盛と勝海舟の会談が成功し、総攻撃は中止となった。中止の要因の1つに、イギリス公使パークスによる攻撃反対という国際的圧力があったともいわれる。この結果、4月11日、徳川家の拠点、幕府行政の中枢であった江戸城は、新政府に明け渡され、「無血開城」が実現した。

しかし、翌5月佐幕派の東北25藩が連合して「奥羽列藩同盟」を結成、のち北越6藩が加わり「奥羽越列藩同盟」へと拡大し、新政府との対決姿勢を強めた。同5月、新政府軍は、上野寛永寺にこもる旧幕府勢力の彰義隊を攻撃する「上野戦争」を起こし、これを1日で壊滅させた。その後、北関東各地で旧幕府軍・佐幕派が抵抗し、北陸でも長岡藩を中心に「北越戦争」が戦われた。

7月、新政府は江戸を東京と改称し、7月末、長岡と新潟を占領して北越戦争を終結させた。8月、旧幕臣の榎本武揚は、旧幕府艦隊を率いて江戸湾を脱出、東北に向かった。翌9月8日には慶応から明治に改元され、22日の会津落城により東北戦争が終結した。

榎本は、東北の諸兵力を糾合して蝦夷地箱館の五稜郭を占拠、箱館政府を樹立

はじめに

した。翌明治2年（1869）2月、「東京遷都」が決定された。同年4月、雪解けを待って、新政府軍は五稜郭に総攻撃をかけ「箱館戦争」が始まった。激戦の末、5月に榎本軍は降伏、ここに1年5カ月に及ぶ戊辰戦争は終結し、新政府は全国的な支配権を確立したのである。

戊辰戦争は、ヨーロッパのクリミア戦争（1853〜56）、アメリカの南北戦争（1861〜65）などで使用されて終戦とともに不要となった大量の武器が、日本に輸入され使われた、日本初の「近代戦争」であった。この時期、250年の「平和」をへて、政庁・役所と化した城郭での籠城戦は明らかに不利であり、武器・弾薬の補給地である横浜、長崎、神戸、新潟、箱館など開港・貿易港の掌握が戦争の帰趨を制した。

しかし、戊辰戦争の戦死者は、意外に少ない。明田鉄男編『幕末維新全殉職者名鑑』（新人物往来社、1986年）によると、鳥羽・伏見の戦いの戦死者は、旧幕府軍283人（内会津130人、幕府・新選組119人）、新政府軍は110人、戊辰戦争全体では、東北諸藩を含む旧幕府軍8,625人、新政府軍4,925人であった。同じ武器・弾薬を使ったアメリカの南北戦争では約62万人が戦死傷している。「西洋文明」による国家的危機を前に、兵農分離による戦争参加者の制約、国学によるナショナリズムの高まり、洋学による合理的・客観的意識の浸透など、「江戸文明」は、最小のリスクと犠牲による政権交代の道を選んだといえる。

今日、戊辰戦争は、勝敗・戦術の面だけではなく、「徳川将軍体制」から「明治天皇体制」への移行の過程として、あらためて見直される必要がある。

■第Ⅲ期：「明治天皇体制」の創出

こうして政権を獲得した新政府であったが、権力の強化は急務であった。明治政府は、幼い天皇を権威として戴き、欧化政策・開化政策など、上からの急激な「近代化」「専制化」をすすめ、「明治天皇体制」を創出していった。

明治4年（1871）7月、廃藩置県を断行した新政府は、10月、欧米の文明や諸制度を学ぶために、岩倉具視を特命全権大使とし、木戸孝允（たかよし）、大久保利通、伊藤博文（ひろぶみ）らが加わる「遣米欧使節団」を派遣した。明治5年（1872）9月に岩倉らは帰国するが、この間、西郷隆盛を中心とする「留守政府」が、国政を担当した。

しかし、新政府の政策に対して、まず旧武士階級の士族たちが不満を表明した。彼らは、版籍奉還・廃藩置県に加えて、明治6年（1873）正月の徴兵令発布による特権喪失、同年に始まる秩禄処分（ちつろくしょぶん）（家禄制度の廃止）など、身分的・経済的不安定化に不満を高めた。さらに、岩倉使節団帰国後の同年10月には、「征韓論」（遣韓論（けんかん）とも）をめぐり、政府内の対立が激化、征韓論に反対する岩倉、大久保、

木戸らに敗れた西郷、板垣退助、江藤新平らが下野した。

　征韓派を含む反政府派は、士族の不満を集め、翌明治7年（1874）佐賀の乱（江藤ら旧佐賀藩士）、明治9年（1876）神風連の乱（旧熊本藩士）、秋月の乱（旧秋月藩士）、萩の乱（前原一誠ら旧長州藩士）など、各地で武力反乱を起こしたが、明治政府はすべてこれを弾圧した。翌明治10年（1877）2月、ついに西郷は鹿児島私学校の生徒に擁立され、「西南戦争」を起こした。明治政府は、ただちに徴兵令による近代軍隊を派遣、激戦の末9月に勝利した。これによって、士族の武力反乱は終わり、反政府運動は、「自由民権運動」へと展開されていく。

　他方、士族のみならず、民衆も新政府の近代化政策に不満を高めた。明治5年（1872）8月、新しい学校制度を創設する「学制発布」にともなう、学校設立の負担に反対し、「学制反対一揆」を起こした。また、明治6年（1873）1月の「徴兵令発布」に対しても、全国各地で「徴兵令反対一揆」を起こし、徴兵忌避が増加した。さらに、新政府は同年7月に土地租税制度の改革である「地租改正条例」を公布し、全国的な改革を断行したが、実質的な増税となったため、庶民は「地租改正反対一揆」にも立ち上がった。

　これらさまざまな抵抗を受けつつ、明治政府は「明治天皇体制」を確立していったのである。

■幕末維新＝「官僚革命」論

　以上で見てきた幕末維新の政治過程は、たしかに武士の時代の終焉を示すものであった。しかし、江戸時代の武士は、250年以上の「平和」のなかで、中世の「戦闘者」から「官僚」へと、確実にその実体を変化させていたのである。彼らの官僚システムについて、来日外国人たちは興味深い分析をしている。

　安永8年（1779）に来日したオランダ商館長ティテングは、「内裏の影響力は無に等しく、したがって主権は、実際には将軍家に委ねられている」（『日本風俗図誌』）と、天皇に政治的実権がないことを述べている。また、安政4年（1857）に来日したオランダ人カッテンディーケは、「統治は江戸の国務会議によって行なわれ、有力なる藩侯がその会議に列していた。その会議の議長、すなわち大老は将軍自身よりも大きな権力をふるっていた」（『長崎海軍伝習所の日々』）と、将軍権力の限界を述べ、文久3年（1863）に来日したロシア人のゴンチャロフは、「老中は将軍なしでは何事もできないし、将軍も老中なしでは何事もできないし、将軍も老中も諸侯に諮らなければならない」（『日本渡航記』）と、将軍や老中の権力も制限されていたことを述べている。

　大名についても、イギリス海軍将校ディキンズが「大名というものは名目上の

はじめに

存在にすぎず、実権は家老(カロー)の手中にあった。家老の多くは世襲制で、主君と同じく、ほとんど無力であった」「大名の領地は家老(カロー)によって治められたが、家老それ自身も、ずっと下級の役人たちに操られる世襲的な人形にすぎない場合が多かった」(『パークス伝』)と、大名や家老らも権限は限られていたと述べている。

すなわち、江戸時代を通じて、幕府や諸藩では、奉行・役人など中下級官僚たちが実権を握るに至ったのである。このことをふまえて、幕末維新という権力移動の過程を見直すならば、江戸時代後期の「内憂外患」に促されて、それまで譜代大名や旗本など「幕府官僚」が担ってきた国家運営を、朝廷官僚や藩官僚を加えた「新政府官僚」が担うという権力構造の変化ととらえることができる。すなわち、幕末維新の政権交代は「官僚革命」と位置づけられるのである。

慶応4年(1868)3月14日、明治天皇は京都御所で新たな政治方針である「五箇条の誓文」を発表する。これを作成したのは、江戸時代を通じて育ってきた諸藩や朝廷の官僚たちであった。原案は、福井藩士の由利公正(ゆりきみまさ)と土佐藩士の福岡孝弟(たかちか)が作成し、長州藩士の木戸孝允(たかよし)がこれを直し、公家の岩倉具視(ともみ)と三条実美(さねとみ)が加わり最終案を作っている。誓文の第1条は、「議会をつくり、さまざまなことがらを公論(皆の意見)で決める」というものである。武力によらず、議会で議論を尽くして物事を決めるという姿勢こそ、250年以上「平和」を維持した江戸時代の到達点でもあった。

■世界史的に見た幕末維新

さて、幕末維新の政権交代を世界史的に見ると、短期間かつ少ない犠牲のもとで達成された、「省エネ・小ロス」の近代化であったといえる。明治4年(1872)、遣米欧使節団の一員の伊藤博文(ひろぶみ)は、サンフランシスコの演説で、次のように述べている。

「わが国が物質的に改革されるにつれて、国民は、数世紀にわたって拒まれて来た当然の権利をようやく理解するにいたりました。維新の内乱は、一時的な結果に過ぎません。わが国の大名は、寛大にも領地を奉還し、その自発的行為は新政府により受け入れられました。1年とたたないうちに、数百年以前に確立していた封建制度は、一発の銃も発せず、一滴の血も流さずに完全に廃止されました。この驚くべき結果は、政府と国民との共同行動によって、遂行されたのであり、今や両者は平和な進歩の道を、協力して進んでおります。中世のいかなる国が、戦争をしないで、封建制度を打ち倒したでありましょうか?」(J・R・ブラック『ヤング・ジャパン3』ねずまさし・小池晴子訳、平凡社東洋文庫、1970年、183〜184頁)

ここで伊藤は、戊辰戦争の犠牲者にはあえてふれず、新政府の改革が世界の国々と比較して、スムーズに展開したことを誇っている。新政府の立場からの勝手な言い分ではあるが、戊辰戦争が、局地戦に限定し、殲滅戦を避け、戦後処理においては、多くの旧幕府軍・佐幕軍参加者に、才能を生かす途を与えた意義は小さくない。旧幕臣の大久保一翁（東京府知事）、勝海舟（枢密顧問官）、大鳥圭介（学習院院長、朝鮮駐在公使）、榎本武揚（文部大臣・外務大臣）、会津藩の秋月悌次郎（熊本第五高等学校教授）、山本覚馬（京都府顧問、同府議会議長、京都商工会議所会長）、山川健次郎（東京帝国大学総長）、柴五郎（陸軍大将）らの後半生は、その一端を示している。会津戦争において大砲・鉄砲で抵抗した山本八重は罰されず、夫の新島襄とともに同志社の経営に尽力している。

伊藤は演説において、幕末維新の近代化が、日本の「封建制度」を武力を使わずに、血を流すことなく廃止したことに意義があるとし、世界中どこを見ても、戦争をせずに封建制度を終えた国はないと自慢している。大政奉還、王政復古（ともに1867年）、版籍奉還（1869年）、廃藩置県（1871年）という一連の大がかりな政治変革が、ほとんど抵抗なく実施されたことを世界に誇っているのである。

今日、幕末維新を見直す作業は、欧米文明重視で歩んできた明治以降の日本のあり方の再検討につながる。今日、欧米主導のグローバリズムの矛盾・問題が世界的規模で深刻化する状況を考えるうえで、ますます重要になっている。「平和」「人権」「環境」など人類普遍の価値をしっかりと見据えつつ、本書によって「江戸の達成」と「明治への移行」が短期間に実現する「幕末維新」の歩みを、あらためてたどっていただければ幸いである。

平成30年　秋

大石　学

幕末維新史年表 ● 目次

はじめに　001
凡　例　010

天保15年（1844）	012		文久元年（1861）	108
弘化元年（1844）	014		文久2年（1862）	114
弘化2年（1845）	014		文久3年（1863）	128
弘化3年（1846）	018		文久4年（1864）	144
弘化4年（1847）	020		元治元年（1864）	144
弘化5年（1848）	024		元治2年（1865）	160
嘉永元年（1848）	024		慶応元年（1865）	164
嘉永2年（1849）	026		慶応2年（1866）	170
嘉永3年（1850）	030		慶応3年（1867）	178
嘉永4年（1851）	032		慶応4年（1868）	194
嘉永5年（1852）	034		明治元年（1868）	214
嘉永6年（1853）	036		明治2年（1869）	220
嘉永7年（1854）	042		明治3年（1870）	230
安政元年（1854）	052		明治4年（1871）	234
安政2年（1855）	054		明治5年（1872）	240
安政3年（1856）	064		明治6年（1873）	250
安政4年（1857）	070		明治7年（1874）	256
安政5年（1858）	078		明治8年（1875）	262
安政6年（1859）	090		明治9年（1876）	264
安政7年（1860）	096		明治10年（1877）	268
万延元年（1860）	100		明治11年（1878）	274
万延2年（1861）	108			

参考文献　278
付録　282
索引　289

凡　例

- 本書は、天保15年（1844）〜明治11年（1878）までの出来事を収録した。
- 見開きで左頁に年表を、右頁にそれに対応する参考資料を掲載した。右頁に対応する参考資料がある語句には＊を付した。
- 明治5年（1872）12月3日の改暦より以前は陰暦の年月日を使用し、改暦以後は新暦の年月日を用いた（明治5年（1872）の12月3日をもって新暦の明治6年（1873）1月1日）。
- 外国に関する事項については、グレゴリオ暦の年月日を補足している。

〔人名〕
- 同一人物については、一般読者を想定し、教科書に載っている名や代表的な名で統一した。ただし、江川太郎左衛門（英龍）や桂小五郎（木戸孝允）、松平慶永（春嶽）、など、必要に応じて号などを補足したものもある。
- 人名には、その人物の立場がわかるよう、役職名や身分などを併記した。
- 外国人名はファミリーネームのみを掲載し、親子などで区別の必要がある場合はファーストネームを付した。カタカナ表記は一般的なものを採用した。
- 人名のルビは主に『明治維新人名辞典』（吉川弘文館）、『江戸幕府旗本人名事典』（原書房）、『山川日本史小辞典』（山川出版社）によった。

〔地名・事項名など〕
- 地名や場所には適宜（　）で現在の地名（○○県○○市。政令指定都市は○○市○○区）を示した。
  例：箱館（北海道函館市）
- 藩名について、同名の藩が複数あり区別が必要なもの（例：伊予松山藩・備中松山藩）のみ旧国名を付した。巻末に旧国名と藩名の一覧を付した。
- 地名のルビは、『角川日本地名大辞典』（角川書店）、『日本歴史地名大系』（平凡社）に準拠した。
- 「大坂」は明治改元より「大阪」とした。「箱館」については箱館戦争が終結し明治新政府に接収された時点より「函館」の表記とした。
- 「倒幕」「討幕」の表記について、一般的に武力倒幕に移行したときに「討幕」とされる。本書は慶応3年（1867）の討幕の密勅以後を「討幕」とした。

幕末維新史年表

天保15年（1844）

1月 緒方洪庵、新しく移転した適々斎塾*（適塾）で講義を開始する。適々斎塾は、緒方洪庵が開いた蘭学塾で、前年12月に瓦町（大阪市東区）より過書町（大阪市東区）に移転。以後、適々斎塾は入門者が増えて拡張される。

2月26日 間宮海峡の発見者・探検家の間宮林蔵、没する。林蔵は、常陸国筑波郡上平柳村（茨城県つくばみらい市）の農民の出で、幕府の蝦夷地御用掛御雇となり、箱館（北海道函館市）で日本最初の実測地図を作製した地理学者の伊能忠敬に出会い、測量術を学んだ。西蝦夷地、千島諸島、樺太を探検・測量し、樺太が島であることを確認*。オランダ商館の医師として来日したシーボルトは、彼の樺太地図を見て樺太と大陸間の海峡を「間宮の瀬戸」と名づけてヨーロッパに紹介した。これが現在の間宮海峡である。

3月11日 フランス極東艦隊のアルクメーヌ号、琉球（沖縄県）の那覇港に入港。翌日、司令長官セシーユに派遣されたアルクメーヌ号艦長デュブランが上陸し、琉球当局に会見を要求。天久村・聖現寺（那覇市）において琉球側に和親・交易を求め、追って来航するセシーユ提督への返答を要望した。このさい、フランス側は宣教師フォルカドら2名を残して去る。アヘン戦争以降、異国船が琉球へ来航するきっかけとなったのが仏軍艦アルクメーヌ号の琉球来航であった。

4月20日 佐賀藩、長崎・伊王島（長崎市）に大砲を設置する。

5月5日 佐賀藩、火術方役所を設置し、砲術研究を開始する。

5月6日 水戸藩主徳川斉昭、幕府から藩政改革の行き過ぎを問われ、隠居・謹慎の処分を受ける。水戸藩主は斉昭の長男慶篤が13歳で跡を継いだ。この折、斉昭側近の藤田東湖ら改革派も処罰され、藩政は保守門閥派が握ることとなる。

5月10日 江戸城、火災に遭う。本丸御殿より出火し、大奥、表御殿などが焼失する。

5月24日 幕府、下田（静岡県下田市）・羽田（東京都大田区）の両奉行を廃止する。下田奉行*は享保5年（1720）に奉行所が浦賀（神奈川県横須賀市）へ移り、廃止されていたが、海防強化の必要で台場築造にあたり天保13年（1842）に再置、下田の宝福寺が仮奉行所にあてられていた。

天保15

主な適々斎塾出身者

池田謙斎	（東京帝国大学初代医学部綜理）
石田英吉	（海援隊士）
大鳥圭介	（工部大学校校長）
大村益次郎	（陸軍の創立者）
久坂玄機	（長州藩士。久坂玄瑞の兄）
佐野常民	（日本赤十字社初代総裁）
高松凌雲	（箱館戦争に参戦した医師）
高峰譲吉	（アドレナリンの発見者）
武田斐三郎	（五稜郭の設計者）
手塚良仙	（手塚治虫の曾祖父）
長与専斎	（貴族院議員）
橋本左内	（安政の大獄で斬首）
福沢諭吉	（慶應義塾を創設）
箕作秋坪	（東京図書館館長）

現存する適々斎塾（適塾）の建物（大阪市中央区）
国史跡・重要文化財として保存されており、内部を見学することができるようになっている。

間宮林蔵は2度にわたって樺太の調査を行った。

下田奉行所の変遷

元和2年	(1616)	設置
享保6年	(1721)	廃止
天保13年	(1842)	設置
天保15年	(1844)	廃止
嘉永7年	(1854)	設置
万延元年	(1860)	廃止

1844−1845

6月21日	浜松藩主水野忠邦*、老中首座に復職する。
6月	長州藩、藩政が坪井九右衛門派（俗論派）に還る。藩内の天保の改革*を推進してきた村田清風（正義派）が失脚すると、坪井らはこれまでの改革の行き過ぎを是正するため、村田の発令した藩の法令、すなわち藩の負債と藩士の借財を37年賦で皆済しようという三十七カ年賦皆済仕法を廃止するなどした。
7月2日	オランダ軍艦パレンバン号、長崎に入港し、オランダ国王ウィレム2世の国書と献上品をもたらす。オランダの使節コープスが来航。8月21日、長崎奉行の旗本伊沢政義がコープスと会見し、国書を受け取る。翌日、国書は江戸へ送られた。オランダは幕府に開国を勧告したが、これにはシーボルトがオランダ国王に働きかけたことが大きかった。その後、幕府からの書簡がコープスへ与えられ、開国勧告へ返書することが伝えられる。10月18日、オランダ軍艦は長崎を出航。
8月6日	佐賀藩、オランダ式銃100挺の製造を開始する。
11月26日	水戸藩の前藩主徳川斉昭、謹慎を解かれる。しかし、藩政への復帰はまだ先のことに。
12月2日	弘化に改元。

弘化元年 (1844)

この年、幕府は蝦夷地の箱館など12カ所に守備兵を置き、砲台を築く。津山藩の蘭学者箕作阮甫、世界地図「新製輿地全図」*を刊行する。阮甫は、天保10年（1839）に幕府から外国の書物や書簡を翻訳するために設けられた役職である天文方蕃書和解御用に任命されて務めていた。「新製輿地全図」は、養子の箕作省吾の協力を得て刊行された。

弘化2年 (1845)

2月22日	老中首座の水野忠邦（浜松藩主）、罷免となる。忠邦は、12代将軍徳川家慶の命を受けて幕政改革に取り組み、天保の改革を断行したが、諸大名から庶民に至る諸階層からの反発に遭い、頓挫した。こうしたなか天保11年（1840）隣国の清では、イギリスとの不平等条約を結ぶこととなるアヘン戦争が起こり、日本の外交問題も逼迫した。忠邦は

天保15/弘化元－弘化2

水野忠邦（首都大学東京図書館蔵）

水野忠邦
1794～1851。幕府で権力を得るために猟官運動を行い、唐津藩主から浜松藩主となる。目論見どおり老中となるが、天保の改革が失敗し、失脚。のち老中に返り咲くが生彩を欠いた。

天保の改革
水野忠邦が中心となって行った。風俗を粛清し、株仲間を解散させて物価値下げを命じたものの市場を混乱させるだけだった。また、諸大名や旗本の領地を取り上げる上知令（じょうちれい）を発して幕政再建に努めたが、強引な手法が反発を買い失敗した。

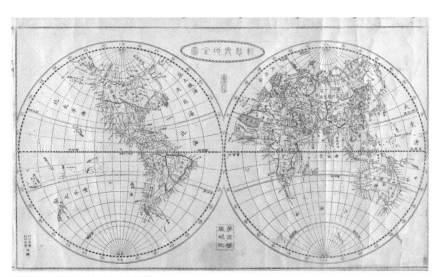

新製輿地全図（国立国会図書館蔵）
1835年にフランス人が刊行した地図に、箕作省吾が研究で得た情報をプラスしている。この時代は植民地政策が盛んだったため、どの地域がどの国の植民地であるかがわかるようになっている。

	天保14年(1843)閏9月に一度老中を罷免されるも、天保15年(1844)前年6月に復職。しかし、他の老中からの強い抵抗もあり、再辞職した。なお、9月には、改革のために登用した旗本の鳥居耀蔵らの不正を理由に2万石を減封され、隠居・蟄居の処分とされる。また、11月には浜松藩から山形藩へ懲罰的な転封を命じられた。鳥居も丸亀藩へお預けとなり、明治元年(1868)に赦されるまでここで過ごした。
3月12日	アメリカ捕鯨船マンハッタン号、伊豆諸島の鳥島付近で遭難した日本人漂流民22名を乗せ、浦賀に入港する。通商を求めたアメリカ側に、幕府は鎖国の国法があることを告げ、薪水と食料を与えて退去させた。
3月	備後国福山藩主阿部正弘*、老中首座に就任する。正弘は天保14年、25歳で老中に抜擢され、水野忠邦の罷免ののち老中首座となった。
3月	江戸城本丸が再建される。
5月15日	イギリス軍艦サマラン号、琉球に来航し、貿易を強要する。サマラン号は、5月2日、与那国島に出現。石垣島、宮古島と付近の探査・測量を経て、那覇港へ寄港する。
6月	幕府、オランダ国王に返書を送り、開国の勧告を謝絶する。
7月4日	イギリス軍艦サマラン号、長崎に来航し、測量許可と薪水を求める。
7月	幕府、蘭書翻訳物・蘭方医書類の出版は、天文方の検閲・許可を必要とすることに。従来、蘭書の翻訳・出版は町奉行の許可制であったが、このときその権限が天文方*に移された。
この年	蘭学者箕作省吾、世界誌『坤輿図識』*を著す。『坤輿図識』は、「新製輿地全図」を解説したもので、養父箕作阮甫の協力を得て刊行された。
	伊勢の郷士出身の松浦武四郎*が、最初の蝦夷地探査を行う。前年にも青森・鰺ヶ沢まで向かうが松前藩の取り締まりが厳しく、果たせなかった。松浦の蝦夷地探査は安政5年(1858)まで6回行われたが、3回までは松浦個人の力で行われ、その後は幕府の蝦夷地御用御雇として実施された。松浦の蝦夷地調査は、ロシア南下の情報に松浦が北方に危機感を持ったことに始まり、のちに松浦の調査記録は蝦夷地や海防問題に高い関心を持っていた水戸藩などから支持された。また、長州藩の吉田松陰や、小浜藩の梅田雲浜など多くの志士とも交流を持った。

弘化2

阿部正弘（福山市蔵）
1819〜1857。備後国福山藩主で、老中首座を務めた。日米和親条約の締結、海軍の創設、洋学所の設置などを行った。

坤輿図識（津山洋学資料館蔵）
新製輿地全図の解説書として刊行され大ベストセラーとなった。

> **天文方とは**
> 幕府碁方^{ごどころ}であった渋川春海が貞享元年（1684）に任じられたことに始まる役職。天文・暦算・編暦・測量などを担当した。渋川家のほかに猪飼家・西川家・山路家・吉田家・奥村家・高橋家・足立家の世襲であるが、優秀な養子を迎えることが多かった。渋川のほかに伊能忠敬の師である高橋至時^{ただとき}や、その子でシーボルト事件にかかわった高橋景保^{かげやす}が有名。王政復古と同時に消滅する。

松浦武四郎（北海道大学附属図書館蔵）
1818〜1888。幕末から明治にかけて活躍した探検家。北海道の名づけ親でもある。

弘化3年 (1846)

1月26日 第120代仁孝天皇*、崩御。

2月13日 第121代孝明天皇*、践祚*。

2月22日 幕府、伊豆韮山（静岡県伊豆の国市）代官の旗本江川太郎左衛門（英龍）に伊豆七島（東京都）の巡視を命じる。江川は幕府に海防意見書を提出。3月23日から伊豆諸島巡視を行う。

4月5日 イギリス船スターリング号、琉球へ来航し、那覇港へ入る。このとき、イギリス海軍琉球伝道会の宣教師ベッテルハイムが家族らと上陸し、伝道のほか、医療活動も行う。また、ベッテルハイムはその後、琉球の医師らに天然痘予防のための種痘法を伝授するなどして8年余り滞在した。

4月7日 フランス極東艦隊のサビーヌ号、琉球・那覇港に入る。そして、こののちフランス皇帝の命を受け、和親・通商などを求める艦隊司令長官らが来航することを予告するとともに、近海の測量などを行う。

5月11日 アメリカの捕鯨船ローレンス号がカムチャッカで捕鯨中、暴風雨に遭い、船が難破して、船員7名がボートで択捉島の東浦に漂着する。上陸した船員の処遇については、江戸から返答が来たのが冬であったため、春を待って長崎に護送することとなる。

5月13日 フランス極東艦隊司令長官セシーユ、クレオパートル号ほか2隻を率いて那覇港に姿を現す。その後、逗留中のフォルカドら2名を乗せて今帰仁（沖縄県国頭郡今帰仁村）に向かい、運天港でサビーヌ号と合流した。フランス側は約1カ月、琉球当局に和親・通商に関する条約締結を迫った。しかし、琉球王府はこれを拒否。フランス艦隊は琉球を離れるにあたり、フォルカドらの代わりにフランス人宣教師ル・テュルデュを那覇に残して去った。

閏5月27日 アメリカ東インド艦隊司令長官ビッドル、軍艦2隻を率いて浦賀に来航する。ビッドルは、ポーク大統領からの国書を携えたアメリカ初の遣日使節で、日本の開国・通商を求めた。日本側は、浦賀奉行の旗本大久保忠豊・旗本一柳直方が交渉にあたった。幕府は国法により新規に異国との通信・通商は認めないことを諭書により伝えてアメリカの要求を拒否する。ビッドルの艦隊は、6月7日退去した。ビッドルの交渉姿勢は比較的穏便であったが、江戸湾へ侵入しようとしたこと

弘化3

仁孝天皇（東京大学史料編纂所所蔵模写）
1800〜1846。現在の学習院の前身となる皇族や公家の教育機関を作ろうとしたが、実現前に崩御。

孝明天皇（東京大学史料編纂所所蔵模写）
1831〜1866。幕末の混乱期に在位した。公武合体のため妹の和宮を将軍徳川家茂に嫁がせる。

江戸時代の天皇

第107代	後陽成天皇	天正14年（1587）〜 慶長16年（1611）
第108代	後水尾天皇	慶長16年（1611）〜 寛永6年（1629）
第109代	明正天皇（女帝）	寛永6年（1629）〜 寛永20年（1643）
第110代	後光明天皇	寛永20年（1643）〜 承応3年（1654）
第111代	後西天皇	承応3年（1655）〜 寛文3年（1663）
第112代	霊元天皇	寛文3年（1663）〜 貞享4年（1687）
第113代	東山天皇	貞享4年（1687）〜 宝永6年（1709）
第114代	中御門天皇	宝永6年（1709）〜 享保20年（1735）
第115代	桜町天皇	享保20年（1735）〜 延享4年（1747）
第116代	桃園天皇	延享4年（1747）〜 宝暦12年（1762）
第117代	後桜町天皇（女帝）	宝暦12年（1762）〜 明和7年（1770）
第118代	後桃園天皇	明和7年（1770）〜 安永8年（1779）
第119代	光格天皇	安永8年（1779）〜 文化14年（1817）
第120代	仁孝天皇	文化14年（1817）〜 弘化3年（1846）
第121代	孝明天皇	弘化3年（1846）〜 慶応2年（1866）
第122代	明治天皇	慶応3年（1867）〜 明治45年（1912）

即位と践祚の違い
践祚とは天皇の位を継ぐこと。言葉の意味としては即位と同じで、古代においては区別がなかったが、「天皇の位を継いだことを広く知らせる」即位礼が行われるようになったため、践祚と即位の違いが出てきた。
戦国時代には財政難などにより、即位礼をできずに終わった天皇もいる。

	もあり、幕府は江戸湾の海防や、洋式軍艦の建造を議論することになる。
6月7日	フランス極東艦隊司令長官セシーユ、軍艦3隻で長崎に来航し、水と食料を求め、日本近海でフランス捕鯨船などが遭難した場合の漂流民の救護送還を頼み、9日に去る。
6月21日	オランダ船、長崎に入港。「風説書*」と「別段風説書」、また幕府が依頼した武器を持参する。
6月28日	夕刻、相模国浦賀沖にデンマーク海軍のコルヴェット艦ガラテア号が姿を現す。翌29日、浦賀港外野北浜沖のガラテア号に浦賀奉行所与力の御家人中島三郎助以下同心4名、通詞の御家人堀達之助、川越藩士ら29名が乗船し、艦長のビレ提督と面会する。ビレは江戸湾入船の許可を請うが、浦賀までしか得られず、夕刻に退去。
7月13日	水戸藩の前藩主徳川斉昭、幕府に海外情勢について意見書を提出。
7月25日	幕府、高島秋帆*を中追放*に処す。砲術家で西洋兵学者の秋帆は、西洋砲術の必要性を説く意見書を幕府に採用され、日本初の洋式砲術の演習を行った。また、幕府が高島流砲術*を採用したことから、高島は、旗本江川太郎左衛門（英龍）らに伝授したが、天保13年（1842）、幕府保守派で町奉行の旗本鳥居耀蔵により謀反の罪を着せられ、捕縛、投獄された。再吟味もされたが、ついに中追放の刑を受けた。
8月23日	イギリス軍艦、琉球の那覇に来航し、琉球国王に面会を求める。近海の測量などを行う。
8月29日	孝明天皇、幕府に海防を厳重にするよう勅書を出す。これまで天皇が対外問題について幕府に勅命したことはなく、これが最初であった。
10月3日	幕府、京都所司代の酒井忠義（小浜藩主）を通じ、8月の天皇の勅書への返答として、外国船来航の状況を伝える上申書を提出。

弘化4年（1847）

1月8日	佐賀藩の藩医楢林宗建、藩御側役へ牛痘取寄方伺書を提出し、許可される。佐賀藩では天保14年（1843）に蘭方医伊東玄朴を御側医に召し抱え、弘化4年（1847）にも大庭雪斎が御側医となるなど西洋医学の導入が早かった。佐賀藩領内では弘化3年（1846）に天然痘が大流行し、藩主鍋島直正は種痘の実施を決めている。

風説書　嘉永4年〜安政4年（長崎歴史文化博物館蔵）

風説書

長崎に渡来した外国船から聴取した外国事情のこと。中国からの唐船風説書とオランダからの和蘭風説書とがある。江戸時代はいわゆる鎖国状態にあった日本だが、風説書により、海外での出来事を知ることができた。アヘン戦争以降は諸外国の新聞の情報などが別段風説書としてもたらされた。幕府はペリー来航も風説書によって、事前に詳しいことまで把握していたという。

高島秋帆（模写）（長崎歴史文化博物館蔵）
1798〜1866。長崎の町年寄の家に生まれる。洋式砲術採用の重要性を説き、高島流を創設した。

高島流砲術の特徴

高島秋帆がオランダ人から習ったことを元にしている。日本古来の火縄銃は用いず、洋式銃を使い、すべてオランダ語で号令がかけられた。服装も洋装に近い筒袖に裁着袴という、当時の人から見れば異様に見えるものであった。

補足　中追放

江戸時代の刑の1つで、罪人の家屋敷と田畑没収の上、江戸十里四方外に追放し、犯罪地、住居、武蔵、山城、摂津、和泉、大和、肥前、東海道筋、木曽筋、下野、甲斐、駿河に入ることを禁ずるもの。

1847

2月	幕府、江戸湾の海防強化のため、彦根藩・川越藩に相模の警備を、会津藩・忍藩に安房・上総の警備を命じる。これにより会津藩では房総半島の富津・竹ヶ岡（千葉県富津市）に陣屋を設け、台場（砲台）を築いて1,000名体制で警戒にあたった。藩主松平容敬は自ら陣屋や台場を巡視し、大砲の実射訓練などの視察を行った。
3月 9日	京都・御所の建春門（日ノ御門）前に学習所（のちの学習院）が開講する。仁孝天皇が堂上（公家）子弟の教育のため建設を計画し、弘化2年、旧開明門院御殿の地に講堂の建設を定めて建築に取りかかったが、翌弘化3年、仁孝天皇は完成を待たず崩御した。同年、建春門外に講堂が完成。この日、開講式が行われた。
3月24日	信濃・越後方面で大地震が発生（善光寺地震）。諸説あるが1万人前後の死者が出るほどの被害だったという。
3月	幕府、相模千駄ヶ崎・猿島（神奈川県横須賀市）、安房大房岬（千葉県南房総市）に台場築造を決める*。猿島には3カ所の砲台が築かれることとなり、全国初の台場*となった。
6月26日	オランダ船、長崎に入港し、幕府に「風説書」と「別段風説書」を提出し、イギリス船の来航計画を報告する。また、遭難したため長崎へ護送されていたアメリカの捕鯨船ローレンス号の乗組員らは長崎奉行所およびオランダ商館長レフィスゾーンの取り調べを受け、オランダ船でバタビア（インドネシアのジャカルタ）へ送還されることとなり、その後、アメリカへ帰国する。
8月20日	薩摩藩、砲術館を設置。薩摩藩主島津斉興は、天保8年（1837）に洋式砲術の採用を決め、藩士の成田正右衛門らを長崎の高島秋帆のもとへ派遣し、入門させる。今和泉島津家（篤姫の生家）の近くに、洋式砲術の訓練所である砲術館を開き、成田正右衛門を師範役とする。砲術館では洋式兵学を教授するほか、野戦砲などの鋳造や火薬などの製造が行われた。
9月 1日	水戸藩の前藩主徳川斉昭の七男七郎麻呂、御三卿の1つ、一橋家を相続する。12月には将軍徳川家慶から偏諱を賜り、慶喜を名乗る。
9月23日	第121代孝明天皇即位。
12月14日	徳川斉昭、外国人追放に対する意見書を幕府に提出する。
12月	長州藩の保守派（俗論派）の坪井九右衛門、禁錮を命ぜられる。坪井は藩政改革に失敗し、藩の財政赤字を増大させ、失脚した。

弘化4

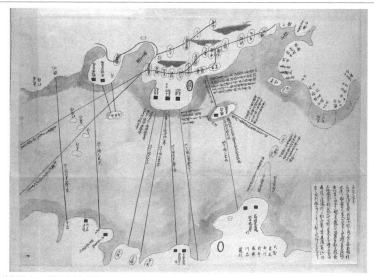

浦賀猿島上総房州台場絵図 (国立国会図書館蔵)
ペリーが来航した浦賀周辺に築かれていた台場のそれぞれの距離が詳細に書き込まれている。

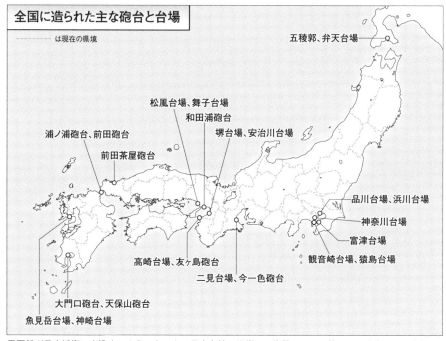

異国船が日本近海に出没するようになると、日本各地の沿岸には海防のために築かれた砲台である台場が造られるようになった。

1848

弘化5年 (1848)

2月28日 嘉永に改元。

嘉永元年 (1848)

4月2日 高野長英、伊達宗城の庇護を受け宇和島（愛媛県宇和島市）へ逃れる。

4月10日 大野藩、新田野で高島流野戦砲50発の早撃ちを行う。大野藩では弘化2年（1845）3月に野戦砲1門を鋳造している。

5月7日 アメリカ捕鯨船ラゴダ号が難破し、乗組員15名が松前藩領小砂子村（北海道上ノ国町）に上陸。その後、彼らは去ったが、他所への上陸を繰り返し、ついに捕らえられ、松前藩役人に船の難破を訴えた。松前藩では幕府へ報告して指示を待ち、彼らを長崎へ移送した。この年の3～5月には、外国船が対馬・五島・蝦夷地や陸奥の沿岸に出没している。

6月29日 オランダ船が長崎に入港し、幕府に「風説書」と「別段風説書」を提出。また、出島のオランダ商館付医師として、シーボルトの後任モーニケが来日し、長崎奉行に建議して日本人医師へ種痘法*を伝授する。さらに、佐賀藩主鍋島直正の要望を受け、佐賀藩にも種痘法を伝える。

8月 福井藩、江戸の西洋式大砲鋳師安五郎を招き、西洋砲を製造する。福井藩では弘化4年（1847）に藩の砲術師範である西尾源太左衛門父子を江戸の高島流砲術家下曽根金三郎（信之）に入門させて、西洋砲術と銃陣訓練を学ばせていた。安五郎は、鋳物師浅田新右衛門の工場で西洋砲を製造し、その折、新右衛門も西洋砲製造の技術を習得した。福井藩の西洋砲術の導入と西洋砲製造は、諸藩のなかでも早い取り組みであった。

11月6日 曲亭馬琴*、没する。江戸・深川の生まれで、本名は滝沢興邦、のち解。戯作号に著作堂主人など。武士の子として生まれながら武家奉公に嫌気がさして、町人と結婚。大家業を営みながら、執筆活動に励み、晩年は失明しながらも家族の協力を得て、『椿説弓張月』『南総里見八犬伝』などの大ベストセラーを世に送り出した。享年82。

12月18日 薩摩藩家老調所広郷、自害する。調所は、10代藩主島津斉興の側用人となったが、隠居後も実権を握っていた斉興の祖父・8代藩主島津重

弘化5/嘉永元

補足 種痘とは

種痘とは疱瘡（天然痘）の予防接種のこと。江戸時代、疱瘡は死亡率が高く、死亡しなくても罹病した痕が残るため恐れられていた。なお、疱瘡に罹った人は、二度と発病しないことから、疱瘡の膿を植えつけてわざと罹病させ、免疫を得る方法も試みられていたが、安全性に問題があった。1796年、イギリスでジェンナーが牛を使った方法を考案。日本には江戸時代後期に伝わり、幕末期に蘭方医らによって広まった。その後、1980年に撲滅宣言がでるまで、日本では、ほぼ全員が種痘を受けていた。

『疱瘡食物考』（国立国会図書館蔵）

疱瘡に罹った場合に食べるとよいとされている食物などを記述した本。天保11年（1840）刊。食物のほか、簡単な看病の方法なども書かれている。現在民間療法と呼ばれているような内容の本が出版されるほど、疱瘡は人々にとって身近な病気であった。

曲亭馬琴（『南総里見八犬伝 9輯98巻』国立国会図書館蔵）

馬琴について

曲亭馬琴（1767～1848）。江戸時代後期に活躍した読本、合巻、黄表紙の作家。戯作者山東京伝の弟子となり、はきもの商をいとなむ女性と結婚。28年かけて完成させた『南総里見八犬伝』は、執筆の途中で失明したため、息子の嫁に字を教えて手伝わせた。大変な記録魔で、終世つけ続けた『馬琴日記』は、庶民の生活を知る上で貴重な資料となっている。

曲亭馬琴の主な作品

『椿説弓張月』（読本）、『南総里見八犬伝』（読本）、『近世説美少年録』（読本、未完結）、『傾城水滸伝』（読本、死後笠亭仙果によって完成する）、『馬琴日記』（日記）など。

	豪に重用された。重豪の時代に薩摩藩は莫大な借財を背負ったが、調所は特産品黒砂糖の専売強化などの財政改革や、支配下の琉球を通じた清との密貿易によって、藩財政を立て直した。藩政改革の成功により、調所は家老に昇進したが、幕府に密貿易が発覚し、責任をとった。
12月27日	土佐藩15代藩主に山内豊信（容堂）が就任する。容堂は山内家の分家の山内豊著の長男に生まれたが、14代藩主山内豊惇が藩主となってわずか12日で急死したため藩主となった。本来お家断絶となるところを幕府に認められたのは、土佐藩13代藩主山内豊熈の正室智鏡院の兄である薩摩藩の島津斉彬（当時は継嗣）や宇和島藩主伊達宗城などの大名が老中阿部正弘に容堂の藩主就任を働きかけたからであった。

嘉永2年 (1849)

3月13日	福井藩、幕府に国元での大砲6門の鋳造を届ける。
3月15日	幕府、外科・眼科以外の幕府医師に蘭方医を用いることを禁じる（蘭方医禁止令）。また、蘭書の翻訳出版も取り締まりが強化され、医学書は、幕府の漢方医学校である江戸・浅草の医学館*の許可が必要となる。
3月26日	アメリカ軍艦プレブル号、長崎に来航する。艦長グリンは、アメリカ東インド艦隊の司令長官ゲイシンガーより日本にいる同国捕鯨船ラゴダ号の漂着船員保護の命を受けていた。グリンは彼らの引き取りのため、琉球を経て長崎へ入港した。当時、日本とアメリカには国交がなかったので、ラゴダ号の船員らの引き渡しはオランダ商館経由で行われ、プレブル号は4月5日長崎を出航。プレブル号にはラゴダ号の漂着船員のほかに、遭難を偽装して蝦夷地の焼尻島（北海道羽幌町）に上陸し、松前藩に捕縛されて長崎へ護送されていたアメリカ人ラナルドも引き取られている。
4月18日	浮世絵師の葛飾北斎*、没する。北斎は、宝暦10年（1760）江戸・本所（東京都墨田区）に生まれ、本姓は川村氏。幼名時太郎、のち鉄蔵。別号は宗理、画狂人、卍など数多くある。代表作に「冨嶽三十六景」『北斎漫画』など。享年90。
閏4月8日	イギリス軍艦マリナー号、相模沖に来航する。浦賀より江戸湾を測量*し、またボートを出して浅深の測量も行い、その後、下田へ入港した。

嘉永元－嘉永2

葛飾北斎『冨嶽三十六景』江戸　日本橋（国立国会図書館蔵）

葛飾北斎（『肖像』二之巻　国立国会図書館蔵）
1760〜1849。役者絵・美人画・風景画・挿絵など、広い分野で作品を残している。代表作「冨嶽三十六景」や『北斎漫画』などはヨーロッパの芸術家たちに影響を与えた。

補足　医学館

漢方医学を教えた江戸幕府の教育機関。明和2年（1765）に、奥医師の多紀元孝が神田佐久間町に造った躋寿館（せいじゅかん）が前身。寛政3年（1791）に改称し官立の医学館となる。

江戸湾でなぜ測量が必要なのか？

江戸湾は遠浅であったため、喫水（きっすい）より下の部分の高さのある洋式船では、江戸湾の奥まで行こうとすると座礁してしまう。ペリーが浦賀に来航したのは、あの辺りまでは、洋式船が航行できる深さがあったからである。

1849

	これに対し伊豆韮山代官の旗本江川太郎左衛門（英龍）は退去を要求したので、同月17日、マリナー号は退去した。この船には、天保3年（1832）遠州灘で遭難した尾張の少年船員音吉が通訳として乗り込んでいた。
5月5日	老中首座阿部正弘（備後国福山藩主）、三奉行（町奉行・勘定奉行・寺社奉行）・大小目付・海防掛・長崎奉行・浦賀奉行その他へ異国船打払令復活の可否を問う3回目の諮問を行う。これにはイギリス軍艦マリナー号による湾内測量や許可なしでの下田入港も背景にあった。諮問に対し、浦賀の沿岸警備を担当する会津藩主松平容敬は海防強化が先であると、異国船打払令の復活には不可を答申し、江戸湾防備＊を厳重に行うことや台場の設置に関する具体策を提出した。
7月	幕府、松前藩主松前崇広と福江藩主五島盛成を城主に列し、新城築城を許す。福江藩は九州・五島列島（長崎県）を治める藩で五島藩とも呼ばれた。このころ両藩の近海には異国船の出没が頻繁になったことから、海防を強化した。松前藩では、これまでの福山館を大改修して松前城（福山城）を築城し、福江藩では文久3年（1863）に石田城が完成している。
7月	大野藩主土井利忠、大坂の適々斎塾で学んだ土田龍湾らに種痘の実施を命じる。
8月6日	佐賀藩、城内において藩主鍋島直正の嫡子・直大（4歳）に牛痘種痘を接種させる。
9月6日	幕府、沿岸諸藩へ同年12月中に沿岸浅深絵図を作成するよう要請する。この背景には、イギリス軍艦マリナー号が来航のさい、江戸湾などを測量するなど、幕府が早急な海防強化を迫られていたことがある。この通達は幕府の老中首座阿部正弘が海防掛目付役に命じ、海防の必要がある沿岸諸藩へ沿海のより詳細な浅深の絵図を提出するよう求めたものである。
10月16日	京都に除痘館が設置される。
11月7日	イギリス軍艦パイロット号が琉球・那覇港へ来航。貿易を要求したが、琉球王府はこれを拒絶する。
11月11日	長州藩主毛利敬親、藩士およびその家族への種痘奨励を布達。
11月25日	福井藩の蘭方医笠原良策、福井に痘苗を伝え、福井城下に除痘所を開設する。
12月3日	薩摩藩でお由良騒動が起きる。薩摩藩10代藩主島津斉興の長男斉彬

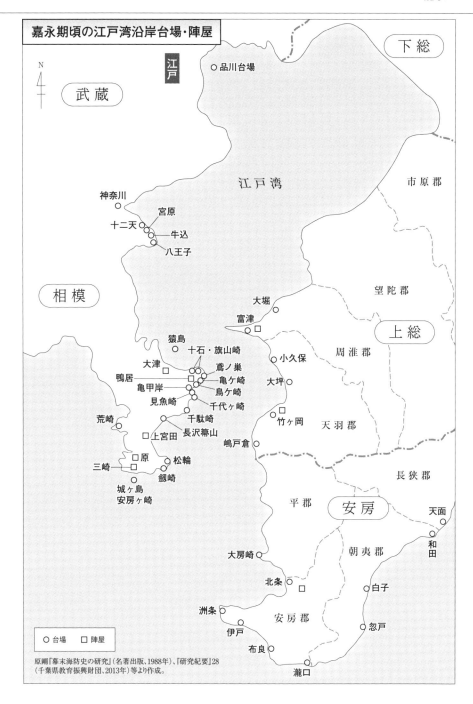

	は、8代藩主であった曾祖父島津重豪の影響を受け、蘭学に傾倒したため、薩摩藩は再び財政の圧迫が危惧され、藩主斉興と斉彬は対立した。そこに斉興の側室由良が自分の子の久光に家督を継がせようとして、藩内は2派に分かれ争う。嘉永元年（1848）から2年にかけて斉彬の子が相次いで亡くなると、これを由良の呪詛とみた斉彬派は由良の暗殺を計画するが発覚、斉彬擁立派の3奉行らが切腹となる。さらに翌年にも斉彬擁立派の多数が蟄居、遠島などの処分を受けた。切腹に処された斉彬派の中心人物（3奉行）の1人に高崎五郎右衛門がいたため、この騒動は、高崎崩れ、または嘉永朋党事件とも呼ばれる。
12月25日	幕府、大名へ海防強化を命じる海防強化令を布達する。

嘉永3年
(1850)

3月15日	長崎出島のオランダ商館長レフィスゾーン、江戸参府を行い、将軍徳川家慶に拝礼する。レフィスゾーンの江戸参府*は同年1月9日から5月11日の期間で行われ、オランダ商館付医師のモーニケも随行した。これがオランダ人最後の江戸参府となった。
3月	このころ諸藩では、鉄砲を鋳造し、幕府に江戸近郊や領地での砲術演習や練兵の許可を求め、許されるようになる。
6月11日	オランダ船、長崎に来航し、「風説書」を提出する。そのなかには、アメリカが日本と通商交易の意思のあることが示されており、また、アメリカ海軍のプリモート艦（プリモス号）の情報についても触れられていた。これが嘉永6年（1853）の黒船来航を予告した最初の「風説書」であった。
7月5日	松代藩士で洋学者の佐久間象山*、この日、江戸・深川（東京都江東区）の松代藩屋敷に到着し、これより西洋砲術を指南する。このころ、旗本の勝海舟が入門*。会津藩士山本覚馬も門人となる。
7月28日	小浜藩主酒井忠義、京都所司代を免じられる。酒井は天保14年（1843）から京都所司代を務めていた。のち安政5年（1858）に再任されることとなる。
9月25日	幕府、江戸府内における鉄砲の四季打ちを許し、旗本・諸士の射撃訓練を奨励する。四季打砲は、通常は害獣対策に使用するものである。
10月3日	佐賀藩、城下の築地（佐賀県佐賀市）に反射炉を築造し、大砲を鋳造

嘉永2－嘉永3

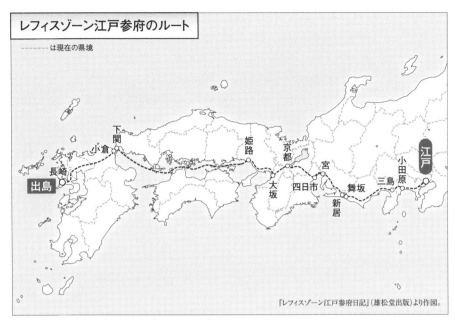

最後のオランダ商館長レフィスゾーンの江戸参府

佐久間象山（国立国会図書館蔵）
1811〜1864。信濃国松代藩の下級武士の子として生まれ、松代藩主で老中の真田幸貫の命令により蘭学や砲術を学ぶ。吉田松陰の密航事件に連座して松代で蟄居となったが、幕府の命令により京都に上り、尊攘派に暗殺された。

オランダ商館長の江戸参府

慶長14年（1609）に始まった行事で、オランダ東インド会社の商館長が、長崎から江戸へ行き、将軍に献上品を捧げ、貿易のお礼をする。最後となった嘉永3年（1850）までに116回を数えた。江戸での宿泊先である長崎屋には多くの蘭学者が訪れ、蘭学の発展に大きな影響をおよぼしたといわれている。

補足 佐久間象山と勝海舟の関係

勝海舟は佐久間象山の塾で学んだので、佐久間象山の弟子にあたる。その後、佐久間象山は勝海舟の妹と結婚。海舟という号は、佐久間象山からもらった額「海舟書屋」にちなむといわれている。

1850–1851

	する。のち嘉永5年（1852）4月までに反射炉4炉（2基）を完成させる。藩主鍋島直正*が中心となって行った。
12月23日	福井藩、御家流砲術を制定し、射撃術を西洋式に統一する。
12月	幕府、相模・観音崎砲台（神奈川県横須賀市）を改築する。観音崎砲台は、文化9年（1812）に海防のため川越藩によって築造され、文政4年（1821）以降、浦賀奉行所によって管理されてきた。
この年	夏ごろ、福井藩が、不用になった銅器から洋式大砲4門を鋳造する。

嘉永4年（1851）

1月3日	土佐出身の中浜万次郎（なかはままんじろう）ら、アメリカ船で送られ、琉球に到着、上陸する。天保12年（1841）、土佐の漁師・万次郎らは漁猟中に遭難して無人島に漂着したが、その後、アメリカの捕鯨船に救助され、万次郎はハワイで仲間と別れて渡米。船長の養子となり、米国で教育を受け、再びハワイ・ホノルルで仲間と合流し、帰国を目指した。琉球からは鹿児島を経て、長崎奉行所の取り調べを受け、翌年、約10年ぶりで土佐に帰国している。アメリカではジョン・マンと名乗り、ジョン万次郎とも呼ばれた。
2月2日	薩摩藩11代藩主に島津斉彬（なりあきら）が就任する。嘉永2年（1849）のお由良（ゆら）騒動*で斉彬擁立派は窮地に立たされたが、老中首座阿部正弘（備後国福山藩主）は、海防問題への意識が高かった斉彬を重要視し、斉彬に助力して藩主斉興（なりおき）を隠居に追い込み、斉彬を藩主の座に就けた。
2月10日	元浜松藩主の水野忠邦（ただくに）、江戸の下屋敷で病没する。享年58。忠邦は病気で転封先の山形へは行かずにいた。同月15日に幕府は忠邦の蟄居（ちっきょ）処分を赦した。
5月28日	松代藩士の佐久間象山（しょうざん）、江戸・木挽町（こびきちょう）（東京都中央区）に住み、砲術塾の五月塾を開く*。長岡藩士小林虎三郎らが入門し、同年7月19日には長州藩の吉田松陰が入門する。
8月	薩摩藩主島津斉彬、鹿児島城内に製錬所を建設する。製錬所は、いわゆる科学実験場で、さまざまな製造実験が試みられた。反射炉のほか、ガラス、乾パン製造などの実験も行われた。成功したものは、翌年、鹿児島郊外の磯に建てられた工場群である集成館において実用化されることとなる。製錬所は安政4年（1857）、斉彬によって開物館と名

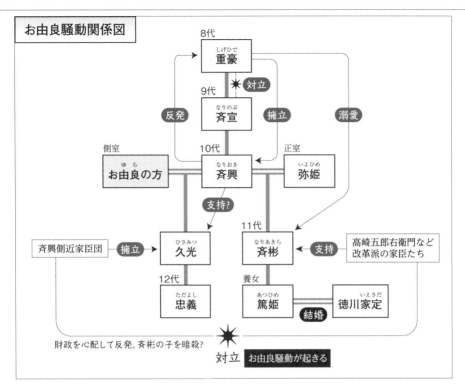

お由良騒動関係図

- 8代 重豪（しげひで）
- 9代 斉宣（なりのぶ）
- 10代 斉興（なりおき）
- 側室 お由良の方（ゆら）
- 正室 弥姫（いよひめ）
- 11代 斉彬（なりあきら）
- 久光（ひさみつ）
- 12代 忠義（ただよし）
- 養女 篤姫（あつひめ）
- 徳川家定（いえさだ）
- 高崎五郎右衛門など改革派の家臣たち
- 斉興側近家臣団

重豪—斉宣：対立
斉宣への反発、斉興擁立、お由良の方への溺愛
斉興→久光：支持?
斉興側近家臣団→久光：擁立
改革派の家臣たち→斉彬：支持
篤姫—徳川家定：結婚
財政を心配して反発、斉彬の子を暗殺?
対立 お由良騒動が起きる

鍋島直正
（福井市立郷土歴史博物館蔵）
1814〜1871。佐賀藩主。号は閑叟（かんそう）。財政立て直しのため人材登用や殖産事業などを行う。また、反射炉を築造し、鉄製の大砲の鋳造を試みるなど軍事面での強化も図った。

佐久間象山の塾跡　（東京都中央区）
佐久間象山の塾では、吉田松陰、小林虎三郎、勝海舟、橋本左内、武田斐三郎、河井継之助、山本覚馬などが学んだ。場所は現在の銀座6丁目にあたり、碑が立っている。

1851–1852

12月27日	づけられた。 幕府、会津藩主松平容敬と佐賀藩主鍋島直正の治績を賞する。将軍家慶は、藩祖以来武備をよく修めてきた会津藩で今の藩主容敬がなおこれを精励して軍事訓練を行い、かつ質素倹約に努め、藩政をよくまとめていると賞し、容敬へ佩刀を下賜した。また、会津藩では、同年、旗本江川太郎左衛門(英龍)に大砲(ヘキサン砲)を鋳させて安房の台場に設置している。

嘉永5年 (1852)

5月 2日	幕府、武蔵国大森海岸(東京都大田区)に大砲演習場を設け、旗本・諸藩士にその使用を許す。
5月22日	江戸城西の丸、火災により焼失*。
6月 5日	長崎・出島のオランダ商館長クルティウス、来日する。ローゼの後任の日本駐在となった第166代オランダ商館長クルティウスは、オランダ最後の商館長となった。
6月24日	ロシア船メンシコフ号が下田に来航し、日本人漂流民を降ろして去る。ロシア船は、紀州・天寿丸の漂流民を乗せて下田へ来たが、韮山代官の旗本江川太郎左衛門(英龍)が国法により清かオランダの船経由で長崎でしか漂流民の受け取りはできない旨を伝えると、ロシア側は2艘の小舟に日本人漂流民7名を降ろし、下田を去った。
8月17日	オランダ商館長クルティウス、幕府に東インド総督の公文書と「別段風説書」を届け、翌年、ペリー率いるアメリカ東インド艦隊が来航し、開国要求をすることを告げた。自国との通商条約締結を交渉したが、成功しなかった。
12月 9日	長州藩士吉田松陰、脱藩罪で士籍剝奪・家禄没収とされる。松陰は前年、江戸に遊学し、その後、藩の許可が出る前に東北遊学へと出発してしまった。江戸に戻って自首したが、この年の5月、萩へ強制送還され、謹慎となり、この日、処分が決まった。
この年	薩摩藩主島津斉彬*、西洋と対等に開国通商を行うために近代化を図り、富国強兵をめざして鹿児島の磯に集成館*と名づけた各種洋式工場や反射炉・溶鉱炉・鑽開台*を建設し、製鉄、造船、紡績、製陶、ガラス製造などの事業に取り組む(集成館事業)。

嘉永4－嘉永5

尚古集成館（写真提供：鹿児島市）
薩摩藩主島津斉彬が設けた、船などの本格的西洋式工場群が集成館である。現在は、現存する最古の洋風工場群として世界文化遺産に登録されている。

島津斉彬像（写真提供：鹿児島市）
1809〜1858。薩摩藩主。曾祖父重豪の強い影響を受けて育ち、蘭学に造詣が深い。重豪の蘭癖のために藩財政が苦しくなったため、同じ蘭癖の斉彬が藩主になることを阻む者たちがいた。異母弟の久光との跡目争いの末、当主となった。大名として初めて写真を撮影するなど、積極的に西洋の技術や文化を取り入れた。

江戸城の主な火災

寛永11年（1634）	西の丸御殿焼失
寛永16年（1639）	本丸御殿焼失
明暦3年（1657）	明暦の大火。建物の大半を失う
延享4年（1747）	二の丸御殿焼失
安永元年（1772）	江戸市内の大火により門などを焼失
天保4年（1833）	鍛冶橋門など焼失
天保9年（1838）	西の丸御殿全焼
天保15年（1844）	本丸御殿などが焼ける
安政6年（1859）	本丸御殿全焼
文久3年（1863）	西の丸、本丸御殿全焼

補足 **鑽開台**
大砲の砲身に穴を開ける機械のこと。

嘉永6年
(1853)

1月16日 長州藩、吉田松陰(しょういん)に10年間の他国修業を許可する。その後、松陰は萩(山口県萩市)を出て関西などを遊学、5月に江戸へ出る。

4月19日 アメリカ東インド艦隊司令長官ペリー、琉球の那覇港へ来航する*。ペリーは、フィルモア大統領からの国書を携え、幕府へ開国を要求する途次、琉球に立ち寄り、那覇港へ入港した。ペリーの日本遠征の目的は、当時アメリカが国策としていた中国への物資の搬出入の中継地点となる港の確保にあった。同月30日、ペリーは琉球側の抵抗を押し切って上陸し、大砲2門とともに首里城(しゅり)へ行進、琉球王府に開港を求めたが、拒否された。

5月4日 ペリーに派遣されて琉球より小笠原諸島に来たプリマス号、父島・二見港(ふたみ)に寄り、その後、小笠原諸島を調査。さらに南島を巡航する。

5月8日 アメリカ東インド艦隊の旗艦サスケハナ号、サラトガ号、琉球から小笠原諸島・父島へ入港する。琉球同様に小笠原諸島も蒸気艦や捕鯨船の補給地としたかったペリーは、石炭補給所の敷地を購入するなどし、艦隊を集結させて琉球へ帰還後、再び26日に那覇を出航する。

6月3日 ペリー、蒸気船の旗艦サスケハナ号とミシシッピー号、帆船サラトガ号とプリマス号の計4隻で浦賀沖に来航*、停泊する。ペリーが携えるフィルモア大統領からの国書には通商と石炭・薪水・食料など必需品の供給、海上遭難民の保護などが記されていた。アメリカ東インド艦隊の来航は、オランダから通告を受けて事前にわかっていたものの、幕府は具体的な対策を講じていなかった。一方、ペリーは、弘化3年(1846)に開国通商の要求を拒絶された同艦隊のビッドルの例をみて日本への対応を研究し、浦賀奉行組与力の御家人中島三郎助(さぶろうすけ)には面会せず、慣例であった長崎への回航も拒否した。そして、幕府側の国書受け取りの回答を待つ間、江戸湾を測量し、艦隊の大砲を江戸城に向けた。こうした高圧的で武力にものをいわせるやり方は、恫喝外交(どうかつ)、砲艦外交(ほうかん)といわれる。

6月9日 幕府、アメリカ合衆国大統領フィルモアの国書を受領する。この日午前10時ごろ、アメリカ東インド艦隊の2隻が久里浜(神奈川県横須賀市)の入江に入港。ペリー一行が久里浜に上陸し、ここに設けられた応接所において、国書の受領式が浦賀奉行の旗本戸田氏栄(うじよし)・旗本井戸(いど)

嘉永6

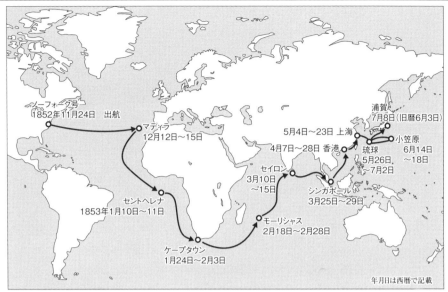

ペリー来航までの航路
この時代、パナマ運河はまだ作られておらず、アメリカの西海岸から日本に来るには大西洋を横断するのが一般的であった。浦賀だけでなく琉球や小笠原などにも立ち寄っている。

ペリー来航までのアメリカの動き

1775年	アメリカ独立運動
1776年	独立宣言
1931年	ナサニエル・セイヴィリーが小笠原に来航
1937年	モリソン号砲撃事件起こる
1846年	ビッドル、浦賀に来航 この後、アメリカの船が日本を訪れるようになる
1846年	アメリカ・メキシコ戦争 この結果、州が増える
1848年	ゴールドラッシュ
1851年	サスケハナ号が日本に向けて出発
1852年	ペリーが司令長官となる

ペリー
(『幕末・明治・大正回顧八十年史 第1輯』国立国会図書館蔵)
1794〜1858。アメリカ海軍の軍人で、アフリカ沿岸の奴隷貿易の取り締まりやアメリカ・メキシコ戦争などで活躍した。1852年に東インド艦隊司令長官となり、日本を開国させるための遠征艦隊司令長官に任命されて1853年に日本へやってきた。翌1854年に再度日本を訪れ、日米和親条約を締結させた。

1853

	弘道によって行われた。警備には彦根藩兵・川越藩兵があたり、会津藩兵も周辺の陸地警備を行い、海側の警備には忍藩兵がついた。
6月12日	アメリカ東インド艦隊、琉球へ去る。幕府は、将軍徳川家慶が病床にあったため開国への回答を避け、ペリーはこれを了承した。しかし、国書の回答期限を翌年春とし、再来日を伝える。この日、アメリカ東インド艦隊は江戸沖から琉球へと去った。
6月15日	幕府、ペリー来航を朝廷に伝える。
6月22日	12代将軍徳川家慶、薨去。享年61。黒船来航によりアメリカが開国を迫るなか、病床の将軍家慶が亡くなり、幕府の混乱が増す。13代将軍には嗣子家定が継ぐことになるが、病弱であり、跡継ぎがのぞめないため、以前より懸念されていた将軍継嗣問題が過熱してくる。
6月24日	アメリカのペリー、琉球王府を威嚇し、貯炭所建設権利を獲得する。その後、ここに残していた艦隊と合流して香港へ退去する。
6月28日	長崎・出島のオランダ商館付医師のブルークが、長崎に到着。ブルークは、同年5月に商館医に任命され、日本の天然物収集の任務を帯びる自然調査官を兼務。長崎では医学・薬学の伝習のほか、電磁電信機・蒸気機関・石版印刷機・ダゲレオタイプ写真機・溶鉱炉などの技術情報を提供し、自らも製作製造にあたって機械の操作を指導した。安政4年（1857）、商館医を辞任。翌年、オランダ領東インドに戻った。
7月 1日	幕府、国書を諸大名に示し、諮問する。幕政は老中首座阿部正弘（備後国福山藩主）の主導のもと、挙国一致の体制で難局を乗り切ろうと、開国への意見を諸大名らに諮問した。阿部は、御三家の水戸藩の前藩主徳川斉昭や親藩の福井藩主松平慶永（春嶽）、外様大名の薩摩藩主島津斉彬や土佐藩主山内豊信（容堂）*、宇和島藩主伊達宗城らと親交があり、彼らにも、意見を求めた。
7月 3日	幕府、水戸藩の前藩主徳川斉昭を海防参与に任命する。老中首座阿部正弘は、海防強化のため、会議に斉昭と藩主徳川慶篤を参加させた。また、藤田東湖*は同藩の海防掛となった。
7月18日	ロシア海軍の提督プチャーチン*が、遣日使節として皇帝ニコライ1世の国書を携え、旗艦パルラダ号以下4隻の艦隊を率いて長崎へ来航する。ロシア艦隊は香港でアメリカ東インド艦隊の先発を知り、遅れること1カ月半後の来航であった。国書には日本との通商と国境確定への要望が記されており、長崎奉行所は幕府に指示を求める。ロシア

嘉永6

藤田東湖（『肖像 二之巻』国立国会図書館蔵）
1806～1855。水戸藩士。父親は後期水戸学の創唱者である藤田幽谷。斉昭擁立に尽力し、斉昭が藩主となった後は腹心として活躍する。斉昭が幕府から謹慎隠居を命じられると東湖も蟄居幽閉の処分を受けたが、後に復帰する。安政の大地震によって圧死した。

山内豊信（容堂）（福井市立郷土歴史博物館蔵）
1827～1872。土佐藩主。山内家の分家に生まれたが本家に養子に入り、藩主となる。将軍継嗣問題で一橋派に与したため、隠居・謹慎となり、以後、容堂と号した。

プチャーチン胸像（戸田造船郷土資料博物館蔵）
1803～1883。ロシアの海軍将校で政治家。海軍士官として数々の武勲を立てた後、外交官として活躍する。1855年下田条約、1857年日露追加条約、1858年日露修好通商条約を締結させた。

プチャーチンに同行した作家ゴンチャロフ

ゴンチャロフはロシアの小説家で、モスクワ大学を卒業した後は役人として働いた。プチャーチンの秘書官としてイギリス、アフリカ、日本を旅行し、紀行文を残した。抄訳が『ゴンチャローフ日本渡航記』として出版されている。

1853

	艦隊の停泊中には福岡・佐賀・唐津・平戸・大村・島原の各藩兵が海岸・海上の警備にあたった。
8月6日	幕府、砲術家高島秋帆の禁固を解く。秋帆は、天保13年（1842）に当時の江戸町奉行で反蘭学派の旗本鳥居耀蔵の策謀により謀反の罪で捕縛されていた。鳥居の実家は幕府の儒官林家である。その後、鳥居は失脚し、秋帆は謀反の罪は赦されたが別件を問われ、中追放の刑を受けた。しかし、開国を迫る外国船の来航で海防強化による砲台設置が現実化すると、西洋砲術の知識が必要となり、門人の江川太郎左衛門（英龍）の尽力によって赦免された。以降、秋帆は喜平と名乗った。
8月19日	長崎奉行の旗本大沢秉哲がロシア使節プチャーチンと面会し、国書を受け取り、幕府へ送る。しかし、江戸では12代将軍徳川家慶が亡くなった直後であり、長崎奉行所は将軍の死をロシア側に伝えて国書の回答が遅れることを告げた。これに対しプチャーチンも書面で弔詞を述べた。
9月15日	幕府、大船建造の禁を解く。江戸幕府は、慶長14年（1609）に西国諸大名の500石積み以上の大船を没収し、かつ建造を禁止したうえで、寛永12年（1635）の武家諸法度第17条でこれを成文化した。その後、同15年（1638）商船に限り禁令は解かれたが、蒸気船を含む外国船の多数来航により、海防の必要から全面的に解禁となった。
9月19日	幕府、浦賀奉行所に命じて、浦賀造船所で西洋式帆船「鳳凰丸」の建造を始める。
9月26日	幕府、江戸海岸に屋敷のある諸大名に品川台場*などを築造させる。予定された品川台場の11基のうち5基と御殿山下台場の合わせて6基が翌年末までに完成した*が、ほかは中止や未着手に終わることとなる。
9月	幕府、オランダに軍艦・鉄砲・兵学書などを注文する。幕府が正式に軍艦注文書の約定をオランダ商館長へ交付したのは10月5日で、その後、オランダの蒸気軍艦を献上する話が伝えられた。またオランダを通じ、アメリカのペリーに国書への回答延期を申し入れるが、これは拒否される。
9月	長州藩内、椋梨藤太が政務座役を罷免され、周布政之助が政務役筆頭となり、村田清風直系の革新指導者として藩政改革を進める。椋梨は、保守俗論派（党）の坪井九右衛門の後継者として正義派の周布らと対立し、以後も長州藩内では俗論派と正義派が実権を奪い合う。

嘉永6

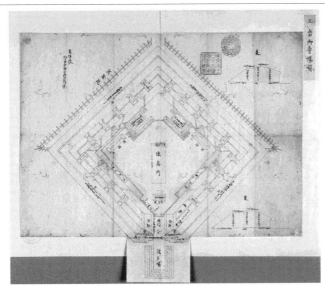

江戸品川御台場仕様図面
(東京都立中央図書館特別文庫室蔵)
品川台場の内部には倉庫や休憩所などが設けられていた。

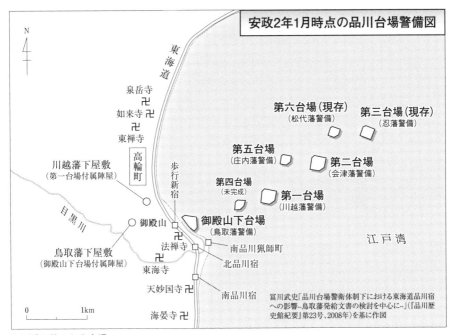

安政2年1月時点の品川台場警備図

冨川武史「品川台場警衛体制下における東海道品川宿への影響-鳥取藩発給文書の検討を中心に-」(『品川歴史館紀要』第23号、2008年)を基に作図

江戸湾に築かれた台場

1度目のペリー来航後、幕府は江戸湾に台場を築いた。完成した台場は6つ。このうち、第三台場と第六台場は現存している。江戸湾は遠浅であったため、台場は外国船が入って来ることのできないぎりぎりのところに置かれていた。

1853–1854

10月18日	水戸藩の前藩主徳川斉昭、幕府に大砲74門を献上する。
10月23日	13代将軍に徳川家定が就任する。家定は、12代将軍家慶の子で、初名を家祥（いえさち）といったが、翌月23日、家定と改名する。すでに2度正妻を迎えていたが、2人とも病死しており、自身も病弱で、まだ世継ぎがいなかった。そのため将軍継嗣問題が緊迫してくる。
同日	プチャーチン率いるロシア艦隊、クリミア戦争の勃発により、一度、長崎を離れることとし、上海に向かって出航する。
11月12日	幕府、水戸藩に大船建造を命じる。老中首座の阿部正弘と海防参与の徳川斉昭は、旗本江川太郎左衛門（英龍（ひでたつ））に国産大型船の建造を依頼しようとしたが、江川は砲台築造などで多忙であり、水戸藩が建造を担うことになった。水戸藩は翌年から西洋式大型帆船の建造に取りかかる。
11月	幕府、中浜万次郎（なかはままんじろう）を江戸に招聘する。嘉永4年（1851）に帰国したのち幕府に登用された万次郎は旗本に列せられ、この折、故郷の地名の「中浜」姓を与えられた。アメリカで得た造船・航海術のほか、知識を活かして、通訳、翻訳などを行い、指導にあたった。
12月5日	プチャーチン率いるロシア艦隊、長崎に再来航する。
12月9日	幕府の勘定奉行兼海防掛の旗本川路聖謨（かわじとしあきら）が長崎に到着する。川路はプチャーチンの応接掛に任命され、同役となった大目付格筒井政憲（まさのり）と交渉にあたることになる。
12月14日	日本側全権の筒井政憲、川路聖謨、長崎奉行の大沢秉哲（のりあき）、水野忠徳（ただのり）らとともに長崎奉行所西役所においてロシアのプチャーチンらと会見。
12月20日	日本側全権の筒井・川路ら、ロシア側と通商・国境画定の交渉を開始する。以後、ロシアとの会談は6回におよぶが、交渉はまとまらずに終わることになる。

嘉永7年（1854）

1月8日	ロシアのプチャーチンは、日本との交渉が一定の成果をみたと判断し、この日、ロシア艦隊はマニラへ向かう。
1月16日	アメリカ東インド艦隊の司令長官ペリー、軍艦7隻で神奈川沖に再来航する*。ペリーが予定を早めて日本へ再来したのには、アメリカのフィルモアが選挙戦に敗れ、次期大統領がピアースに決まったことに

嘉永6－嘉永7

ペリー提督・横浜上陸の図（横浜開港資料館蔵）
ペリー来航時の様子を描いたものとして有名なこの絵は、1度目ではなく、2度目に来航した時を描いたものである。

ポーハタン号上後甲板での宴会の様子（横浜開港資料館蔵）
2度目の来航時に行われた船上パーティーの様子を描いている。画面左端のたたまれている星条旗にある星の数は、当時の州の数に合わせて31個。

1854

	よる。その後、日米会談の地はペリーの要求する江戸に近い神奈川宿近傍の横浜村に決定した。これは、米国にとって横浜沖が艦隊をそろえて停泊できるうえ、上陸地が大砲の射程距離に入るからであった。
2月3日	幕府、アメリカ東インド艦隊の軍艦見物を禁じる。
2月10日	ペリー、約500名の将兵を率いて横浜に上陸する。幕府応接掛の旗本林大学頭韑（復斎）*らと交渉が始まる。日本側の全権は林をはじめ町奉行の旗本井戸覚弘、浦賀奉行の旗本伊沢政義、目付の旗本鵜殿鳩翁（長鋭）。日本側は通商を断固拒否し、交渉は難航するが、ペリーが譲歩したことから、条約が調印されることになる。
3月3日	日米和親条約（神奈川条約）を締結調印する*。幕府とアメリカ合衆国との間で日米和親条約12カ条が結ばれ、下田・箱館の2港の開港、薪炭や水、食料など必需品の供給、難破船・漂流民の救護、アメリカに対する最恵国待遇などが決められた。
3月23日	ロシア海軍のプチャーチン、再び長崎に来航する。
3月24日	幕府、下田奉行を再々設置する。日米和親条約の調印によって、伊豆・下田開港が決まり、幕府は港の警備など、出張機関として下田奉行所を置くこととし、浦賀奉行の旗本伊沢政義が下田奉行に転任、仮奉行所を宝福寺（のち稲田寺）とした。
3月27・28日	長州藩の吉田松陰ら、下田のアメリカ東インド艦隊旗艦ポーハタン号*への密航を企てるが失敗し、捕縛される。松陰と弟子の長州藩足軽金子重輔の2人は、アメリカ東インド艦隊を追って3月18日に下田に着き、艦隊の様子をさぐって海外密航の機会をうかがっていた。この日、2人は渡米嘆願の手紙（投夷書）を柿崎海岸に上陸したアメリカ人に密かに手渡し、夜に小舟でポーハタン号に向かった。しかし、国禁を理由に、ペリーから拒絶され、送り返された。翌日、松陰と重輔は柿崎村の名主に自首して捕らえられ、下田番所で取り調べを受けたのち、長命寺へ拘禁された。
3月28日	長崎に来航したロシアのプチャーチン、日本側へ樺太（サハリン）国境および通商覚書を渡す。
4月6日	御所が炎上し、京都大火となる。昼ごろ、女院御所内から出火し、内裏が炎上した。その火は京都市街地に燃え広がり、翌7日早朝に鎮火した。焼失町数は190余町、焼失家数は5,400余、そのうち町家が約5,100と庶民にも甚大な被害が出た。
4月9日	幕府、彦根藩主の井伊直弼に京都警衛を命じる。直弼は、彦根藩11代

嘉永7

林大学頭
徳川家康から徳川家綱まで4代にわたり徳川将軍に儒者して仕えた林羅山を祖とする。3代鳳岡の時に大学頭を称し以来当主が世襲。上野忍ヶ岡（東京都台東区）にあった林家の私塾が湯島に移転して、昌平黌へと発展し、幕臣たちの教育機関となった。なお、水野忠邦の下で天保の改革を推進した鳥居耀蔵は、大学頭林述斎の実子で、当時の大学頭であった林復斎は実弟にあたる。

補足 ▶ 日米和親条約
神奈川で結ばれた条約なので、神奈川条約ともいう。アメリカ船の下田・箱館港への寄航、薪や水、食糧の購入、漂流アメリカ人の保護などを認めさせるものだった。

ポーハタン号（横浜開港資料館蔵）
ポーハタン号は、ノーフォーク海軍工廠で造られたアメリカ海軍の軍艦。ペリー再来航のさい旗艦として日本にやってきた。ちなみに最初の来航時はサスケハナ号が旗艦である。1858年の日米修好通商条約の調印ほか、1860年には遣米使節団をサンフランシスコに送り届けるなど、歴史の舞台となった。

1854

藩主井伊直中の14男で部屋住みの身として過ごしていたが、弘化3年（1846）、12代藩主で兄の直亮の継嗣直元（直弼の実兄）が病死したため養子となり、嘉永3年（1850）、直亮の死去により彦根藩主となった。開国を主張し、前年8月には交易や海軍調練などの意見書を提出している。その後、彦根藩は江戸湾警備を命ぜられたが、幕府が異国船の来航で外国人の京都潜入による朝廷との直接交渉を警戒し、井伊直弼*に京都警衛を命じたのである。

4月11日 長州藩の吉田松陰ら、江戸に護送される。松陰と金子重輔の2人は、下田の長命寺へ拘禁後、平滑獄（静岡県下田市）に移され、この日、江戸に護送され伝馬町獄（東京都中央区）へ投獄された。

4月23日 松代藩士の洋学者佐久間象山、吉田松陰の密航に連座し、逮捕される。嘉永4年（1851）、松陰は江戸に砲術・西洋学の塾を開いた象山のもとに通っていたが、象山の示唆により松陰が密航未遂事件を起こしたとして象山は捕縛、伝馬町獄に投獄され、その後は松代で蟄居することとなる。

4月 薩摩藩主島津斉彬、参勤交代で江戸へ赴き、同藩の西郷隆盛に江戸詰を命じる。西郷は庭方役に抜擢され、斉彬の手足となり公武合体や徳川慶喜の擁立に奔走、水戸藩士藤田東湖や福井藩士橋本左内らと交遊する。

5月10日 幕府の西洋式帆船・鳳凰丸*、完成する。鳳凰丸は日本で最初に竣工した大型の洋式軍艦である。

5月18日 樺太に駐屯していたロシア兵、退去する。前年の秋、ロシア船1隻が樺太に来航、ロシア兵70余名が上陸して久春古丹を占拠していたが、クリミア戦争の勃発により、この年5月10日、ロシア船4隻が久春古丹に来航、駐屯のロシア兵を乗せ、撤退した。

5月13日 ペリー、下田（静岡県下田市）に上陸する。ペリーを護衛する士官と野戦砲4門、楽隊を含む300名が応接所兼米人休息所の了仙寺へ向かって行進し、幕府の応接掛の旗本林大学頭ら8名が迎えた。

5月25日 日米和親条約付録協定（下田条約）が調印される。下田の了仙寺において、日本側の全権の旗本林大学頭らとペリーとの間で下田条約が調印された。第13条では、下田と箱館の米人遊歩区域（下田は7里四方）や鳥獣の捕獲禁止などが定められ、また異国船の発着波止場は下田、柿崎、犬走島の3ヵ所とされた。通商条約は先送りとなるが、ここに日本の鎖国体制は終わることとなった。

嘉永7

井伊直弼
1815～1850。彦根藩主井伊直中の14男として生まれ、嘉永3年（1850）に藩主となる。安政5年（1858）、大老に就任、紀州藩の徳川慶福（のちの徳川家茂）を将軍の嗣子にする。安政の大獄で尊攘派の志士たちを厳しく取り締まったことで、人々の恨みを買い、安政7年（1860）の3月3日に桜田門外の変で暗殺された。

歴代大老

彦根藩主（滋賀県）	井伊直孝	寛永9年頃～不明
前橋藩主（群馬県）	酒井忠世	寛永13年3月12日～3月19日
古河藩主（茨城県）	土井利勝	寛永15年11月7日～寛永21年7月10日
小浜藩主（福井県）	酒井忠勝	寛永15年11月7日～明暦2年5月26日
前橋藩主	酒井忠清	寛文6年3月29日～延宝8年12月9日
彦根藩主	井伊直澄	寛文8月11月19日～延宝4年1月3日
古河藩主	堀田正俊	天和元年12月11日～貞享元年8月28日
彦根藩主	井伊直興	元禄10年6月13日～元禄13年3月2日
彦根藩主	井伊直該*	宝永8年2月13日～正徳4年2月23日
彦根藩主	井伊直幸	天明4年11月28日～天明7年9月1日
彦根藩主	井伊直亮	天保6年12月28日～天保12年5月15日
彦根藩主	井伊直弼	安政5年4月23日～安政7年3月3日
姫路藩主（兵庫県）	酒井忠績	元治2年2月1日～慶応元年11月12日

＊井伊直興が改名し再び藩主となり再任

西洋船と日本船の違い
日本古来の船は和船ともいう。西洋の船は龍骨と呼ばれる船底材に肋骨のように肘材を取り付け、そこに外板を張り付ける。和船には龍骨がなく、航と呼ばれる平らな船底材を張っていく。このため強度に劣るが、喫水が浅く、船底も平坦に近いため、浅瀬でも航行可能。帆も1つなので、悪天候でもいち早く取り込むことができた。

17世紀中期の西洋式船と日本船の基本構造の違い

肋骨多用の洋式構造船

大板・梁主用の日本式構造船

鳳凰丸
（『幕末・明治・大正回顧八十年史 第1輯』国立国会図書館蔵）
幕府が江戸湾防備のために建造した西洋式軍艦。排水量約550ｔ、大砲10門を備えた大型船だが、外国軍艦と比べると旧式で、帆船であった、のちに輸送船に改修し、明治初期まで使用された。

1854

6月11日	土佐藩、吉田東洋を参政（仕置役）から解任する。吉田東洋は、藩主山内豊信（容堂）の信任が篤く、前年12月に参政に登用されたが、山内家姻戚の旗本を殴打する事件で免職された。その後、東洋は家禄没収、城下追放の処分を受け、長浜村（高知市）に閉居、塾を開く。
6月17日	ペリー、那覇で琉米修好条約を締結する。当時の琉球王国は、薩摩藩島津家の統治下に置かれながら、清との冊封関係も維持していたため、ペリーは日米和親条約調印後、琉球に向かい、この日、琉球国中山府・総理大臣尚宏勲および布政大夫馬良才との間に条約を調印した。琉米修好条約は、正式には亜米利加合衆国琉球王国政府トノ定約という。
6月30日	幕府、箱館奉行（竹内保徳）を再置する。箱館奉行は、文化4年（1807）に奉行所の松前（北海道松前町）移転に伴い、松前奉行と改称され、文政4年（1821）まで存続したが、その後は廃止されていた。しかし、蝦夷地の箱館開港に伴い、箱館奉行を再置して開港場を管轄させた。奉行所は松前藩の旧箱館役所をあてた。
7月9日	日章旗が日本国総船印*に制定される。
7月27日	オランダ艦隊のスンビン号、長崎に来航する。艦長のオランダ海軍中佐ファビウスは、インドネシアのジャワで日米和親条約の締結を聞き、情報収集のために来日した。長崎でオランダ商館長クルティウスとともに、幕府に軍艦の購入とオランダ海軍による海軍教育の導入を交渉し、幕府側はこれを認めることになる。また、ファビウスはスンビン号停泊中、長崎地役人らの希望者に蒸気帆船運用の実地教育を行った。
閏7月15日	イギリス東インド艦隊司令長官スターリング、旗艦ウィンチェスター以下軍艦4隻を率いて長崎に入港する。
8月3日	長崎奉行*の旗本水野忠徳、イギリス艦隊のスターリングと会談を行う。このさい、イギリス艦に乗船していた日本人漂流民の音吉が通訳を務める。翌日、スターリングはイギリス船日本港湾の寄港を認めることなどを要望する条約案を提出した。
8月23日	幕府、イギリスと日英和親条約（日英約定7カ条）を締結する。この条約ではイギリス船の長崎・箱館の寄港と薪水・食料など必需品の供給、難破船・漂流民の救護、今後日本がほかの外国に対して開港する港はイギリスにも開くことなどが決められた。日本側の全権は長崎奉行水野忠徳。目付の旗本永井尚志が調印に臨んだ。
8月30日	ロシア帝国海軍のプチャーチン、ディアナ号で箱館に来航する。プチ

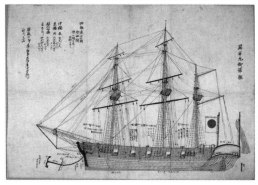

昇平丸御軍艦（松平文庫蔵　福井県立図書館保管）
オランダの造船書を参考にして薩摩藩が造った軍艦で、排水量約300tと、先行する鳳凰丸よりも小ぶり。日本における2隻目の西洋式軍艦であった。主に練習船として使用されたが、外国船と区別するため日の丸を掲げた最初の船となる。

補足　長崎奉行

長崎奉行は、長崎での外交や貿易のほか、長崎の市政や訴訟も担当した幕府の役職。もともとは豊臣秀吉が、寺沢広高を置いたことに始まる。時代によって1～4名置かれたが、基本は2名。1名が長崎で、もう1名が江戸に居り、1年で交代する。役得が多いため人気の高いポジションであった。

主な長崎奉行　　　*（　）内は在任期間

氏名	在任期間	備考
竹中重義	（寛永6～寛永11）	府内藩主。竹中半兵衛の一族
榊原職直	（寛永11～寛永18）	宇喜多秀家の家臣花房職之の子。島原の乱で軍令違反し罷免
柘植正時	（寛永17～寛永19）	この時代にオランダ商館が平戸から出島に移る
川口定恒	（延宝8年～元禄6）	オランダ商館医ケンペルと親交があった
松平康英	（文化4～文化5）	在任中に、イギリス船がオランダ船と偽って長崎に入港するフェートン号事件が発生。責任をとって切腹
遠山景晋	（文化9～文化13）	町奉行で有名な遠山景元の実父
筒井政憲	（文化14～文政4）	プチャーチン来航時の長崎奉行、ペリー来航時の大目付格
高橋重賢	（文政5～文政9）	シーボルト来日時の長崎奉行
伊沢政義	（天保13～弘化2）	ペリー来航時の浦賀奉行
井戸覚弘	（弘化2～嘉永2）	ペリー来航に伴い、外国使節応接掛に任命される
水野忠徳	（嘉永6～安政元）	ペリー再来日時の長崎奉行
大久保一翁	（安政4～安政4）	若年寄など幕府の要職を歴任。明治になって東京府知事を務める
大久保忠恕	（文久2～文久3）	戊辰戦争の時に、見廻組などを率いる
大村純熈	（文久3～元治元）	岩倉使節団に参加。大村藩主
京極高朗	（文久3～文久3）	文久遣欧使節団のメンバー
河津祐邦	（慶応3～明治元）	最後の長崎奉行。横浜鎖港談判使節団の副使を務めた

1854

	ャーチンは薪水を求め、箱館奉行竹内保徳らに面会し江戸幕府への書簡を提出した。
9月2日	幕府、オランダにも下田・箱館を開港する。アメリカとイギリスとの間で和親条約を締結し、下田・箱館などの開港を許可した幕府は、オランダ船の下田・箱館寄港を認めないわけにはいかなかったが、通商は従来通り長崎で行うことに。
9月18日	ロシア海軍ディアナ号、大坂の天保山沖に来航*。大坂城代土屋寅直(ともなお)(土浦藩主)が町奉行らを動員し、また安治川口に大小の廻船などを並べてディアナ号の接近を阻み、与力らに交渉させるも、プチャーチンは小船で船員を上陸させた。その後、通訳として適々斎塾(てきてきさいじゅく)の生徒がディアナ号に乗り込み交渉するが、オランダ語や英語ではうまく通じなかった。大坂城代は江戸に早馬を出し、ディアナ号停泊の15日間には近隣大名の武士団約1万5,000人が警固に動員された。一方、天保山には異国船を見ようと大群衆が押し寄せた。
9月29日	幕府、武家諸法度を改定する*。13代将軍徳川家定の就任に伴い出された「嘉永七年条文」と呼ばれるもので、大船建造について修正がなされた。
10月3日	ロシア海軍ディアナ号、大坂の天保山沖を出航し、下田へ向かう。プチャーチンが箱館で提出した大坂での条約交渉要望書は幕府に届き、9月26日に幕府からの返書が大坂城代へ到着した。そこには、大坂は外国応接地ではないため、交渉は下田で行うとあり、これによりディアナ号は条約交渉地の下田へ向かった。
10月15日	プチャーチン、ディアナ号で伊豆・下田へ来航する。
10月24日	長州藩の吉田松陰(しょういん)、萩・野山獄(のやまごく)*(山口県萩市)に入牢する。松陰は下田でアメリカ艦へ密航を企て、江戸・伝馬町獄(てんまちょうごく)(東京都中央区)に投獄されたが、幕府より自宅謹慎とされ、従者の金子重輔(しげのすけ)とともに萩に送り返された。しかし、この事件を重くみた長州藩では、萩に連行された松陰を、士分の者を収容する野山獄に投じた。一方、足軽身分の重輔は庶民牢の岩倉獄(いわくらごく)*(山口県萩市)に入れられ、過酷な獄中生活ののち翌年1月に病死する。
11月3日	下田で日露条約交渉が始まる。プチャーチンが滞在する下田の福泉寺(ふくせんじ)において、日本全権となった幕府応接掛主席で大目付の旗本筒井政憲(まさのり)と、同じ応接掛で勘定奉行の旗本川路聖謨(かわじとしあきら)*が日露和親条約に向けて協議に入る。

嘉永7

「諸国名所百景　大坂天保山」（国立国会図書館蔵）
天保山は安治川が大坂湾に注ぎ込む河口にある山。天保2年（1831）に安治川を浚渫した際に出た土砂を積み上げた。頂に灯りを立て船舶の目印としたため、目印山とも呼ばれる。幕末には砲台も設置された。

補足　武家諸法度の修正

武家諸法度は、元和元年（1615）に出されたのが最初。武士の中でも特に大名が守るべき事柄が書かれている。以後、将軍の代替わりごとに発布されることになっていた。「嘉永七年条文」では大船建造について、「大船は言上すべき事」と、それまでの「荷船之外、五百石以上の大船を造るへかさる事」から変更された。これにより、軍艦の建造が盛んになった。

野山獄（左）と岩倉獄（右）（萩市観光協会提供）
長州藩の牢獄。正保2年（1645）、長州藩士岩倉孫兵衛が同じく長州藩士野山六右衛門の家に切り込むという事件が起こった。喧嘩両成敗ということで両家は取り潰され、岩倉家の跡は庶民を収容する岩倉獄に、野山家は士分の牢である野山獄となった。

川路聖謨

1801～1868。日田代官所に勤める内藤吉兵衛の子として生まれ、旗本川路家に養子に入る。佐渡奉行、奈良奉行、大坂町奉行、勘定奉行、外国奉行などを歴任。プチャーチン来航の際には全権として応接にあたる。江戸城開城の翌日にピストル自殺を遂げた。

1854

11月4日	安政東海地震*が、午前9時過ぎに発生。震源域は遠州灘沖から駿河湾内の全長200キロメートル以上におよび、マグニチュードは推定8.4とされる。また、この32時間後には紀伊半島南東沖一帯を震源とする推定マグニチュード8.4の南海地震（安政南海地震）が発生した。さらに、これらの大地震では、地震発生の数分から1時間前後に大津波が起こり、伊豆・下田、遠州灘、伊勢・志摩、熊野灘など沿岸に押し寄せた津波で多大な被害が出た。
同日	下田のロシア海軍ディアナ号*が、安政東海地震による津波で大破する。この日の朝、下田は大地震とそれに次ぐ大津波に何度も襲われ、日露和親条約交渉の場の福泉寺も被災し、両国は協議を中断せざるを得なくなった。さらにディアナ号が津波に襲われて大破し、水兵1名が死亡した。なお、ディアナ号は修理のため伊豆・戸田港（静岡県沼津市）へ曳航中、嵐に遭遇し、宮島村沖（静岡県富士市）で沈没したが、日本人の救援活動により死者なくロシア兵約500名が上陸し、その後、陸路戸田村へと向かった。
11月27日	安政に改元。

安政元年
（1854）

12月21日	日露和親条約、締結調印される。下田の長楽寺において、ロシアのプチャーチンと日本全権の幕府大目付筒井政憲、勘定奉行川路聖謨による日露和親条約（日露通好条約）が調印された。このとき結ばれた条約では、日露間の国境を択捉島と得撫島の間とすること、樺太については国境を設けず、これまでと同様に日露両国民の混住とすることなどが定められ、唯一領土問題が入った条約となった。また、箱館・下田・長崎3港の開港なども決められた。
12月28日	江戸に大火。神田多町（東京都千代田区）より出火して江戸橋（東京都中央区）まで延焼した。
12月	薩摩の西洋式軍艦（帆船）昇平丸が竣工する。薩摩藩は、桜島瀬戸村（鹿児島市）に造船所を新設し、ここで大砲10門を備える昇平丸を建造した。

安政東海地震の震度分布（震度5以上の主な地点のみ掲げた。内閣府ホームページより作成）

ディアナ号の復元模型
（戸田造船郷土資料博物館蔵）
1852年、アルハンゲリスク海軍工廠で建造されたロシア海軍の戦艦。排水量約2000tで24ポンド砲を52門備えていた。プチャーチンが乗艦し、下田に寄航したが、安政東海地震による津波で大破、沈没してしまう。

1855

安政2年
(1855)

1月5日　幕府、アメリカと日米和親条約批准書の交換を行う。伊豆・下田の長楽寺において、幕府の異国応接掛で旗本の井戸覚弘、下田奉行の旗本伊沢政義、同奉行の旗本都築峯重の3名と、アメリカ使節アダムス中佐との間で、先に締結された日米和親条約の批准書が交換された。

1月16日　伊豆・韮山代官の旗本江川太郎左衛門（英龍）*没する。江川は、韮山代官としてだけでなく、海防問題に参画し、江戸湾警備のための品川台場6基*を完成させた。しかし、大砲鋳造のため、幕命を受けて築造した韮山の反射炉第1号は、前年11月の完成と同時に安政東海地震によって崩れた。その後も反射炉築造に取り組むうち、病のなか出府し、江戸の屋敷で急死した。享年55。

1月23日　薩摩藩、西洋式軍艦昇平丸の試運転に成功する。薩摩藩は以後も洋式軍艦を次々と建造した。

2月22日　幕府、松前藩領の福山（松前）・江差地方を除く全蝦夷地を上知する。前年松前藩は松前城を築城*したが、幕府は箱館奉行を再置して箱館および近郊を直轄化し、この安政2年（1855）には松前藩に東部木古内村（北海道木古内村）以東および西部乙部村（北海道乙部町）以北の地を返上させて幕領とした。

2月　　長州藩の政務座役周布政之助*が辞職する。長州藩では保守派（俗論派）と、改革を唱える正義派の対立が続いており、周布が保守派の反撃に遭い失脚し、保守派の椋梨藤太が政権を奪い返した*。

3月4日　フランスインドシナ艦隊、下田に来航する。フランス側は物資の供給を願ったが、幕府はこれを拒否した。それはまだ日本とフランスに正式な国交がないからだが、ロシアとイギリス・フランスなどの連合軍が交戦するクリミア戦争の影響により、日本海からオホーツク海に至る海域も戦場となっていたため、フランスやイギリスの艦隊が頻繁に下田以外の箱館や長崎など、未開港の港に来航した。

3月10日　ロシア海軍の代船ヘダ号の進水式が行われる。プチャーチンらロシア海軍が乗船したディアナ号は修理先の戸田港への回航途中に沈没してしまったため、プチャーチンは幕府に代船建造を願い出、戸田で日本人船大工らによる建造が始まる。完成した代船を、プチャーチンは建造地にちなみヘダ号と名づけた。

安政2

江川太郎左衛門英龍
1801～1855。武蔵、相模、伊豆などの幕府領を管理する韮山代官江川家に生まれた。号は坦庵。江川家では代々当主は太郎左衛門を名乗ることになっている。高島秋帆に師事して西洋式砲術を習得し、私塾を開き佐久間象山、桂小五郎（木戸孝允）などの後進を育てた。そのほか品川台場の築造などに力を発揮した。

現在の台場（東京都港区）

周布政之助（山口県立山口博物館蔵）
1823～1864。長州藩士。尊攘論を主張。村田清風の指導を受けて長州の藩政改革にあたる。文久3年（1863）の八月十八日の政変で、長州の攘夷派が京都から追い出され、巻き返しを狙った禁門の変で敗れ、さらに四国連合艦隊来襲におよび、長州藩が窮地に陥った責めを負い自刃した。

補足　幕末の築城
それまで武家諸法度で新しい城を造ることは禁止されていたが、幕末になって異国からの脅威に備えて石田城（長崎県五島市）や松前城が築城された。五稜郭は、箱館奉行所を守るために造られた亀田御役所土塁で、正確には城ではない。

長州藩の内訌
長州藩は最初から一枚岩ではなく、村田清風・周布政之助・桂小五郎（木戸孝允）らに代表される正義派と椋梨藤太らの俗論派とに分かれていた。禁門の変ののち正義派の周布が自殺に追い込まれ、多くの正義派が処刑され、俗論派の椋梨が実権を握る。正義派への粛清に危機感を覚えた高杉晋作らが下関から萩へと向かう。その後、桂が帰国し、藩論を一本化した。

1855

3月12日	イギリス艦隊3隻、箱館に入港する。この年3月に箱館開港となり、クリミア戦争の海戦の影響もあり、イギリス軍艦も箱館に入港することが多くなった。	
3月22日	オランダ商館長クルティウス、「風説書」でクリミア戦争*の戦況とイギリス艦隊の来航を幕府に告げる。	
同日	ロシアのプチャーチンらヘダ号*に乗船し、伊豆・戸田港を出港、帰国の途につく。	
3月24日	イギリスのスターリング、日英修好条約の批准書交換のため、長崎に来航する。	
3月27日	幕府、仙台・秋田・津軽・南部・松前の各藩に蝦夷地の警備を命じる。さらに4月14日には各藩の警備地域を定めた。南部藩は箱館字水元(北海道函館市)に本営(南部陣屋)を置いて箱館から幌別(北海道登別市)に至る地と、夏場は押付・立待の両台場を守衛。津軽藩は亀田村千代ヶ岱(北海道函館市)に陣屋を建て、乙部から神威岬に至る地域を守衛。松前藩は戸切地村に陣屋を設けて七重浜から上磯一帯を守る。秋田藩は西蝦夷地と島々、樺太の白主と久春古丹に藩士や兵を配置し、増毛(北海道増毛町)に陣屋を置き、仙台藩は東蝦夷地と島々を警備し、勇払(北海道苫小牧市)に陣屋を置いた。また各藩、出張陣屋も設置した*。	
5月14日	薩摩藩、建造した西洋式軍艦昇平丸を幕府へ献上するため品川へ回航。その後、同艦は昌平丸と改名され海軍伝習に用いられることになる。	
5月20日	幕府、松前藩兵に命じて樺太のロシア陣営を焼く。これは前年退去したロシア兵が占拠・駐屯していた樺太・久春古丹の営舎だった。	
5月21日	ドイツの商船グレタ号、下田に入港する。グレタ号は、同年2月17日に箱館に入港しているが、このときアメリカの傭船として同国の補給物資を詰んで入港している。また同船の荷主ドイツ商人リュードルフは、箱館奉行所で日本との和親通商を希望したが、聞き入れられず、グレタ号は下田でもアメリカ船として入港、下田奉行所にディアナ号の残留ロシア人の送還や、そのためのリュードルフの下田滞在を申請し、下田奉行の旗本井上清直の許可を得た。	
5月26日	長州藩の村田清風、没する。正義派と称して周布政之助らに多大な影響を与えた清風は、役職を退いてのち、郷里・三隅(山口県長門市)で郷党子弟らの教育にあたっていたが、この年、逼迫する藩財政の再建に再び立とうとして、病気の再発により死去した。享年73。	

クリミア戦争

1853～1856にクリミア半島を中心に帝政ロシアとイギリス・フランス・トルコとの間で行われた戦争。この戦争を勝利に導いたイギリスとフランスは、国際的な発言力が強まり、ロシアは内政を見直さなければならなくなった。また、クリミア戦争で使用された鉄砲や大砲などの武器が日本に持ち込まれ、戊辰戦争で使用された。

ヘダ号復元模型
(戸田造船郷土資料博物館蔵)
下田に寄航していたロシア使節の船ディアナ号が、安政東海地震の際の津波により大破・沈没したため、急遽造られた代替船。ロシアの技術将校指導の下、日本の船大工たちによって建造され、船大工たちは西洋式船の建造技術を習得することができたという。

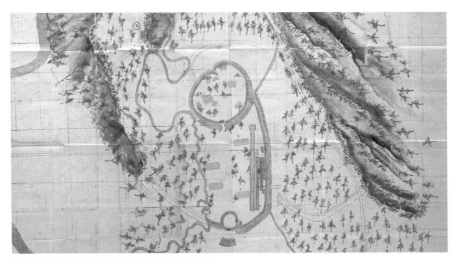

仙台藩蝦夷地白老御陣屋図 (函館市中央図書館蔵)
ロシアの南下を恐れた幕府は、弘前、盛岡、秋田、仙台、庄内、会津の各藩に蝦夷地を分割警備させた。このうち、仙台藩は白老から襟裳岬、国後、択捉島までを担当することになり、白老に元陣屋を、広尾、厚岸、根室、国後島泊、択捉島振別に出張陣屋を置いた。元陣屋である白老陣屋は、蝦夷地に置かれた陣屋として最大66,000㎡の広大な敷地に6つの門、本陣、勘定所、穀蔵、稽古場、長屋などが建てられていた。白老御陣屋があった場所は、現在、史跡「白老仙台藩陣屋跡」として整備されている。

1855

5月	熊本藩士の横井小楠、自宅・四時軒に私塾を開く*。小楠は号で、諱は時存。前年、兄の死去により家督を継ぎ、この年、自宅を農村の沼山津(熊本市東区)に移して四時軒と名づけ、号を沼山と称し、ここで門下生に指導した。四時軒には福井藩の由利公正や土佐の坂本龍馬らが訪ねるようになる。天保10年(1839)、藩命で江戸に出ると水戸藩の藤田東湖らと親交を持ち、帰国後は現実に根ざした学問(実学)を説き、家老長岡是容(監物)らと藩政改革を遂行した。また弘化4年(1847)に私塾(のち小楠堂)を開き、徳富一敬(徳富蘇峰・徳富蘆花の父)らが入門するが、小楠ら「実学党」と呼ばれた改革派は、藩政に批判的であったため迫害も受けた。藩内では、実学党と保守派の学校党とが対立していたが、この年、実学党内でも開国を主張する小楠派と、鎖国を主張する長岡派に分かれ、混迷を増す。
6月1日	下田の残留ロシア兵、下田に入港したドイツ船グレタ号を雇い、帰国の途につく。グレタ号の荷主リュードルフは下田に残留許可を得、11月25日に退去。
	このとき、掛川藩を脱藩し、当時戸田村・蓮華寺に寄寓していた橘耕斎は、ロシアの通訳兼秘書で幕府との交渉にあたったゴシケーヴィチと知り合い、彼とともにグレタ号に乗り込んでロシアへの密航を図った。しかし、グレタ号は帰国の途中、イギリス軍艦に拿捕され、耕斎はゴシケーヴィチやロシア兵とイギリス艦バラクーダ号に移乗し、箱館と長崎に寄港するも上陸は許されずに香港へ運ばれた。その後、耕斎はゴシケーヴィチとイギリスでの抑留生活を送り、のちクリミア戦争後にロシアに着いた。安政4年(1857)、橘耕斎は、ゴシケーヴィチに協力して『和魯通言比考』(和露辞典)を刊行する。耕斎のロシア名はウラジミル・ヨシフォヴィチ・ヤマトフで、ロシアでの日本名はマスダ・クメザエモンとされる。
6月7日	フランスインドシナ艦隊シビル号、箱館に寄港、弁天崎沖に停泊し、病人の収容を依頼する。シビル号は、このさい、箱館に入港していたイギリス艦隊を通じて箱館奉行の旗本竹内保徳へ病人の収容を要請する。竹内は、シビル号の停泊を認め、フランス人医師や看護人、病人たちを箱館・実行寺に収容し、翌日、幕府へ報告書を出した。
6月9日	13代将軍徳川家定、オランダ国王ウィレム3世より蒸気軍艦スンビン(スームビング)号を贈られる。前日、オランダ艦隊のヘデー号司令長官ファビウスが、スンビン号とともに長崎に来航していた。スンビン

安政2

主な学校と創立者

学校名	設立年	創立者	所在地・種別
＊稽古館	（寛政8）	津軽寧親	弘前藩藩校
＊明義堂	（天保11）	南部利敬	盛岡藩藩校
＊明徳館	（寛政2）	佐竹義和	秋田藩藩校
＊養賢堂	（元文元）	伊達吉村	仙台藩藩校
＊致道館	（文化2）	酒井忠徳	庄内藩藩校
＊興譲館	（安永5）	上杉治憲	米沢藩藩校
＊日新館	（享和3）	松平容頌	会津藩藩校
＊弘道館	（天保12）	徳川斉昭	水戸藩藩校
順天堂	（天保14）	佐藤泰然	下総佐倉の蘭医学塾 順天堂大学の前身
昌平黌	（寛政9）	幕府	江戸・湯島 幕府直轄の教育機関
医学館	（明和2）	多紀元孝	
五月塾	（嘉永4）	佐久間象山	江戸・木挽町兵学・砲術・海防等を教授した
韮山塾	（安政2）	江川太郎左衛門	伊豆・韮山
芝蘭塾	（天明8？）	大槻玄沢	江戸 蘭学塾
＊明倫堂	（寛政4）	前田治脩	加賀藩藩校
＊明倫堂	（寛延元）	徳川宗勝	尾張藩藩校
＊稽古館	（寛政11）	井伊直中	彦根藩藩校
藤樹書院	（不明）	中江藤樹	近江国 私塾
古義堂	（寛文2）	伊藤仁斎	京都 私塾
＊好古堂	（寛延2）	酒井忠恭	姫路藩藩校
＊花畠教場	（寛永18）	池田光政	岡山藩藩校
閑谷学校	（寛文6）	池田光政	岡山藩
適々斎塾	（天保9）	緒方洪庵	大坂 私塾（蘭学）
懐徳堂	（享保9）	中井甃庵	大坂 私塾
洗心洞	（文政8）	大塩平八郎	大坂 私塾
松下村塾	（天保13）	玉木文之進	萩 私塾 後に甥である吉田松蔭が引き継いだ
＊明倫館	（享保4）	毛利吉元	長州藩藩校
＊修猷館	（天明4）	黒田斉隆	福岡藩藩校
＊弘道館	（天明元）	鍋島治茂	佐賀藩藩校
咸宜園	（文化2）	広瀬淡窓	豊後国日田 私塾
鳴滝塾	（文政7）	シーボルト	長崎 私塾
＊時習館	（宝暦4）	細川重賢	熊本藩藩校
四時軒	（安政2）	横井小楠	熊本 私塾
＊造士館	（天明6）	島津重豪	薩摩藩藩校

＊は藩校。（ ）内は設立年。

四時軒（熊本市提供）
横井小楠が自宅で営んでいた私塾。坂本龍馬や由利公正などが訪れたことがあるという。四時軒跡は現在横井小楠記念館となっている。

横井小楠
（福井市立郷土歴史博物館蔵）

1855

	号は1850年（嘉永3）、オランダ・アムステルダムのフリッシンゲン社で建造された外輪蒸気船で、前年、幕府の要求により、オランダ商館長クルティウスがオランダ国王から将軍家定に贈る形でスンビン号寄贈の手配を行っていた。スンビン号にはオランダ海軍一等尉官（海軍大尉）のライケン以下22名が搭乗していた。
6月29日	幕府、旗本および諸大名に洋式調練を命じる。
7月29日	幕府、旗本永井尚志に命じ、長崎に海軍伝習所*を設ける。永井は目付として長崎に在勤しており、海軍伝習指揮を務めることになる。海軍伝習所は、長崎奉行所西役所に開設された。
同日	フランスインドシナ艦隊コンスタンチーヌ号、箱館に入港する。コンスタンチーヌ号も病人の収容を要請し、随時、実行寺に止宿を許される。このとき、オランダ語訳されたフランス築城書がコンスタンチーヌ号の軍人から箱館奉行に贈呈された。箱館奉行支配下にある箱館・諸術調所の教授で洋学者の武田斐三郎が、この築城書に記された中世ヨーロッパの城郭都市をモデルに台場と土塁および役所（箱館奉行所＝五稜郭）を設計することになる。
8月7日	幕府、行政改革の大綱を公布。
8月18日	イギリスのスターリング、3艦を率いて長崎に来航。翌日、日本側と条約本書の批准を交換し、9月10日に退去した。
8月22日	薩摩藩、日本初の蒸気船・雲行丸の試運転に成功。同藩は、津山の蘭学者箕作阮甫に翻訳させた蘭書の文献から、嘉永4年（1851）に江戸屋敷内に設けた製造所で蒸気機関の開発に着手し、安政2年（1855）に完成させた。その蒸気機関を小型洋式船の越通船に備えつけて雲行丸とし、江戸の隅田川で試運転を行い、成功させた。
8月25日	オランダから寄贈のスンビン号、長崎奉行所で幕府に引き渡される。受領後、スンビン号には観光丸の和名がつけられ、長崎の幕府海軍伝習所の練習船となる。また幕府も、オランダに武具・刀・金屏風などの返礼品を贈った。
8月30日	儒学者の古賀謹一郎、洋学所頭取に任命される。幕府の老中首座阿部正弘は西洋の学問の必要を痛感し、洋学研究教育の機関として、天文方蕃書和解御用を独立させた「洋学所」の開設を図った。このさい幕府は、儒学者ながら洋学の必要性を感じて西洋事情を独学で調べていた古賀を洋学所の初代頭取に任命した。
8月	長州藩、藩政に坪井九右衛門が復帰し、保守派（俗論派）が政権を握

安政 2

長崎海軍伝習所絵図（公益財団法人鍋島報效会所蔵）
安政2年（1855）から同6年までの4年にわたって海軍の軍事技術などの伝習が行われた。

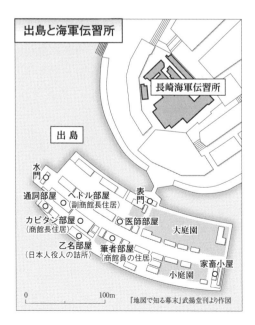

伝習所の主な出身者	
勝海舟	幕臣（咸臨丸艦長）
矢田堀景蔵	幕臣（幕府の海軍総裁）
中島三郎助	幕臣（浦賀奉行所与力）
川村純義	薩摩藩士（海軍大将）
五代友厚	薩摩藩士（薩摩藩密留学生）
佐野常民	佐賀藩士（日本赤十字創設者）
上田寅吉	船大工（オランダへ留学）
榎本武揚	幕臣（海軍中将）

＊右は当時の身分、（　）内はのちの活動など

1855

る。正義派の村田清風は死去し、清風派の周布政之助に代わり、坪井は椋梨藤太と藩政改革に取り組む。坪井は上方との交易を開き、物産取立策を実施する。

9月27日 フランスインドシナ艦隊ヴィルジニー号以下3隻、那覇港に入港。これはセシルの条約交渉以来、2回目となる琉球との和親条約締結のための来航であり、10月1日に第1回交渉が始まる。

同日 幕府の老中首座阿部正弘、洋学所を江戸・神田小川町（東京都千代田区）の元火消役屋敷を改修して開設することを決める。

10月2日 江戸の大地震（安政の大地震・安政の江戸地震）が発生する*。午後9時30分ごろ、八丈島付近を震源とし、江戸およびその周辺を大地震が襲った。マグニチュード推定6.9とされる直下型の地震で、死者は約1万人ともいわれ、大名・旗本屋敷でも建物の倒壊など多くの被害が出た。小石川の水戸藩屋敷では藤田東湖らが圧死している。

10月9日 佐倉藩主堀田正睦、幕府老中に再任され、阿部正弘の後を受けて、老中首座となる。堀田は、天保の改革の失敗により、時の老中首座水野忠邦の失脚とともに老中を罷免されていた。しかし、この時期、老中首座阿部正弘が水戸藩の前藩主徳川斉昭の進言により、この年6月に上田藩主松平忠固、8月に西尾藩主松平乗全と、2人の老中を罷免する一方、幕政への参加を認められていなかった親藩の福井藩主松平慶永（春嶽）や外様の薩摩藩主島津斉彬らと接近したことが彦根藩主井伊直弼ら溜間詰大名の反発を買い、同じ溜間詰の堀田が起用され、井伊らとの関係修復が図られた。ただ、堀田は「蘭癖*」と称される蘭学好きな開国論者であり、開国政策を推進する。

10月15日 フランスと琉球王国との琉仏条約が締結する。

10月24日 長崎の幕府・海軍伝習所の開所式が行われる（第1次海軍伝習）。スンビン号（観光丸）の艦長として来日したオランダ海軍軍人ライケン以下22名が教官となり、観光丸を練習船とした。日本側は永井尚志が総監となり、幕臣の矢田堀景蔵と旗本勝海舟の2名が学生長となる。幕府伝習生には矢田堀、勝のほか、御家人の佐々倉桐太郎、小野友五郎、春山弁蔵、浜口興右衛門らがいた。また聴講生も認められ、佐賀藩は47名、福岡藩は28名、長州藩は15名など、諸藩が聴講生を派遣した。薩摩藩は五代友厚、川村純義ら16名、ほかにも熊本藩士5名、福山藩士4名、津藩士12名、掛川藩士1名も参加した。しかし、多人数であったため、受講日は座学が5と10の日、艦上での実技が2と7の

安政2

『安政見聞録』に描かれた地震の様子（国立公文書館蔵）
地震後の安政3年（1856）に刊行された、震災の様子を記録した書物。

安政の大地震の主な被害

当時江戸に266家あった大名屋敷のうち、116家で死者が出た。特に大名小路と呼ばれていた現在の皇居前広場（東京都千代田区）あたりがひどく、そこにあった55家の屋敷の大半で建物が倒壊している。旗本・御家人の被害は不明。町人地では1万4,000軒が倒壊、中でも深川（東京都江東区）での被害が大きかったとされる。江戸市中では1万人ほどの人が亡くなった。

主な蘭癖大名

島津重豪（しげひで）	8代目薩摩藩主
島津斉彬（なりあきら）	11代目薩摩藩主。重豪の曾孫
黒田長溥（ながひろ）	11代目福岡藩主。重豪の子
奥平昌高（おくだいらまさたか）	5代目中津藩主　重豪の子
鍋島直正（なおまさ）	10代目佐賀藩主
堀田正睦（まさよし）	5代目佐倉藩主
土井利位（としつら）	4代目古河藩主
佐竹義敦（よしあつ）	7代目秋田藩主

補足　蘭癖大名

オランダを通じて日本に入ってきたヨーロッパの学問を「蘭学」といった。ヨーロッパの習俗をまねる人のことを蘭癖といい、大名の中にも、蘭学が好きな者がいた。オランダから輸入されたものは高価で、島津重豪（しげひで）はそのために藩政を傾けたといわれている。

	日と、制限された。そして、ライケンが航海・運用術などを担当し、その他、造船学、機関術、測量術、高等代数学、砲術および砲術訓練などの講義・実技が行われた。
12月4日	幕府、松前藩主松前崇広*に、替地として陸奥国梁川（福島県伊達市）、出羽国東根（山形県東根市）合わせて3万石を与え、ほかに出羽国尾花沢（山形県尾花沢市）に1万石余を預地として付し、毎年1万8,000両の金子を交付することにする。これは箱館開港に伴い、同年2月に松前藩の旧領地の大部分が幕領とされたためである。ただ、藩庁は福山に留まった。
12月13日	北辰一刀流創始者の千葉周作*、没する。文政5年（1822）に周作が日本橋品川町（東京都中央区）に開いた道場・玄武館*は、神田お玉ヶ池（東京都千代田区）に移転し、幕末には「技の千葉」と称され、「力の斎藤（斎藤弥九郎の神道無念流・練兵館）」「位の桃井（桃井春蔵の鏡新明智流・士学館）」と並んで江戸の三大道場の1つに数えられる。享年62。
12月15日	長州藩の吉田松陰、野山獄を出獄となり、生家の杉家に戻って謹慎生活に入る。松陰は、この謹慎中に杉家の三畳半の自身が入る幽室で、家族や親戚に学問を教え始める。
12月23日	日蘭和親条約が締結し、正式に国交が開始される。長崎において、幕府とオランダ商館長クルティウスとの間で日蘭和親条約（27カ条）が調印された。日本の鎖国時代に長崎の出島に商館を置き、交流していたオランダであったが、条約締結ではアメリカやロシア、イギリスに後れをとった。

安政3年（1856）

2月11日	幕府、洋学所を蕃書調所と改称する。江戸・神田小川町（東京都千代田区）に開設予定の洋学所は、前年の安政の大地震により建物が焼失したため、この年7月、江戸・九段坂下（東京都千代田区）の旗本屋敷を改修して開設することになった。
2月28日	幕府、合薬座を設けることにし私的に硝薬を販売することを禁止する。
3月12日	幕府、駒場野（東京都目黒区）で洋式調練を行う。高島秋帆に学んだ旗本で、西洋砲術の塾を開いていた下曽根信敦が指揮して行われた。

安政2－安政3

松前崇広（函館市中央図書館蔵）
1829〜1866。第12代松前藩主。嘉永2年（1849）、家督を相続し、元治元年（1864）に老中となる。老中首座阿部正外と行動をともにした。

松前藩の歴史
室町時代に若狭武田氏の武田信広が、蠣崎氏の後継者となり、慶長4年（1599）、蠣崎から松前に改姓し、慶長9年（1604）、徳川家康からアイヌとの交易権独占を認められる。享保4年（1719）に、藩主が大名となったが、寛政11年（1799）、領地の大半が取り上げられた。さらに文化4年（1807）に、梁川（福島県伊達市）に転封となる。しかし、文政4年（1821）には蝦夷地に戻り、嘉永2年（1849）に松前城の築城を許された。箱館が開港となると、再び領地の一部が上知となったが、元治元年（1864）、松前崇広が老中に就任すると、領地の一部が戻された。

補足　千葉道場の門下生
門下生には、浪士組結成の関係者の清河八郎や山岡鉄舟、井上八郎（山岡鉄舟の師）、新選組の藤堂平助や山南敬助などがいた。

千葉周作の墓（東京都豊島区）
千葉周作の墓は、明暦の大火で有名な本妙寺にある。本妙寺は明治になって本郷から巣鴨に移転した。

玄武館跡（東京都千代田区）
JR秋葉原駅近くに千葉周作の道場・玄武館があった。現在は、跡地に碑が立っている。

1856

4月25日 幕府、江戸・築地（東京都中央区）に講武所*を開設する。幕府は開国を迫る欧米列国による緊迫した情勢から、旗本・御家人の武術修練所の設立を必要とし、嘉永7年（1854）4月に講武場を設置した。安政3年（1856）3月、築地鉄砲洲に施設が完成し、この日、講武所として正式に開所した。ここでは剣術・槍術・砲術・弓術・柔術の各術科に師範役と教授方が置かれ、旗本や御家人、またその子弟などに講習が行われ、講武所開設を建議した旗本男谷精一郎が頭取兼剣術師範役を務めた。洋式砲術や同調練の講師には高島秋帆や大村益次郎があたった。

5月 水戸藩、幕命で建造していた洋式大型帆船・旭日丸を完成させる。嘉永6年（1853）11月、幕府より大型船の建造を命ぜられた水戸藩は、同年12月5日、幕府が造船所用地に決定した御用地の石川島（東京都中央区）において造船所の設立と運営を委託され、翌安政元年（1854）1月2日に旭日丸の起工式を行い、完成させた。

7月 1日 幕府、蕃書調所への旗本子弟の就学を許可する。

7月18日 大坂の安治川・木津川の両河口に台場が築かれる。嘉永7年（1854）9月にロシア海軍ディアナ号が天保山沖から安治川口に侵入しようとしたことを受け、幕府の勘定奉行兼海防掛であった旗本川路聖謨は沿岸防備を図り、これに基づき幕府は、大坂城代土屋寅直（土浦藩主）に安治川口と木津川口に台場築造を命じた。

7月21日 アメリカ合衆国の外交官ハリス*、通商条約を求め、初代駐日アメリカ総領事として伊豆・下田港に来航する。ハリスはアメリカ大統領ピアースより初代駐日総領事兼条約改定全権委員に任命されて来日した。彼は貿易商人から外交官になった人物である。アメリカは日本との交易による開国を求め、通商条約の早期締結を望んだが、幕府は安政の大地震による国内の混乱を理由に、ハリスとの交渉を先延ばしにしようとする。

8月 5日 下田の玉泉寺*にアメリカ総領事館が置かれる。この日、アメリカ総領事ハリスが、オランダ人通訳のヒュースケンらとともに着任した。玉泉寺は下田条約で米人休息所（宿舎）・埋葬所となった曹洞宗の寺で、日本初の領事館として機能した。

10月11日 ロシア使節ポシェット、日露和親条約批准書交換のため下田に来航する。

10月17日 幕府、老中首座堀田正睦（下総佐倉藩主）を外国事務取扱・海防月番

講武所の変遷

嘉永7年（1854）、築地鉄砲洲に講武場として設けられたのが最初。安政4年（1858）、越中島に講武所付銃隊調練所を開設。小川町に移転し、慶応2年（1866）に陸軍所と改称、翌慶応3年（1867）に廃止された。

講武所の著名な講師たち

勝海舟	砲術	
男谷精一郎	剣術	＊勝海舟の親戚
江川英敏	砲術	＊江川英龍の息子
高島秋帆	砲術	＊元長崎町年寄
下曽根信之	砲術	＊高島秋帆の弟子
高橋泥舟	槍	＊山岡鉄舟の義兄
桃井春蔵	剣術	＊士学館の道場主
井上八郎	剣術	＊山岡鉄舟の師

ハリス
（『幕末・明治・大正回顧八十年史　第1輯』国立国会図書館蔵）

1804～1878。兄とともにニューヨークで陶磁器輸入商を営み、のちのニューヨーク市立大学を設立する。清に渡ってニンポー領事となり、安政2年（1855）駐日総領事として下田に着任、安政5年（1859）に公使になったが、文久2年（1862）に解任されて帰国した。

玉泉寺（下田市観光協会提供）
米国総領事であったハリスが滞在した玉泉寺には、現在ハリス記念館があり、ハリスが領事であった時に愛用していた品々や、関連資料、古文書などが展示されている。

1856

10月20日	専任とする。 二宮尊徳*、没する。二宮尊徳は天明7年（1787）、相模国栢山村（神奈川県小田原市）の農家の長男に生まれる。通称金次郎。10代で両親を亡くし、20歳で没落した生家を再興する。その後、小田原藩家老服部家の再建や同藩領の下野国桜町領（栃木県真岡市）の農村復興に成功した。以降も飢饉に苦しむ小田原近隣の農村救済のため、農村改良策（報徳仕法*）などにより、諸村復興に尽力した。天保13年（1842）幕臣に取り立てられ、幕府の日光神領再建の命を受け、復旧に従事するなか下野国今市（日光市）で病没した。享年70。
11月1日	広瀬淡窓*、没する。広瀬淡窓は天明2年（1782）豊後国日田（大分県日田市）の九州諸藩の御用を務める商家の長男に生まれる。諱は建、字は子基、幼名は寅之助のち求馬。別号に青渓、遠思楼主人など。儒学を学び、家督を弟に譲り、開塾（のちの咸宜園）して子弟の教育にあたった。全国から集まった入門者数は延べ3000名を超えたとされ、そのなかには高野長英、大村益次郎らがいた。漢詩人としても有名。享年75。
11月10日	日露和親条約（日露通好条約）の批准書交換が行われる。日本全権の下田奉行の旗本井上清直・旗本岡田忠養とロシア全権ポシェットとの間で批准書交換が行われ、新しく52門の大砲を艦載したヘダ号が幕府に引き渡され、さらにディアナ号の艦載砲も幕府へ寄贈されている。
11月	蝦夷地の箱館・弁天台場の築造が金10万両の予算で着工され、海面を埋め立てて石垣が築かれる。
12月4日	オランダ商館長兼弁務官クルティウス、長崎奉行にオランダ人の外国貿易中継の許可を求める。長崎奉行は旗本荒尾成允と旗本川村修就。
12月18日	13代将軍徳川家定と近衛忠熙養女篤姫*の婚礼の儀が執り行われる。嘉永3年（1850）、次期将軍の徳川家定夫人候補が薩摩藩島津家に求められ、同6年に薩摩藩今和泉島津家島津忠剛の長女が薩摩藩主島津斉彬の養女とされた。その後、公家で五摂家の筆頭・近衛家の養女となり、将軍となった家定に輿入れして御台所となった。篤姫には、斉彬から家定の後継には徳川慶喜を指名するよう、家定に勧める密命があったといわれている。
12月28日	幕府、合薬座を講武所附属とする。
この年	長州藩の吉田松陰、謹慎生活を送るなか、叔父が始めた松下村塾の事実上の主宰者となり、生家・杉家の幽室で始めた講義が近所の下級

安政3

二宮金次郎像（神奈川県小田原市・小田原城址公園内）
二宮金次郎を祀った小田原の報徳二宮神社にある二宮金次郎像。かつては、日本全国の小学校に薪を背負いながら本を読む二宮金次郎の像が設置されていた。

補足 報徳仕法
二宮尊徳が提唱した事業様式。各自の収入に応じて支出に限度を設け、余剰を将来や他人のために譲ることを原理とする。なお、農民自らが結成した報徳社が遠江（静岡県）を中心に盛んになり、現在も存続している。

広瀬淡窓
1782〜1856。古学者・教育者。日田（大分県日田市）の商人の子として生まれ、福岡の儒学者亀井南冥らに学ぶ。咸宜園という全寮制の私塾をつくり、高野長英、大村益次郎などを輩出。なお、咸宜園は淡窓の死後も弟子らよって引き継がれ、明治30年（1897）まで存続した。

篤姫
1836〜1883。薩摩藩主島津家の分家に生まれる。将軍継嗣問題で、徳川慶喜を推す薩摩藩主島津斉彬の養女になり、近衛家の養女として13代将軍徳川家定の正室となった。わずか2年で家定が亡くなった後は、落飾して天璋院と称する。戊辰戦争のさいには、14代将軍徳川家茂正室の和宮とともに徳川家存続のために奔走した。

篤姫ゆかりの手あぶり（指宿市考古博物館蔵）
篤姫の実家・今和泉島津家に仕え、篤姫付きの女中として晩年まで身の回りの世話をした女性が、明治になって篤姫からもらったという。

藩士の子弟へと広がった。受講者が増えたため、安政4年（1857）に物置小屋を塾舎に改築。

安政4年（1857）

1月18日 江戸・九段下（東京都千代田区）の蕃書調所、開講となる。ここでは洋学の教授や、洋書・外交文書の翻訳などが行われ、教授方には箕作阮甫*、杉田成卿らが任命された。また周防国鋳銭司村（山口県山口市）出身の大村益次郎が教授方手伝を務めている。

2月1日 オランダ商館長兼弁務官クルティウス、アロー号事件の報告書を長崎奉行荒尾成允に報じて、幕府が通商拒否することに警告を与える。アロー号事件とは、1856年10月8日、広東で清船アロー号がイギリス国旗を掲げていたのを、清官兵が乗り込み、中国人乗組員を逮捕し、イギリス国旗を引き下ろして侮辱したことが発端となり、清とイギリス・フランスの間で開戦となったことをいう（アロー戦争・第2次アヘン戦争、1856～1860）。なお、オランダ商館長クルティウスは、幕府と条約締結のさい、自身の肩書きを日本オランダ領事官（理事官）としている。

4月11日 幕府、講武所内に軍艦教授所*を設ける（のちの軍艦操練所*）。幕府は講武所内にも海軍教育部門を設けることとした。そのため長崎海軍伝習所にいた永井尚志や勝海舟などが観光丸で江戸に移動し、軍艦教授所で教えた。

4月28日 幕府は異国船防御のため、高松藩主松平頼胤と松江藩主松平定安に大坂・木津川口台場と安治川口台場の警備と大砲の設置を命じる。また、奏者番*兼寺社奉行を務める備中国松山藩主の板倉勝静に、神奈川の警備を命じる。これに対し、備中国松山藩は、神奈川沖に台場の設置を提案した。

5月26日 幕府、アメリカとの日米約定（下田協約・追加条約9カ条）を締結する。幕府の下田奉行の旗本井上清直・旗本中村時万とアメリカ駐日総領事ハリスとの間で日米約定（下田協約）が締結され、外国人居住権や犯罪人の処分などに関することが定められた。しかし、日本にとって治外法権となる領事裁判権を認めたことは不利益となった。

6月17日 元老中首座の阿部正弘、没する。ペリーが日本へもたらした米国の国

安政3－安政4

津山駅前に立つ箕作阮甫の銅像（岡山県）
1798〜1863。津山藩出身の蘭方医・蘭学者。京都で修行し、津山藩主の侍医となった。その後幕府の天文台である司天文の訳員として採用され、蕃書調所の教授を命じられた。

軍艦操練所跡の碑（東京都中央区）
築地にあった講武所内に軍艦教授所が作られた。現在、その跡地に説明プレートが立っている。

補足　奏者番
大名や旗本が将軍に謁見する時に、姓名や進物の披露を担当する大名の役職。若手の譜代大名が就くのが原則で、ここでうまく役目をこなすと出世の道が開けるといわれていた。

箕作阮甫の子孫たち

箕作省吾　才能を認められて阮甫の養子になり、「新製輿地全図」、『坤輿図識』などを阮甫の協力のもと残す。

箕作秋坪　江戸で箕作阮甫の弟子となる。適々斎塾に入門後、阮甫の養子に入る。幕府の蕃書和解御用に命じられたのち、蕃書調所の教授方手伝になる。2度にわたってヨーロッパに派遣され、明治になってからは英学塾三叉社を開き後進の指導にあたる。

箕作麟祥　箕作省吾の長男で、蕃書調書、開成所に出仕し、パリ万国博覧会に派遣された徳川昭武に随行。帰国後ナポレオン法典を訳し『仏蘭西法律書』として出版した。

菊池大麓　箕作秋坪の二男で父親の実家菊池家を継いだ。イギリスに留学し、東京大学理学部数学科で日本人最初の教授に就任。理化学研究所初代所長、東京帝国大学、京都帝国大学の総長などを歴任する。

箕作佳吉　箕作秋坪の三男。アメリカで動物学を学び、東京帝国大学理学部で日本初の動物学教授になり、日本動物学会を結成。世界で最初に真珠の養殖に成功した御木本幸吉を指導した。

箕作元八　箕作秋坪の四男。『仏蘭西大革命史』『世界大戦史』などを著し、西洋史学研究に貢献。昭和天皇に大きな影響を与えた人物でもある。

軍艦教授所の変遷

安政4年(1857)	軍艦教授所設立
明治2年(1869)	海軍操練所が築地に創立
明治3年(1870)	海軍兵寮と改称
明治9年(1876)	海軍兵学校と改称し、開校
明治21年(1888)	江田島（広島県江田島市）に移転

書を諸大名や幕臣に開示。このことが幕府の政治のありかたを変えるきっかけとなった。阿部正弘は、老中首座のとき、12代将軍家慶の将軍継嗣問題で隠居・謹慎の処分を受けて退いていた水戸の前藩主徳川斉昭の七男・徳川慶喜を御三卿一橋家の養子にして幕府と斉昭との宥和を図り、14代将軍の最有力候補とした。その後、徳川家定が13代将軍になると、薩摩藩主島津斉彬や福井藩主松平慶永（春嶽）ら徳川慶喜を擁立する「一橋派」と、将軍の血縁を重んじ、家定の従兄弟にあたる御三家の紀州藩主徳川慶福（家茂）を推す彦根藩主井伊直弼らの「南紀派」の対立が深刻化した*。幕政改革でも井伊らと対立し、老中首座を堀田正睦*に譲ったのち、病のため急死した。享年39。

7月23日　幕府、水戸藩の前藩主徳川斉昭の辞意を認め、海防参与を免じる。斉昭は尊王攘夷論者で西欧各国との条約締結・開国には反対の立場であり、開国政策を批判。阿部正弘の死去で老中首座堀田正睦と対立し、海防・政務などの幕政参与を辞任する。

7月26日　諸大名、アメリカ駐日総領事ハリスの江戸参府、江戸城登城要請に対して、老中首座堀田正睦に反対を訴える。ハリスは自由な交易を求めて、下田での交渉より、将軍徳川家定に謁見して直接大統領ピアースの国書を手渡し自由貿易の有益さを訴えようと考えた。そして、堀田に将軍謁見の許可を求める上申書を提出し、江戸参府を願い出ていた。

7月　この月より幕府、蝦夷地・箱館の五稜郭（新しい箱館奉行所）築造が開始される。五稜郭は、五稜星形の稜堡からなる西洋式城郭で、箱館防衛を第一の目的とする。五稜郭は、箱館港から約3キロメートル離れた箱館の隣村である亀田村（北海道函館市）の柳野と呼ばれる丘陵地に位置し、当時の大砲の射程距離外になり、また赤川（亀田川）より清流を引き込むことができた。当初は亀田御役所土塁、あるいは柳野御陣営と呼ばれていた。

8月4日　オランダ海軍第2次伝習派遣隊長カッテンディーケらヤパン号（のちの咸臨丸）で長崎に到着する。カッテンディーケはオランダ海軍大尉で、ライケンの後任として、オランダ・キンデルダイクのフォップ・スミト造船所で建造されたヤパン号を引き渡すため、37名の教官とともに来日、翌5日長崎の出島に上陸した。カッテンディーケは、幕府の御雇い外国人第1号といわれ、月棒450ギルダー（小判70枚に相当）を支給された。ライケンには帰国のさいに、白銀15枚、拵附短刀1

安政4

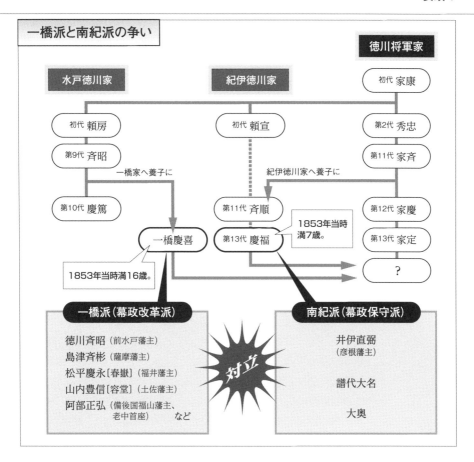

堀田正睦（『幕末・明治・大正回顧八十年史 第1輯』国立国会図書館蔵）

1810～1864。下総佐倉藩主。奏者番、寺社奉行、大坂城代、西の丸老中などを務めた後、老中となり、天保の改革を支えたが罷免。安政2年（1855）に老中首座、翌年外国御用取扱に就任し、ハリスの出府と将軍への謁見を実現させる。しかし、井伊直弼が大老となると罷免、隠居、蟄居となった。蘭学者佐藤泰然を招き順天堂を開かせ、「西の長崎、東の佐倉」と並び称されるほど、正睦の時代は蘭学が盛んであった。

1857

振、時服20、給料5年分が与えられた。そして、幕府の第2次伝習では、伝習所の所長に旗本木村芥舟(かいしゅう)*が就任し、伝習生には浦賀奉行所与力を務めた御家人中島三郎助(さぶろうすけ)、榎本武揚(えのもとたけあき)らがいた。また、オランダ側の教官には、出島商館医でもある軍医ポンペが医学を講義し、技師ハルデスも機関などの講義や実地訓練を行い、第1期より充実したものとなった。

8月29日 幕府、長崎でオランダと日蘭追加条約および付録協定に調印する。これは日本が外国と最初に結んだ通商条約となった。オランダは領事官クルティウスが調印に臨み、これにより出島での貿易制限の規定が緩和され、箱館でも貿易が許可された。

9月7日 幕府、ロシアと日露追加条約に調印する。ロシアのプチャーチンは同年8月4日、長崎に来航し、一度退去したのち8月24日に再来した。これは日本がアメリカ、オランダと通商開港の追加条約を結んだことによる。この日、長崎奉行水野忠徳(ただのり)らとの追加条約が調印され、長崎と箱館が通商開港することになる。

9月26日 幕府の医官松本良順(りょうじゅん)と弟子ら12名、長崎でオランダ商館医ポンペの講義を受ける。幕命で長崎に派遣された良順は、弟子の司馬凌海(しばりょうかい)をはじめ他藩の医師を弟子とし、海軍伝習所での医学伝習から独立した医学講義を受けられるようにした。そして、この日より長崎奉行所西役所の一室でポンペの講義が始まった。ポンペは以後5年間、ここで日本人西洋医の育成にあたり、緒方惟準(洪庵の次男)、佐藤尚中(しょうちゅう)、関寛斎(せきかんさい)、佐々木東洋(とうよう)、岩佐純(いわさじゅん)、長与専斎(ながよせんさい)、伊東玄朴(げんぼく)ら133名に直接指導している*。

10月16日 福井藩主松平慶永(春嶽)、徳島藩主蜂須賀斉裕(はちすかなりひろ)が、次期将軍に徳川慶喜を推挙する意見書を提出する。将軍継嗣問題は、徳川家定の将軍就任時すでに議論が交わされるところとなっており、御三卿一橋家当主の徳川慶喜と、御三家紀伊徳川家当主の徳川慶福(家茂)が候補に上っていた。慶喜を擁立する一橋派には慶永らのほか、宇和島藩主伊達宗城(むねなり)らがおり、また、徳川の血統を重んじ、将軍家定の従兄弟にあたる慶福を擁立する南紀派には、会津藩主松平容保(かたもり)らがいた。南紀派は、徳川慶喜が将軍になると実父である前藩主の徳川斉昭(なりあき)が実権を握り、幕政を自分の思い通りに動かすことを恐れていたという説もある。

10月21日 アメリカ駐日総領事ハリス、13代将軍徳川家定に謁見する。出府の許

安政4

木村芥舟（横浜開港資料館蔵）
1830～1901。浜御殿（現在の浜離宮恩賜庭園・東京都中央区）を管理する浜御殿奉行木村喜彦の子として生まれる。長崎海軍伝習所の監督に就任して以来海軍に携わるようになり、軍艦奉行として咸臨丸に乗り込み、福沢諭吉を従者として同行した。咸臨丸は同乗したアメリカ人の手を借りながら日本人として初めて太平洋横断に成功した船となった。帰国後辞職するが、再び軍艦奉行に就任する。明治以後すべての役職から退いた。

ポンペと弟子たち（順天堂大学蔵）
ポンペはオランダの軍医で、安政4年（1857）、長崎海軍伝習所の医師として来日。長崎の養生所などで西洋医学を伝授する。一番弟子に、順天堂を創設した佐藤泰然の息子・松本良順がいる。写真前列椅子に腰掛けているのがポンペ、左側が松本良順。

1857

	可を得たハリスは、10月7日、通訳ヒュースケンを伴い、下田を発った。この日、江戸城で将軍家定に謁見し、ピアース大統領の国書を読み上げる。
10月26日	アメリカ駐日総領事ハリス、老中首座堀田正睦と会談し、通商貿易の必要を説く。ハリスは江戸の蕃書調所に滞在し、この日、堀田の役宅で会談した。洋学好きで開国論者でもあった堀田は、ハリスと通商条約締結を前提とする交渉を重ねていくこととなる。
10月	長崎の飽の浦に長崎熔鉄所(長崎製鉄所*)が設立された。第2次海軍伝習派遣隊の技師兼教官として来日したオランダ人のハルデスは、配下10名とともに長崎に滞在し、建設用資材や機械類を日本へ送り込み、長崎熔鉄所を設立した。ここは日本初の洋式造船所となった。
11月1日	幕府、諸大名にハリスの要望を示して諮問する。ハリスは幕府の干渉なき自由貿易、公使の江戸駐在、開港場(下田)の変更を追加要求してきたので、堀田はその記録を諸大名に示した。福井藩主松平慶永(春嶽)は、貿易を促進して富国強兵を図る積極的開国通商論を提唱したが、水戸藩の前藩主徳川斉昭は強硬に攘夷論を主張した。また、不在の幕府目付で旗本の岩瀬忠震は横浜開港の上申書を送付し、これらの意見を受けて、堀田は、富国強兵のために開国が必要であるとの意見書を出す。
11月	韮山反射炉*(静岡県伊豆の国市)、完成する。韮山代官で旗本の江川太郎左衛門(英龍)の跡を継いだ長男の江川英敏は、反射炉の建造を行っていた佐賀藩に応援を求めて技師の派遣を要請し、連双2基4炉の反射炉と、その周辺施設を完成させた。韮山の反射炉では鉄製カノン砲や青銅製野戦砲など、数多くの西洋式大砲が鋳造された。
11月	長州藩吉田松陰の生家・杉家に「松下村塾」の塾舎が完成し、本格的に活動が始まる。松陰門下として、高杉晋作・久坂玄瑞・入江九一・吉田稔麿の「四天王」をはじめ、伊藤博文、品川弥二郎、山県有朋ら多くの志士を輩出していく。
12月1日	盛岡藩の大島高任、陸奥国釜石(岩手県釜石市)の大橋山久子沢鉄山で洋式高炉を完成し、近代的磁鉄鉱精錬に成功する。大島高任は、箕作阮甫らに蘭学を学び、長崎で西洋兵学・砲術・採鉱・精錬を学んだ。嘉永6年(1853)には那珂湊(茨城県ひたちなか市)で反射炉を築いている。
12月2日	幕府の老中首座堀田正睦、アメリカ駐日総領事ハリスに会い、通商貿

安政4

長崎製鉄所（長崎大学附属図書館蔵）

艦船造船のために安政4年（1857）に起工し、文久元年（1861）完成。鍛冶、工作、溶鉄の3工場からなる。明治元年（1868）に明治新政府が接収、官営長崎造船所となった。後年岩崎弥太郎へ貸し渡したのち払い下げ、三菱長崎造船所と称する。常陸丸、戦艦霧島、豪華客船浅間丸、戦艦武蔵など日本を代表する大型船を造り上げた。現在も三菱重工の造船所として稼働している。

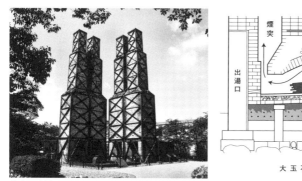

韮山反射炉（静岡県伊豆の国市提供）

反射炉

反射炉とは、金属を融解する炉の一種。幕末になると、海防などの面から青銅よりも強固な鉄で大砲を造ることが求められた。鉄を効率的に溶解するのには、従来のたたらでは難しく、西洋の技術である反射炉が必要だった。全国各地に反射炉が造られたが、大砲製造に成功したかは、専門家の間でも議論の的になっている。

	易および公使の江戸駐在を許すことを告げる。これにより開国を許諾することになり、翌日、条約交渉の全権委員に下田奉行の旗本井上清直*と幕府目付の旗本岩瀬忠震*が任命される。
12月11日	下田奉行の旗本井上清直と目付の旗本岩瀬忠震、ハリスと日米条約改訂交渉を開始する。
12月13日	幕府、朝廷にアメリカとの通商条約締結の意向を伝える。

安政5年（1858）

1月8日	幕府、日米修好通商条約調印の勅許を朝廷に請うため、老中首座堀田正睦（佐倉藩主）が京都へ向かう。通商条約の調印を急ぐハリスに、堀田が自ら勅許を求めに上京する。
1月14日	江戸・深川の越中島（東京都江東区）に銃隊調練所が完成する。以後、それまで講武所で行っていた砲術訓練を越中島で大規模に行うことになる。
1月	謹慎中の土佐藩の吉田東洋、赦免されて参政に復職。後藤象二郎*や板垣退助らを登用し、富国強兵政策を進めて藩政を指導する。しかし、急激な改革に、守旧派や土佐勤王党と対立することになる。
3月20日	孝明天皇、日米修好通商条約の調印を拒否し、朝廷はこれを老中首座堀田正睦に伝える。孝明天皇は極端な異人嫌いであり、攘夷派公家の反対も強く、勅許を拒絶した。正睦は成果を得ることなく4月に江戸へ帰り、その立場が厳しくなった。
4月1日	オランダ総領事クルティウス、13代将軍徳川家定*に謁見する。クルティウスは幕府と修好通商条約を締結するため、同年1月25日、長崎から江戸に向かい、愛宕山下の真福寺（東京都港区）を宿舎とし、この日、江戸城に登城し、将軍家定に謁見した。その後、日本とオランダとの修好通商条約が調印される。
4月7日	福井藩が熊本藩士の儒学者横井小楠を招聘する。小楠は熊本藩内で実学党に属し、開明的藩政改革を説き、私塾・四時軒を開いていた。ここに福井藩士も訪ねていた。小楠は福井藩から依頼された学校設立のための学校問答書を提出し、繋がりもできた。前年福井藩では、藩士で洋学者の橋本左内が藩主松平慶永（春嶽）の側近となり、洋書習学所が開設されている。慶永は洋式兵制を導入するなど、藩政改革に

幕末の三俊

明治30年（1897）に刊行された川崎紫山著『幕末三俊』（春陽堂発行）の中では、町奉行などを務めた矢部定謙、外国奉行などを務めた川路聖謨、同じく外国奉行などを務めた岩瀬忠震を「幕末の三俊」として紹介している。最近では、外国奉行などを務めた水野忠徳と小栗忠順に岩瀬を加えた3人を三俊と呼ぶことが多い。

後藤象二郎
（福井市立郷土歴史博物館蔵）
1838〜1897。土佐藩主山内容堂を補佐し、大政奉還を提言、実現させた。明治政府で、左院議長、参議などを務め、自由党創立に参加。のちに、逓信相、農商相などを歴任する。

徳川家定（東京大学史料編纂所所蔵模写）
1824〜1858。12代将軍徳川家慶の子として生まれるが、生来の病弱で、嗣子がないことから、後継者をめぐって一橋派と南紀派の対立を生んだ。3人目の正室が、島津斉彬の養女・篤姫。

川路聖謨と井上清直

川路聖謨は、日田代官所に勤める内藤吉兵衛の長男として生まれた。聖謨が子供のとき、父親が御家人となったため江戸へ行く。井上清直はその後に生まれた子で、2人は実の兄弟である。聖謨は12歳の時に川路家に養子へ行き、清直も井上家に養子に入る。幕末の外交の場において兄弟で活躍した。

1858

	取り組んでおり人材登用にも積極的だった。福井招聘には小楠が承諾したうえ、熊本藩の許可も下った。この日、小楠は福井に到着した。
4月23日	彦根藩主井伊直弼、幕府の大老に就任する。大老は幕府の臨時の職制で、老中の上に置かれる。同じ江戸城溜間詰出身の井伊直弼が大老となったことで、老中堀田正睦より地位が上になった。2人は開国論者であったが、将軍継嗣問題では対立する立場となる。大老の直弼は紀州の徳川慶福(家茂)を推し、一方、老中の堀田は当初、慶福を推していたが、やがて徳川慶喜支持に転じた。
4月25日	幕府、大老の井伊直弼、老中の堀田正睦が、勅書を諸大名に示して、再び意見を聞き、開国を諮問する。
5月3日	幕府がオランダに注文した軍艦(朝陽丸*)が、長崎に入港。先に幕府は、嘉永6年(1853)9月にオランダに軍艦2隻の購入を申し入れ、発注していた。そのうちの1隻が咸臨丸(前年にオランダからの第2次海軍伝習派遣隊が搭乗してきたヤパン号)、もう1隻がエド号で、これがのちに朝陽丸(朝陽艦)と呼ばれるようになる。朝陽丸も咸臨丸と同じオランダ・キンデルダイクのフォップ・スミト造船所で建造された同型艦の木造外輪式の蒸気船で、大砲12門が艦載されている。
5月7日	蘭学者で江戸の蘭方医の箕作阮甫、伊東玄朴、大槻俊斎ら83名が資金を出し合い、幕府の許可を得てお玉ヶ池(東京都千代田区)のほとりに天然痘の予防接種を行う種痘館を作る。彼らはここで西洋医学の講習を行い、江戸における西洋医学の教育・研究の拠点とした。
5月20日	幕府、洋書の研究を奨励する。欧米各国との条約が結ばれると、外交のみならず国防軍事などの見地からも英語をはじめフランス語、ロシア語など各国語による学問・研究の必要が生じ、これまでの蘭学のみから広く洋学*(特に英学)へと変わっていった。
5月	長州藩、「藩是三大綱(天朝に忠節、幕府に信義、祖先に孝道)」を決定する。長州藩では、孝明天皇の仰せに従う攘夷を決した。
6月19日	幕府、日米修好通商条約に調印する。アメリカ駐日総領事ハリスは、同月17日、軍艦ポーハタン号で横浜沖に来航すると、アロー戦争に事実上勝利した英仏連合軍が日本へ向かうかもしれないという情報を伝えて、通商条約の締結を迫った。これにより、大老井伊直弼は、幕府の独断による条約の調印を決断し、日本全権で目付の旗本岩瀬忠震と下田奉行の旗本井上清直に命じて、ハリスとポーハタン船上で日米修好通商条約14カ条と貿易章程7則の調印を行った。しかし、この条約

安政5

朝陽丸(「遊撃隊起終並南蝦夷戦争記 上」函館市中央図書館蔵)
幕府が咸臨丸とともにオランダに依頼していた軍艦で、排水量300t、大砲12門を備えていた。のち明治政府の手に渡り、箱館戦争に参加して沈没した。

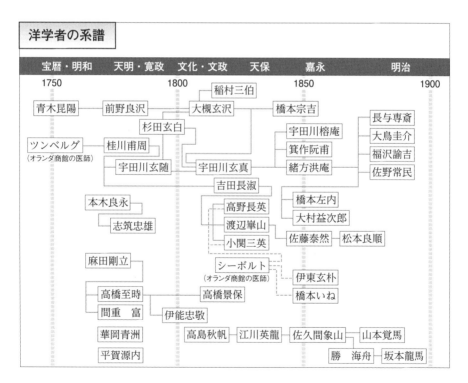

1858

	は、日本が輸出入品に対する自由課税の権利を持たない関税自主権の喪失や、国内での外国人の犯罪における裁判は、領事が本国の法律で行うという領事裁判権の承認など、不平等条約であった。
6月24日	福井藩主松平慶永（春嶽）、水戸藩の前藩主徳川斉昭と藩主徳川慶篤、尾張藩主徳川慶勝が、江戸城へ不時登城する。一橋派の諸大名は、日米修好通商条約が孝明天皇の勅許を得ずに調印されたことに対し、大老に説明を求め、その独断を批判した。
6月25日	幕府、13代将軍徳川家定の継嗣として、次期将軍に和歌山藩主徳川慶福（家茂）を発表する。慶福は江戸城に入ることとなる。
6月26日	越前小浜藩主酒井忠義、再び京都所司代に任じられる。アメリカとの通商条約締結の勅許を巡り、幕府や幕政に参加を許された諸藩が朝廷工作を行ったが、これ以降、朝廷への接近、周旋は激しさを増す。従来の経験を買われた酒井忠義は、大老井伊直弼の腹心となって京で再び努めることになる。
7月3日	幕府、官医の西洋医術採用を許す。幕府は洋学を公式に認め、官医に蘭方医を採用する。将軍家定の重病に際し、蘭方医伊東玄朴は戸塚静海らとともに蘭方医として初めて将軍侍医（奥医師）となり、治療に参加することになる。
7月5日	幕府、将軍徳川家定の後嗣に徳川慶喜を推した一橋派の大名、水戸藩前藩主徳川斉昭、福井藩主松平慶永（春嶽）、尾張藩主徳川慶勝らに謹慎を命じる。大老の井伊直弼は、不時登城を理由に幕政に意見する斉昭らを排斥した。
7月6日	13代将軍徳川家定、薨去。生来病弱であった家定は、政治を老中らに一任するかたちとなった。そのなかでアメリカ駐日総領事ハリスを江戸城内で引見したことは貴重な公務の1つともいえる。発喪は8月8日になされた。享年35。諡号は温恭院。家定の薨去とともに、一橋派の大名は排除される。なお、家定の正室篤姫は、同年9月に落飾、天璋院と称した。
7月8日	幕府、外国奉行*を設置する。日米修好通商条約の締結を契機に、これまでの海防掛を廃し、外交事務を担当する職務の外国奉行として、旗本の水野忠徳、永井尚志、井上清直、堀利熙、岩瀬忠震の5人が任命された。
7月10日	幕府、オランダとの日蘭修好通商条約（全11ヵ条および税則7則）を締結する。幕府側は外国奉行の旗本永井・岩瀬、長崎奉行の旗本岡部長

歴代外国奉行

(右は在任期間)

氏名	在任期間
岩瀬忠震	1858
井上清直	1858-59、1862、1864
永井尚志	1858-59、1865-67
水野忠徳	1858-59、1862
堀利煕	1858-60
村垣範正	1858-63
加藤則著	1859
酒井忠行	1859
新見正興	1859-62
溝口直清	1859
赤松範忠	1859
渡辺孝綱	1859
竹本正雅	1859-62、1862-64
松平康直（康英）	1859-60、1861-63
鳥居忠善	1860-61
小栗忠順	1860-61
滝川具挙	1860-61
高井道致	1860-61
野々山兼寛	1860-
津田正路	1860-62
桑山元柔	1861
竹内保徳	1861-64
竹本正明	1861-63、1863-64
根岸衛奮	1861
大久保一翁	1861-62
一色直温	1861-62
岡部長常	1861-63
田沢正路	1862
菊池隆吉	1862-64、1864-66、1867-68
阿部正外	1862-63
斉藤三理	1862
小笠原広業	1862-64
沢幸良	1863、1864
川路聖謨	1863
浅野氏祐	1863、1866
田村直廉	1863-65
池田長発	1863-64
河津祐邦	1863-64
柴田剛中	1863-67
土屋正直	1864
佐々木顕発	1864
星野千之	1864-66
駒井信興	1864
江連堯則	1864-68
山口直毅	1865-66、1867
白石千別	1865
朝比奈昌広	1865-67
栗本鋤雲	1865-66、1866-67
木下利義	1865-66
石野則常	1866-67
小出秀実	1866-67
平山敬忠	1866-67
川勝広道	1866-68
合原猪三郎	1866
塚原昌義	1866-67
向山黄村	1866-68
井上義斐	1866-67
石川利政	1867-68
平岡準	1867-68
成嶋弘	1868

＊安政5年（1858）、安政の五カ国条約締結に伴い設置される。多忙を極める役職で有能であれば禄高にかかわらず登用された。

大久保一翁
(福井市立郷土歴史博物館蔵)

1817〜1888。父は徳川家定の教育係だった。蕃所調所や講武所の設立を担当。安政の大獄当時、京都町奉行だったが、免職される。文久元年（1861）に復帰し、外国奉行、御側御用取次などの要職に就いたが、罷免され、慶応元年（1865）に隠居、のち松平慶永や勝海舟らと公儀政体派を支持する。幕府瓦解後、徳川家存続に尽力し、静岡藩政に携わる。東京府知事、元老院議官を歴任した。

1858

常、オランダ側は商館長兼弁務官のクルティウスによる調印が江戸で行われ、この日締結となった。日米修好通商条約とほぼ同等の、オランダとの新しい通商条約である。これにより日本とオランダの貿易は、出島の商館のみが携わることができる会所貿易から商人による自由貿易へと変わる。また、オランダを代表する駐在機関も商館から領事館へと移行していく。

7月11日 幕府、江戸・芝（東京都港区）の真福寺で日露修好通商条約に調印。ロシアのプチャーチンは6月20日に横浜に来日。幕府の調印者は、外国奉行の旗本永井尚志・井上清直・堀利煕と、前月にロシア使節応接掛を命ぜられた目付の旗本津田正路であった。

7月12日 ロシアのプチャーチン、将軍継嗣徳川慶福（家茂）に謁見する。プチャーチンは修好通商条約を締結させ、次期将軍と決まった慶福との謁見を果たし、帰国した。

7月16日 薩摩藩主島津斉彬、急逝する。斉彬は、継嗣問題で徳川慶喜を将軍に推し、敗れた。事態打開のため、出兵しようと鹿児島城下で兵の調練を検閲後、急病による死亡であった。享年50。藩主は、斉彬の異母弟・島津久光の長男忠義*が継ぎ、久光は後見役となり、「国父」として藩政の実権を握るようになる*。

7月18日 幕府、日英修好通商条約に調印する。イギリスの第8代エルギン伯爵が蒸気軍艦フューリアス号以下3隻を率いて来航、下田を経由して江戸湾に入り、7月8日上陸した。エルギンはアロー号事件の特命全権大使として天津条約を締結させた人物で、この条約と同一原則を適用しようと考えていた。しかし、すでにアメリカが修好通商条約を日本と結んでいたため、日英修好通商条約（24カ条）の調印を、宿舎の江戸・西応寺（東京都港区）において行った。幕府側には旗本の水野忠徳、永井尚志、井上清直、堀利煕、岩瀬忠震、津田正路のほか通詞の森山多吉郎がいた。なお、エルギンは、イギリス王室ビクトリア女王から託されたエンペラー号を将軍に寄贈している。エンペラー号は、もとはロイヤル・ヨット（快遊船）で内装も豪華絢爛だったが、のちに幕府は、この木造蒸気船を蟠龍丸*（艦）と名づけ、幕府海軍の軍艦とした。

7月21日 徳川慶福、名を家茂と改める。

7月 長州藩、坪井派に代わり、周布政之助が政務役に復帰し、藩内政権を周布ら改革派（正義派）が主導して財政再建に取り組む。

安政 5

島津忠義（福井市立郷土歴史博物館蔵）
1840〜1897。薩摩藩主。19歳で藩主となったが、当初は祖父の斉興が後見。斉興が亡くなった後は、父の久光が国父として実権を握り、藩政改革を行った。明治なって知藩事、貴族院議員を務めた。

島津斉彬と島津久光、忠義の関係

島津斉彬は、島津斉興の正室の子で、久光は島津斉興の愛妾お由良の子。斉彬は、曽祖父島津重豪に可愛がられて、蘭学に強い関心を示した。重豪が藩主の時代、蘭癖のために財政が悪化したため、同じ蘭癖の斉彬が藩主になることを家臣たちが嫌悪し、久光を藩主の座に就けようとする。その一方で斉彬は英邁の誉れ高く、他藩の大名たちからの切望もあって、藩主に就任した。藩主の座を争ったものの、2人の仲は悪くなかったといわれている。斉彬の死後、久光の息子忠義が藩主となり、久光は国父として実権を握った。

蟠龍丸
（「遊撃隊起終並南蝦夷戦争記　上」函館市中央図書館蔵）
元はイギリスのビクトリア女王から幕府に贈られたヨット。排水量370t。江戸無血開城のさい、新政府に引き渡されることになっていたが、榎本武揚がこれを拒否。徳川慶喜を駿府に送るさいに使用され、箱館戦争では榎本軍の主力艦として活躍するが、沈没。のちに引き上げられて修理され、捕鯨船となった。

1858

8月8日	水戸藩に戊午の密勅下る。戊午は安政4年（1857）の干支。水戸藩の京都留守居役鵜飼吉左衛門に、条約調印の説明と公武合体・攘夷実行を求める勅諚（勅書、戊午の密勅）が密かに直接下され、伝達された。アメリカなどとの通商条約締結に激怒した朝廷は、同様に反発する尊王攘夷派の志士と結び、条約締結を不満とする孝明天皇の勅諚を水戸藩などに下した。
8月10日	孝明天皇、同じく条約の締結を不満とする勅諚（密勅）を幕府に下す。その内容は幕政改革を促す程度のものであったが、幕府を飛び越え先に勅諚を水戸藩に伝達したことは、幕府をないがしろにする行為であった。幕府は、水戸藩に勅書の返納を要求するが、反発を受けた。
8月13日	フランス全権公使のルイ・グロ男爵、フランス海軍の旗艦レミ号以下3隻を率いて品川に来航。ベルクールも同行。ルイ・グロは芝の真福寺（東京都港区）に滞在し同月20日より幕府と交渉に入った。
8月23日	幕府、外国奉行の旗本水野忠徳らのアメリカ派遣を決定。日米修好通商条約の調印後、幕府は批准書交換のため、アメリカへ日本初の遣外使節団を送ることを決定した。
9月2日	漢詩人の梁川星巌、没する。星巌は勤王家で、京都で尊攘派の志士と交わり、小浜藩出身の梅田雲浜らと謀り、戊午の密勅を水戸藩に降下させた。幕府の大老井伊直弼は、この密勅降下事件を発端とし、幕府の復権を目指して、老中に再任された間部詮勝（鯖江藩主）を同月上京させ、尊攘派志士を捕縛しようとする。これが安政の大獄*の始まりになったが、捕縛対象であった星巌は、その前に流行していたコレラに罹って病没した。同じく漢詩人で星巌に協力していた妻の紅蘭が星巌の代わりに投獄され、尋問を受けたが黙して半年後に釈放された。
9月3日	幕府、日仏修好通商条約に調印する。フランス使節のルイ・グロ男爵と、幕府の旗本水野忠徳、永井尚志、井上清直、堀利熙、岩瀬忠震、目付の旗本野々山兼寛の6名が調印に臨み、日仏修好通商条約が締結される。ルイ・グロは、イギリスのエルギンを追うかたちで来日し、エルギンと連携して日本との交渉を行った。日本がアメリカをはじめ、オランダ、ロシア、イギリス、フランスと締結した修好通商条約は、「安政の五カ国条約*」と呼ばれる。
9月6日	浮世絵師の歌川広重、没する。晩年の安政3年（1856）から亡くなるまで、「名所江戸百景」（全118枚）が刊行される。代表作に「東海道五拾三次」「近江八景」など。享年62。

安政5

> **安政の大獄**
> 安政5年（1858）から翌年にかけて、大老井伊直弼が政敵一橋派などに行った弾圧のこと。将軍継嗣問題で井伊直弼が紀州の徳川慶福（のちの将軍家茂）を擁立したこと、天皇の勅許を得ずに安政の五カ国条約に調印したことなどを、徳川慶喜を推す一橋派らが批判した。これに対し、直弼が梅田雲浜、橋本左内などを投獄、吉田松陰を刑死させたことで終わった。

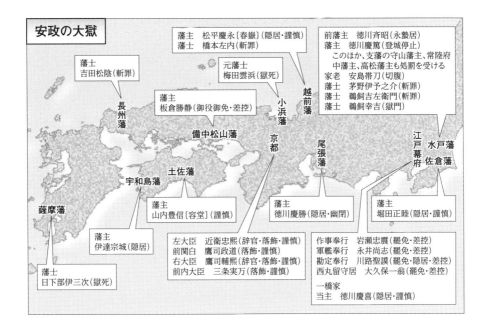

補足 安政の五カ国条約

安政五カ国条約とも安政仮条約ともいう。幕府がアメリカ、イギリス、フランス、オランダ、ロシアの5カ国との間に締結した修好条約。江戸に駐在代表を置くこと、下田・箱館・長崎・新潟・兵庫を開港、江戸・大坂を開市し、それぞれに駐在領事を置くこと、開港場に外国人の遊歩規定を設けること、信教の自由を尊重すること、輸入・輸出に制限を設けないこと、などが盛り込まれていた。領事裁判権が規定され、日本側に関税率の自主権がない、などから不平等条約であった。

1858

9月7日	元小浜藩士の尊攘派志士梅田雲浜、京都で捕縛される。雲浜は、山崎闇斎の崎門学を修めた儒学者でもあり、京都で小浜藩の塾・望楠軒の講主となり、梁川星巌や頼三樹三郎らと親交を深めたが、嘉永5年（1852）に藩政を批判して士籍を剝奪された。その後、尊攘論を唱えて江戸や水戸、長州などを遊説し、尊攘派の中心的人物となる。将軍継嗣問題では一橋派に立ち、大老井伊直弼の排斥を企てた。大老井伊による尊攘派志士への捕縛命令が出て、安政の大獄が始まる。京都で捕らえられた雲浜は江戸へ護送される。
9月30日	ゴシケーヴィチ、初代駐日ロシア領事（箱館）に任命され、軍艦ジキット号で来日、箱館に到着した。彼は事実上のロシア公使の権限を持ち、以後の箱館在任中、ロシア領事館・海軍病院・ロシア正教会の建設や、ロシア語学校の開設など多くの功績を残す。ゴシケーヴィチとともに来日したアルブレヒトは、箱館ロシア総領事館付き医師となり、箱館で最初の気象観測を行った。
10月23日	福井藩士橋本左内、江戸で拘禁される。左内は、安政3年（1856）に藩校明道館蘭学科掛に推挙された洋学者であり、翌4年（1857）に藩の洋書習学所を開設、また福井藩主松平慶永（春嶽）の側近となった人物である。この年、老中首座堀田正睦が日米通商条約調印の勅許を得ようと上洛したさいも、朝廷の反対工作に動いた。しかし、井伊直弼が大老に就任し、以後、藩主慶永が隠居謹慎となり、左内が捜索対象となった。
10月25日	徳川家茂、13歳で14代将軍に就任する。
10月	幕府、講武所の移転先を決める。安政3年（1856）に築地で開所した講武所には軍艦教授所が設けられ、手狭になっていたために移転を余儀なくされた。移転先は神田小川町の長岡藩上屋敷の場所（東京都千代田区）と決まった。
11月6日	長州藩の吉田松陰*と松下村塾の塾生*らが、老中間部詮勝の殺害計画を企て、藩に武器弾薬の借用を願い出る。松陰は、幕府が外圧に屈したことを非難し、大老井伊直弼の腹心として朝廷工作や尊攘派の弾圧を行っていた間部を塾生らとともに殺害しようとし、政務役の周布政之助に大砲・弾薬の供与を願い出た。しかし、この計画に慌てた長州藩では、これまで松陰に好意的であった藩士らも、異議を唱えるようになった。
11月16日	薩摩藩の西郷隆盛、勤王僧の月照と入水自殺を図る。薩摩藩主であ

安政5

吉田松陰
(絹本着色吉田松陰像（自賛）部分、山口県文書館蔵)
1830〜1859。長州藩の下級武士杉常道の子として生まれる。江戸に出て佐久間象山の塾に入る。ペリー再航のときに密航を企て失敗し、藩に幽閉された。ひそかに教えを請う者が多く、松下村塾で高杉晋作らに教育した。安政の大獄により、江戸で刑死する。

> **補足　松下村塾**
> 松下村塾は、吉田松陰の叔父である玉木文之進が始めた私塾で、安政3年(1856)に松陰が主宰となった。松陰が過激な行動をとり、再び投獄されると、塾は藩によって厳しく監視され、閉鎖状態となる。明治2年(1869)、文之進が塾の経営を再開したが、文之進の自殺により、閉めた。のちに松陰の兄杉民治が復活させ明治25年(1892)ごろまで続いた。

吉田松陰の弟子たち

高杉晋作	(1839〜1867)	奇兵隊を結成。四国艦隊下関砲撃事件の和議交渉にあたった
久坂玄瑞	(1840〜1864)	松陰の妹と結婚。禁門の変で自刃。高杉とともに双璧と称された
吉田稔麿	(1841〜1864)	池田屋事件で亡くなる。高杉、久坂、吉田を三秀ともいう
入江九一	(1837〜1864)	奇兵隊結成に協力、禁門の変で亡くなる。高杉、久坂、吉田、入江を四天王と称した
前原一誠	(1834〜1876)	萩の乱を起こし、斬首された
伊藤博文	(1841〜1909)	のちの初代内閣総理大臣
山県有朋	(1838〜1922)	軍人。のちの内閣総理大臣
品川弥二郎	(1843〜1900)	のちの内務大臣。維新に関する資料を収集して残す
山田顕義	(1844〜1892)	日本大学の創立者
野村靖	(1842〜1909)	のちの内務大臣

12月	った島津斉彬の死後、京都にいた西郷は、公卿の近衛忠熙から月照の保護を依頼されて帰国するが、薩摩藩は受け入れを拒否したため、月照とともに鹿児島湾へ入水した。月照は死亡するが、西郷は一命を取り留め、藩命により奄美大島に潜居する。 吉田松陰、再び野山獄へ投獄される。老中間部詮勝の暗殺計画を重くみた藩政府は、松陰に自宅謹慎を命じ、松下村塾も閉鎖となる。

安政6年（1859）

1月26日	幕府、講武所関係者に公式に移転準備を命じ、長岡藩上屋敷地を上知する。
2月17日	京都の久邇宮朝彦親王ら、謹慎とされる。伏見宮邦家親王の子・朝彦親王は、通商条約の調印に反対し、将軍継嗣問題では徳川慶喜を推したため、幕府の圧力で、孝明天皇が謹慎とした。のち、朝彦親王は永蟄居となり、幽居する。
3月12日	日米修好通商条約に反対する公家たちがデモを起こす（八十八卿の列参奏上）。
4月22日	幕府、左大臣近衛忠熙ら公卿へ落飾・謹慎を命じる。近衛忠熙のほか、鷹司政通・輔熙（右大臣）、三条実万らも、通商条約の調印反対や将軍継嗣問題で徳川慶喜を推し、戊午の密勅にも関与したため、安政の大獄による幕府の追及を受けることになり、髪を落として謹慎する。
5月24日	幕府、小判・一分金・二朱銀を鋳造*し、外国貨幣の同種同量通用を布告する。日米修好通商条約の締結以降、条約のなかで外国貨幣の同種同量での運用が承認されたことを受け、幕府は貨幣の改鋳を実施し、小判・一分金・二朱銀を鋳造した。そして、同年8月には一分銀、12月には丁銀、小玉銀（豆板銀・小粒銀）を発行する。なお、安政3年（1856）6月にも二分金を鋳造、計7種となる。
5月26日	イギリスの初代駐日総領事に任命されたオールコックが来日し、江戸・高輪（東京都港区）の東禅寺を居館とした（のちに公使館*となる）。
5月28日	幕府、神奈川・長崎・箱館の6月開港を表明する。また、アメリカ・ロシア・オランダ・イギリス・フランスとの自由貿易を許可する。
6月8日	アメリカ駐日公使ハリス、江戸・麻布（東京都港区）の善福寺に入る。前年12月に江戸駐在弁理公使に就任したハリスは下田の領事館を閉鎖、

安政5－安政6

安政6年鋳造の貨幣（日本銀行金融研究所貨幣博物館蔵）
左より、小判、一分金、二朱銀、一分銀。小判は長径5.6センチ・短径3センチ前後。一分金は縦1.7センチ・横1センチ前後。安政二朱銀は縦2.5センチ・横1.5センチ前後。一分銀は縦2センチ・横1.5センチ前後。二朱銀は洋銀との交換用に発行されたものの、通用したのはわずか22日間であった。その代わりとして洋銀と同品位の安政一分銀が造られた。

首都江戸の直近、かつ警固しやすく、大人数を収容する施設のある寺院が、仮の公使館として使用された。

1859

	江戸に入って善福寺を公使館とした。また、通訳のヒュースケンも善福寺の宿坊・善行寺を宿舎とした。
6月20日	幕府、西洋渡来の武器の購入を許可。
6月27日	幕府、ロシアのムラヴィヨフと会談する。ムラヴィヨフは、東シベリア総督としてアムール川地方を占領し、「アムール川の」という伯爵称号を得た人物で、清とのアイグン条約を締結後、軍艦7隻で品川沖に来航。この日、江戸・虎ノ門（東京都港区）の天徳寺において、幕府の外国事務掛の旗本遠藤胤統、酒井忠毗と日露通商条約批准書交換と国境確定のため、樺太全島をロシア領とする交渉を重ねたが、この主張は幕府に拒否された。
7月6日	ドイツ人医師シーボルト*、長崎に再来する。シーボルトは文政6年（1823）に長崎・出島のオランダ商館医として来日し、診療のほか、翌文政7年（1824）鳴滝塾（長崎の鳴滝に置かれた）を開き、高野長英ら多くの門人に西洋医学や博物学などを教授した。しかし、同11年（1828）の帰国のさいに、日本地図など禁制品の持ち出しを問われるシーボルト事件が起こり、取り調べを受けて、同12年（1829）幕府より帰国と再渡来禁止を命ぜられていた。この再来は、30年ぶりに赦されたことになる。このとき、長男のアレクサンダー*もともに来日。アレクサンダーは父が帰国したのちも日本に残った。また、日本人楠本たきとの間にもうけた娘の楠本いねとも再会する。なお、いねは、シーボルトの門人宇和島藩外科医の二宮敬作のもとで育ち、岡山の医師石井宗謙に産科術などを学び、また長州の大村益次郎の下で修業をしていた。父シーボルトと再会後は西洋医学の手ほどきを受ける。いねの娘・高子は、シーボルト門下の医師三瀬諸淵と結婚した。
8月10日	フランス外交官ベルクール、初代駐日総領事に任命され再来日し、江戸に着任する。ベルクールは、前年8月にフランス特派全権大使ルイ・グロ男爵の一等書記官として来日し、日仏修好通商条約締結に携わっていた。江戸・三田（東京都港区）の済海寺を公館とする。また、ベルクールの通訳として、パリ外国宣教会の司祭でもあるカション、ジラールも再来日している。その後、箱館に赴任し、幕臣の栗本鋤雲らにフランス語を教えている。
8月23日	グラバーが弟2人を伴い、開港した長崎に来日する。兄のグラバーは、上海の英国ジャーディン・マセソン商会に入り、上海より開港間もない長崎へ来て、2年後、ジャーディン・マセソン商会の長崎代理店と

安政6

フィリップ・フォン・シーボルト
（長崎歴史文化博物館蔵）
1796〜1866。ドイツ人医師兼博物学者。文政6年（1823）、オランダ商館付きの医師として来日。鳴滝塾を開いて西洋医学を日本人に教えた。帰国のさいに禁制品を国外に持ち出そうとして国外追放となる（シーボルト事件）。しかし、安政6年（1859）に、オランダ商事会社の顧問として再来日。文久2年（1862）に帰国し、ミュンヘンで没した。

アレクサンダー・フォン・シーボルト
（長崎歴史文化博物館蔵）
1846〜1911。フィリップ・フォン・シーボルトの長男。父の再来日に同行し、12歳の時に日本に来て、ロシア海軍やイギリス公使館で働く。生麦事件の交渉や薩英戦争などの通訳を務め、徳川昭武のヨーロッパ派遣にも同行している。明治になっても通訳や秘書などとして働き、人生の大半を日本で過ごし、最後はイタリアで亡くなった。

プラントハンター・シーボルト

19世紀から20世紀初頭にかけて、ヨーロッパでは、「プラントハンター」と呼ばれる人々が中国や日本から珍しい植物を移入し、人々の関心を集めた。シーボルトもプラントハンターの1人で、日本から植物の種子や植物の生体を大量に持ち帰った。もっとも生体は長い船旅の間に枯れてしまったものも多かったという。シーボルトは持ち帰った植物をヨーロッパの気候に合うようにし、カタログを作って通信販売を行った。シーボルトがヨーロッパに持ち帰った植物にテッポウユリ、ツバキ、アジサイ、オモト、サザンカなどがある。

補足 シーボルトの子供たち

フィリップ・フォン・シーボルトの子供では、のちに女医となった楠本いねが有名。いねは、シーボルトの初来日時に、楠本滝との間に生まれた女児である。日本を追放されたシーボルトは、40歳を過ぎて結婚。3男2女をもうけ、再来日の時に長男を伴って来た。再来日したシーボルトは、滝といねと再会を果たす。長男アレクサンダーは、そのまま日本に残り、人生の大半を日本で過ごした。のちに2男のハインリヒも来日し、兄アレクサンダーを手伝う傍ら、様々な研究を行い、日本人女性と結婚して子をもうけた。

1859

	してグラバー商会を設立。貿易業を営み、製茶場なども経営する。のちに日本人と結婚し、帰化して倉場と名のった。
8月27日	幕府、水戸藩の前藩主徳川斉昭に国許永蟄居、水戸藩主徳川慶篤に差控、徳川慶喜に隠居謹慎を命じ、また、水戸藩家老の安島帯刀に切腹を命じて処罰する。すでに斉昭は急度慎、慶喜も登城停止とされていたなかで密勅降下があり、安政の大獄の一環としてさらなる処分を受けた。安島は慶喜の将軍擁立を画策して戊午の密勅降下の責任者として処断された。
9月13日	幕府、外国奉行兼神奈川奉行の新見正興（旗本）、勘定奉行・外国奉行・神奈川奉行・箱館奉行兼帯の村垣範正（旗本）、目付の小栗忠順（旗本）にアメリカ出張を命じる。これは、日米修好通商条約の批准交換のための遣米使節で、新見が正使、村垣が副使、小栗は立ち会いの職務（監察役）に任命された。
9月14日	尊攘派の元小浜藩士の梅田雲浜、没する。雲浜は江戸の小倉藩屋敷の獄で拷問を受け、脚気のため獄死した。享年45。
9月22日	アメリカ人宣教師で医師のヘボン*、来日する。ヘボン夫妻は横浜に来航、翌日上陸して成仏寺（横浜市神奈川区）本堂に仮寓する。その後、近くの宗興寺に施療所を開設した。
9月25日	幕府、武家諸法度を発布する。
10月7日	福井藩士橋本左内、江戸の伝馬町獄舎（東京都中央区）において、斬首刑に処される。享年26。
同日	安政の大獄により捕らえられた京都の儒学者頼三樹三郎も、江戸の小塚原刑場*（東京都荒川区）で斬首された。享年35。三樹三郎の父頼三陽の『日本外史』は、尊王攘夷運動に大きな影響を与えた。
10月10日	長崎の海軍伝習所閉鎖（廃止）後、同所教官カッテンディーケが、部下9名とともに日本を離れた。翌年に長崎奉行岡部長常（旗本）から、文久元年（1861）には老中から、カッテンディーケの日本での功績に対して褒状および感状が贈られている。
10月11日	幕府、土佐藩の前藩主山内豊信（容堂）に謹慎を命じる。豊信（容堂）は、将軍継嗣問題で徳川慶喜を推したことを咎められ、大老井伊直弼により謹慎処分とされた。これに先立ち、同年2月に隠居願を提出し、藩主の座を豊範（12代藩主山内豊資の11男）に譲り、豊範が16代藩主となるが、藩政の実権は握り続ける。隠居して容堂と号した。
10月13日	オランダ人宣教師フルベッキ、米国オランダ改革派教会宣教師として

安政6

1890年（明治13）に撮影されたヘボン夫妻（横浜開港資料館蔵）

ヘボン博士（1815～1911）はアメリカの宣教師兼医師兼語学者。安政5年（1859）に来日し、横浜居留地で医療や伝道に従事する。ヘボン式ローマ字表記を考案。日本初の和英辞書『和英語林集成』を出版した。ヘボンが開いた英語塾はのちに明治学院となった。

ヘボン邸跡（横浜市中区）
横浜中華街から元町へと向かう入り口にある。

小塚原刑場跡にある首切り地蔵（東京都荒川区）
江戸の刑場は、東海道の江戸の入り口である鈴ヶ森（東京都品川区）と、日光街道の江戸の入り口である千住に設けられていた。小塚原刑場には死者の埋葬と回向のために両国回向院（東京都墨田区）の僧侶が寺を創立、これが現在の南千住回向院（東京都荒川区）である。明治になって常磐線が刑場跡を通り、分断された。回向のために立てられて首切り地蔵は、常磐線の車窓からよく見える。

島津斉彬とローマ字

現在日本で使用されているローマ字は、ヘボン式とよばれるもので、ヘボンが創ったもの。しかし、ヘボン式のローマ字とは、つづりが違うものの、日本語をアルファベットで表記し、日記をつけた人物がいる。薩摩藩主の島津斉彬（なりあきら）である。彼の曾祖父島津重豪（しげひで）は、蘭癖大名として有名で、歌をローマ字で書き残している。斉彬は若い頃重豪に連れられてシーボルトと会うなど、蘭学に対して英才教育を施された。蘭学に親しんだ斉彬はローマ字を愛用し、日記だけではなく、知り合いの蘭学医への手紙にも使用している。

	来日し、長崎の崇福寺(長崎県長崎市)に居住する。フルベッキ*はのちに幕府の御雇外国人教師となる。
10月17日	江戸城、本丸御殿が全焼する。
10月27日	長州藩の吉田松陰、江戸の伝馬町獄舎で処刑される。松陰は、取り調べのなかで、幕府の知らない老中間部詮勝暗殺計画も話してしまい、死罪とされ、斬首された。処刑前日に塾生宛ての遺言『留魂録』を書き上げた。享年30。
11月8日	イギリス駐日総領事オールコック、駐日特命全権公使に昇格する。オールコックは、アメリカ公使ハリスと対抗するが、彼らは在日初期の外国人外交団をリードしていく。
12月8日	下田港、閉鎖される。安政5年(1858)日米修好通商条約が結ばれ、横浜が貿易港として開港されると、下田港は閉港となった。

安政7年 (1860)

1月13日	遣米使節団(万延元年遣米使節団)の随伴艦咸臨丸、品川を出航する*。幕府は日米修好通商条約の批准書交換のため遣米使節団をアメリカに送るにあたり、使節団が乗船するアメリカ軍艦ポーハタン号の護衛艦として咸臨丸を随行させることとした。しかし、実際は、咸臨丸はこの航海を利用し、幕府海軍の技量を試す訓練とした。軍艦奉行の旗本木村芥舟をはじめ、艦長を務める幕府軍艦操練所の教授方頭取勝海舟(旗本)、同所教授、練習生の幕臣のほか、通訳の中浜万次郎、また木村の従者として福沢諭吉*も乗船した。なお、咸臨丸は幕府がオランダに発注し、安政4年(1857)に建造された木造蒸気艦で、長崎海軍伝習所、続いて江戸の軍艦操練所において練習艦などに使用されていた。
1月16日	万延元年遣米使節団の正使新見正興(旗本)、副使村垣範正(旗本)、立会(監察)小栗忠順(旗本)、江戸城西の丸で大老井伊直弼(彦根藩主)よりアメリカ大統領ブキャナン宛ての国書と日米修好通商条約の批准交換のための条約批准書、黒印状などを授与される。
1月18日	幕府の万延元年遣米使節団、アメリカ軍艦ポーハタン号に乗船し、品川を出航して横浜に向かい、横浜港で停泊した。万延元年遣米使節団一行は江戸・築地(東京都中央区)の幕府軍艦操練所に集合し、品川

「広運館教師フルベッキ東京ヘ出発ノ時ノ記念写真」（長崎歴史文化博物館蔵）
フルベッキは、オランダ生まれで、アメリカのオランダ改革派教会の宣教師。長崎などで英語を教え、明治2年（1869）、東京に出て開成学校（のちの東京大学）で教師となり、ヘボンらと明治学院を創立した。写真は、フルベッキと弟子たちを撮影したもの。この写真に西郷隆盛や明治天皇など幕末維新期に活躍した人々の名前が書き込まれたものもあるが、真偽は不明である。

万延元年遣米使節団と咸臨丸の関係

万延元年遣米使節団は、日米修好通商条約の批准書を交換するために、幕府によって派遣された77名からなる最初の幕末遣外使節団である。ペリーが2度目に来航した時の旗艦ポーハタン号でアメリカに向かった。咸臨丸は、この随行船で、木村芥舟、勝海舟、中浜万次郎、福沢諭吉などが乗り込み、アメリカ測量船員の助けを受けながら太平洋を横断した。

福沢諭吉（福井市立郷土歴史博物館蔵）
1834〜1901。豊前国中津藩士の子として中津藩大坂蔵屋敷で生まれる。長崎や大坂の適々斎塾で学び、安政5年（1858）、江戸の中津藩屋敷内で、蘭学塾を開く。咸臨丸提督の木村芥舟の従者として渡米、元治元年（1864）、幕府の外国奉行翻訳方となる。慶応4年（1868）、塾を慶應義塾と改称、『学問のすゝめ』など多くの著作を残した。

1860

	で端船(はしぶね)から沖に停泊中のポーハタン号に乗船する。使節団の総勢は77名で、アメリカ側は提督以下432名。
1月19日	咸臨丸、浦賀を出航する。咸臨丸には軍艦奉行の旗本木村芥舟や艦長勝海舟ら90余名のほか、アメリカ海軍大尉ブルックとその部下の水兵ら11名も同乗していた。ブルックは、日本の開港により、東日本海岸の測量を命じられ、安政5年（1858）に指揮官として来日していた。横浜滞在中には日本初の海外派遣団として渡米の準備をする旗本小栗忠順の質問に答えるなど協力している。また、咸臨丸での航海中、航海術などの技術指導や助言を行っている。
1月22日	万延元年遣米使節団、横浜からサンフランシスコへ向けて出航。
1月27日	新しい講武所の建物が完成する（東京都千代田区）。前年7月に起工された建物が完成し、築地より移転する。
2月3日	幕府、新しい講武所で開場式を催し、稽古が始まる。開場式には大老井伊直弼も臨席した。
2月13日	万延元年遣米使節団一行、ハワイ・ホノルルに入港する（西暦3月5日）。使節団の乗るポーハタン号は太平洋横断の途中、暴風雨により、薪炭供給の目的でサンドウィッチ諸島（ハワイ諸島）に寄港し、ホノルルに滞在することになる。同月17日（西暦3月9日）にはアメリカ公使ボーデンの斡旋により、正使の旗本新見正興らがハワイ国王カメハメハ4世および国妃エマに謁見した。
2月22日	万延元年遣米使節団随伴艦の咸臨丸、アメリカ合衆国サンフランシスコ港へ到着する（西暦3月17日）。咸臨丸は北太平洋をサンフランシスコへ向かい、往路はハワイへ寄港していない。航海37日で太平洋横断し、サンフランシスコに入港したが、咸臨丸は波風による損傷が多く、メーア島海軍造船所で修理されることになる。この修理は無償で行われた。
3月3日	桜田門外の変が起こる*。大老の井伊直弼は「上巳(じょうし)の節句」で屋敷から江戸城に登城中、桜田門外で水戸藩脱藩の関鉄之介(せきてつのすけ)ら17名に薩摩藩脱藩の有村次左衛門(ありむらじざえもん)を加えた18名の襲撃を受け、殺害された。首級は奪われたが、のち、発見されて引き取られている。直弼による幕府の勅許なき通商条約締結や安政の大獄は諸国の尊王攘夷派を激昂させ、水戸藩の尊攘過激派による大老暗殺計画を実行に移させた。井伊家では直弼の死を秘し、閏3月30日に発喪する。
3月8日	万延元年遣米使節団、アメリカ合衆国サンフランシスコ港へ到着する

098

安政7

桜田門外の変(「大日本歴史錦絵」国立国会図書館蔵)
安政7年(1860)3月3日、江戸城に登城するため、彦根藩上屋敷を出て、外桜田門に差し掛かったところで大老井伊直弼が、水戸浪士たちに襲撃された事件。安政の大獄で政敵を多数処罰したことが尊王攘夷派の怒りを買い、この事件の原因になった。井伊直弼の墓は、彦根藩の江戸周辺の領地にあった豪徳寺(東京都世田谷区)と彦根、飛び地のあった栃木県佐野市にある。
水戸浪士たちは、愛宕山(東京都港区)に集まり、大名行列を見学する見物人に混じって、井伊直弼が出てくるのを待っていたといわれる。

大名たちは大手門か桜田門から江戸城内に入ることになっていた。

1860

	（西暦3月29日）。その後、使節団一行は、先に到着していた咸臨丸*の一行と合流した。そして、同月12日、使節団一行はサンフランシスコ市主催の歓迎宴に臨席した。
3月17日	万延元年遣米使節団一行、ポーハタン号でサンフランシスコを出航する（西暦4月7日）。使節団一行の目的地は、批准書交換を行う首都ワシントンであるが、まずは海路パナマへ向かった。しかし、護衛艦の咸臨丸は、船体の損傷が多く、修理に日数がかかるので、日本へ帰ることが決まった。
3月18日	万延と改元。

万延元年（1860）

閏3月5日	万延元年遣米使節団一行、ポーハタン号でパナマ港に到着。その後、大西洋岸へ向かう。一行はこの日パナマ港に到着、翌6日朝、川蒸気船に乗り換え、下船後、蒸気機関車で陸路大西洋岸へ向かった。この蒸気機関車は1855年開通のパナマ横断鉄道で、一行は途中、港町アスピンウォールでアメリカ軍艦ローノック号に乗り換え、さらに大西洋岸へ向かい、24日（西暦5月14日）、ワシントン海軍造船所に到着、上陸した。
閏3月18日	幕府、大判（金貨）改鋳を命じる。
閏3月19日	咸臨丸、サンフランシスコを出航する。咸臨丸では帰路はほぼ日本人乗組員だけで航海し、ハワイ経由で日本へ向かう*。
同日	幕府、雑穀・水油・蠟・呉服・生糸の神奈川直送を禁じ、江戸問屋経由を命じる（五品江戸廻し令）。
閏3月28日	万延元年遣米使節団、アメリカ合衆国・首都ワシントンのホワイトハウスで大統領ブキャナンに謁見、国書を奉呈する（西暦5月18日）。30日にはホワイトハウスでの大統領主催歓迎会に列席した。
4月3日	万延元年遣米使節団の正使の旗本新見正興ら、ワシントンの国務省内で、国務長官カスと日米修好通商条約の批准書交換を行う（西暦5月23日）。翌日カスと貨幣交換率について談判し、また使節らはワシントン海軍造船所も見学する。その後、使節一行はホワイトハウスでの大統領主催の晩餐会に出席。同月16日には正使の旗本新見正興、副使の旗本村垣範正、監察の旗本小栗忠順の3使節に、大統領ブキャナンから金メダルが贈られる。また国務長官カスより国書の返事を受領し、

安政7/万延元

咸臨丸難航図
（横浜開港資料館蔵）

咸臨丸は、安政4年（1857）、幕府がオランダに発注した軍艦。元はヤパン号という。排水量625t、大砲12門を備えていた。長崎海軍伝習所の練習船として使用されたのち、万延元年遣米使節団の随伴船として日本最初の太平洋横断に成功。日本に帰ってからは、小笠原開拓などに使用され、慶応4年（1868）、榎本武揚の旧幕府艦隊品川脱出に従ったが、途中で座礁し、清水（静岡県）に漂着した。

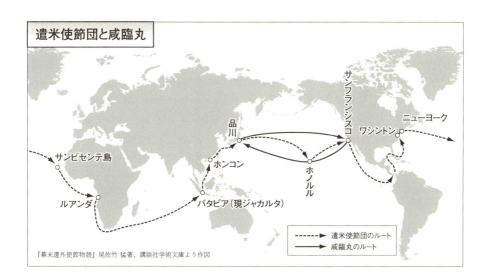

万延元年遣米使節団と咸臨丸の航路
咸臨丸は日本とアメリカのサンフランシスコを往復するコースであったが、万延元年遣米使節団は往路は太平洋を、復路は大西洋を通った。

4月20日	役人以下にも銀、銅メダルが贈られた。 万延元年遣米使節団*、汽車でワシントンを出発する。その後はボルティモアやフィアデルフィア、ニューヨークに滞在し、各地で米国市民の歓迎を受けた。
5月5日	咸臨丸、浦賀に帰着。翌日、品川に到着。
5月11日	幕府、京都所司代を通し、将軍徳川家茂と、孝明天皇の異母妹和宮の婚姻を願い出る。大老井伊直弼の死後、幕府は井伊の遺志を継ぐ磐城平藩主安藤信正と、一橋派であった関宿藩主久世広周の両老中による連立政権となるが、安藤が中心となって幕府の権威回復のため、公武合体政策*を推進していくことになり、将軍の正室に皇女和宮を迎えることを決めた。
5月12日	幕府、外国銀銭の時価通用を命じる。
5月13日	万延元年遣米使節団一行、ニューヨークでアメリカ艦ナイアガラ号に乗り換え、日本へ向け出航する。復路はアフリカ南端の喜望峰回りで、ポルトガル領コンゴ（アンゴラ）のルアンダ港、バタビア港、香港を経由して日本へ帰った。
6月17日	幕府、ポルトガルと日葡修好通商条約に調印。安政の五カ国条約の締結後、オランダ領事クルティウスがポルトガルとの通商条約調印を仲介し、マカオ総督兼中国公使のギュマレイスが来日する。交渉ではイギリス全権公使兼総領事オールコックが仲介役となり、この日、江戸において幕府の外国奉行溝口直清（旗本）・酒井忠行（旗本）らと、ギュマレイス特使との間で日葡修好通商条約の調印が行われ、外交機関の設置や開港地の指定など24カ条が定められた。
6月	幕府、諸藩士の軍艦操練所入学を許可する。
7月13日	幕府、江戸・下谷種痘所（東京都台東区）を官立とし、幼児に種痘を命じる。安政5年（1858）5月に開所された私営の神田お玉ヶ池の種痘館は、同年12月に神田の大火で類焼し、翌年、下谷和泉橋に再建された。この年、種痘所と改称されて幕府の直轄となる。
8月15日	国元永蟄居となっていた水戸藩の前藩主徳川斉昭が水戸で急逝する。享年61。諡号は烈公。藩主の徳川慶篤は29歳になっていたが、藩内は保守派（諸生党）と急進的な尊攘派（のち天狗党）に二分され、党争が続くことになる。
8月18日	朝廷、皇妹和宮降嫁を内諾。和宮の降嫁は、孝明天皇と和宮自身が拒絶したが、幕府は請願を重ね、ついに老中平藩主安藤信正は、和宮降

万延元年遣米使節団

正使	新見正興 (外国奉行)	普請役	益頭尚俊・辻信明
副使	村垣範正 (外国奉行)	御小人目付	塩澤彦次郎・栗島重全
監察	小栗忠順	箱館奉行支配定役格通詞	名村五八郎
勘定方組頭	森田清行	通詞	立石得十郎
外国奉行支配組頭	成瀬正典	同見習	立石教之
外国奉行支配両番格調役	塚原昌義	御医師	宮崎正義・村山淳
徒目付	日高為善	御医師御雇	川崎道民勤
勘定格徒目付	刑部政好		など
外国奉行支配定役	松本春房・吉田久道		

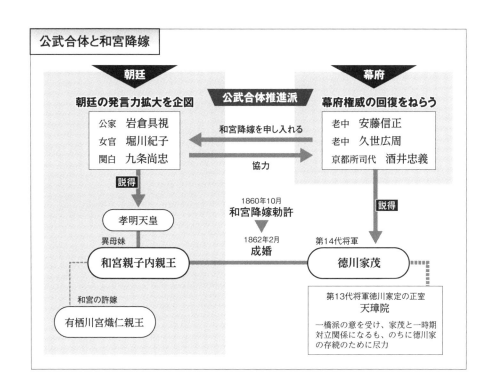

1860

9月4日	嫁の見返りとして攘夷実行を約すこととなる。 幕府、安政の大獄で処罰された徳川慶喜、尾張藩の徳川慶勝、土佐藩の山内豊信（容堂）、福井藩の松平慶永（春嶽）らの謹慎処分を解く。
9月27日	万延元年遣米使節団、帰国する。正使新見正興らの遣米使節団一行は午前11時ごろ横浜に帰航し、その後、品川沖に停泊した。翌28日に一行は築地の軍艦操練所に上陸する。
9月29日	万延元年遣米使節団の正使新見正興ら3使節、14代将軍徳川家茂に謁し、復命する。新見らは、黒印、下知状を返上し、条約書を差し上げ、批准書交換の報告を終える。
10月17日	幕府、銅の外国人への販売を禁止する。
10月18日	和宮降嫁に対して正式な勅許が下りる。
11月1日	幕府、皇女和宮の将軍徳川家茂への降嫁を発表する。孝明天皇は幕府からの再三の奏上により、攘夷実行を条件に10月婚姻を勅許し、和宮もやむなく承諾した。和宮は、有栖川宮熾仁親王と婚約しており、前年には輿入れの日も決まっていたが、これにより婚約が解消された。
11月6日	外国奉行兼箱館奉行の堀利煕、自害する。堀は、プロイセン（ドイツの前身）使節との通商条約の締結に向けた交渉に努めていたが、この日、突然の自刃を遂げた。享年43。
11月9日	江戸城、本丸御殿が再建、完成する*。
11月14日	幕府、前水戸藩主徳川斉昭の永蟄居を赦す。斉昭没後のことになる。
11月21日	儒学（朱子学）者の安積艮斎、没する。安積艮斎は、寛政3年（1791）陸奥国安積郡郡山（二本松藩）郡山八幡宮の神官の3男に生まれる。名は重信。江戸に出て佐藤一斎、林述斎に学び、神田駿河台（東京都千代田区）に私塾の見山楼を開く。天保14年（1843）に二本松藩の藩校教授となり、嘉永3年（1850）、幕府の昌平坂学問所（昌平黌）付儒者に取り立てられた。ペリー来航のさい、国書（漢文）の和訳にも携わった。著作に『艮斎文略』『詩略』『史論』『艮斎間話』など。享年70。
11月	幕府、長崎通詞の本木昌造*を長崎製鉄所御用掛に任命する。建設が進められている長崎・飽の浦の熔鉄所が製鉄所と改称され、本木昌造が取締役の製鉄所御用掛に就任、のち頭取とされる。
12月5日	駐日アメリカ公使館付通訳官ヒュースケン*、攘夷派の薩摩藩士に襲撃される。ヒュースケンは、安政3年（1856）8月、初代駐日総領事（のち公使）ハリスの書記兼通弁官として来日した。ハリスが江戸城

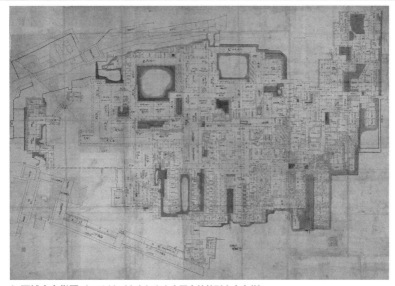

江戸城本丸指図（万延度）（東京都立中央図書館特別文庫室蔵）
万延元年（1860）に完成した江戸城本丸御殿の設計図。この御殿は文久3年（1863）に焼失。以後、本丸御殿は再建されることはなかった。

本木昌造（長崎歴史文化博物館蔵）
1824〜1875。長崎の町役人の家に生まれ、オランダ通詞本木昌左衛門の養子になり、プチャーチンやペリー来航時の通訳を務めた。のちに飽の浦製鉄所御用掛に任命される。明治以降は、築地活版製作所などを創業、長崎新聞を発行、活字の普及に貢献した。

ヒュースケンの墓（東京都港区・善福寺）
ヒュースケンはオランダ人の駐日アメリカ公使館付通訳官。オランダ語、英語、フランス語などに通じ、来日後は日本語も修得した。安政3年（1856）に駐日アメリカ総領事ハリスに随行して来日し、日米修好通商条約締結などでハリスを助けた。万延元年（1860）12月5日、薩摩藩士らに襲われて死亡。

に登城したさいにも同行し、13代将軍徳川家定と謁見、日米修好通商条約の締結交渉に通訳として活躍し、ハリスが病気のさいには代理として幕府と直接交渉も行った。その後もアメリカ公使館の書記官としてイギリスやドイツの対日交渉を支援し、この日、江戸・赤羽（東京都港区）のプロイセン使節宿舎から麻布・善福寺のアメリカ公使館へ騎馬で帰る途中、古川・中の橋（東京都港区）付近で攘夷派の薩摩藩士伊牟田尚平らに襲われ、死亡した。

12月14日 幕府、プロイセンと日普修好通商条約を締結する。幕府の外国奉行村垣範正らと、プロイセン全権公使オイレンブルクとの間で通商条約が調印された。オイレンブルク*は、同年7月に来日。日本側にプロイセンを盟主とする関税同盟諸国との条約締結を要求し、老中安藤信正との間で交渉を始めたが、国内では桜田門外の変のあとで攘夷運動が活発になっており、幕府は新たな外交関係を開くことを望んでいなかった。その後、日本側の交渉役であった外国奉行の堀利熙が自害し、箱館以来の同僚村垣が堀の後を引き継ぐことになる。さらに、通訳を務めていたアメリカ公使館の書記官ヒュースケンが殺害される事件も発生したが、オイレンブルクはアメリカ公使ハリスの助力を得て、条約締結となった。ただし、日普修好通商条約はドイツ*の前身の1つであるプロイセン1国と日本との条約であり、北ドイツすべての国との締結ではなく、また江戸・大坂開市と兵庫・新潟開港延期を意識したもので、開港の年が記載されていない。

12月16日 イギリス公使、オールコックらが、外国人命保護の不備に抗議して、横浜へ退去。

12月頃 箱館の五稜郭*の石垣建設工事がほぼ完了する。また、五稜郭北側の地に、前年4月より箱館奉行所に勤める支配定役の役宅建設を開始し、この年11月に30軒が完成、定役は同月末までに移転した。また、亀田川から木製の水道管により堀のなかの水や飲料水を引くための工事も行われた。この水道管は蝦夷地で作られた最初の上水道となった。

この年 幕府、長崎に近代的洋式病院（養生所）の設立を許可する。長崎のオランダ人軍医ポンペは、軍医養成のための病院を併設する医学校の設立を要望し、このポンペの建言により、長崎における近代的洋式病院の設置が決定した。

万延元

> **ドイツ統一**
> ドイツは、1871年にビスマルクによってドイツ帝国として統一されるまで、22の君主国と3つの自由都市に分かれていた。中でもプロイセンはオーストリアと並ぶ大勢力で、ドイツ帝国建設の中核となった。

オイレンブルク伯（国際日本文化研究センター蔵）
1815〜1881。プロイセンの外交官で、日普修好通商条約を締結させた。帰国後、プロイセン内相に任命される。1870年、ヴィルヘルムⅠ世に同行してフランスの外交官と交渉した内容をビスマルクに電信した。しかし、電報の内容をビスマルクが改竄して公表（エムス電報事件）し、これが普仏戦争のきっかけとなった。この後、内相を辞任した。

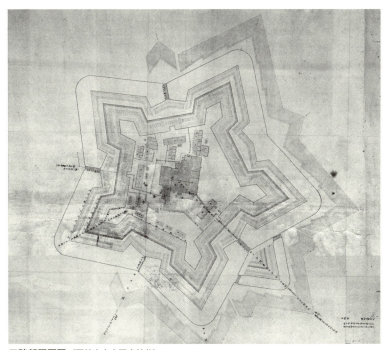

五稜郭平面図（函館市中央図書館蔵）
五稜郭は、日本で造られた最大の稜堡式城郭。接近する敵を正面からだけでなく、側面から攻撃することが可能になるため、稜線を曲げて星形にした稜堡式城郭は、15世紀の終わりごろイタリアなどで見られた形式で、ヨーロッパを中心に広まった。

万延2年 (1861)

2月3日 ロシア軍艦ポサドニック号、対馬*の尾崎浦（長崎県対馬市）に入港する。ポサドニック号の艦長ロシア海軍大尉ビリレフは、前年末、長崎に来航し、総領事ゴシケーヴィチを箱館に送ったのち、この日、対馬の尾崎浦に入った。

2月19日 文久と改元。

文久元年 (1861)

2月20日 ロシア軍艦ポサドニック号、対馬の尾崎浦を出航し、その後、同じ対馬の芋崎に滞留する。ポサドニック号は船体の修理を理由に浅茅湾に停泊し、対馬占拠を試み、対馬藩の退去の要請に逆らい、測量などを行う（ポサドニック号事件）。

3月23日 14代将軍徳川家茂、安政の五カ国条約を締結したアメリカ・オランダ・ロシア・イギリス・フランスの5カ国へ江戸・大坂の開市と兵庫・新潟の開港の延期を求める。

3月28日 長州藩士長井雅楽、航海遠略策を藩主毛利敬親へ建言する。長井の主張する積極的開国論の航海遠略策は採用され、藩論となる。しかし、藩内外の攘夷論者から激しい反発を受け、長州藩士久坂玄瑞らは長井の弾劾運動を展開する。

4月12日 対馬来航のロシア軍艦ポサドニック号のロシア兵と対馬の島民らが衝突する。対馬に居座るロシア側は無断で上陸し、兵舎などを勝手に建設していたが、この日、ボートで水門を通過しようとしたロシア兵と、対馬藩の警備兵との間で争いが起き、関守が銃殺され、郷士らが拉致される事件が発生した。翌日もポサドニック号の乗員が対馬藩の番所を襲撃するなど、島民との衝突が続いた。

5月28日 水戸浪士ら、イギリス公使館を襲撃する（第1次東禅寺事件）。イギリス公使オールコックは、香港出張から前日、江戸に戻ったが、そのさい、幕府の勧める海路に反し、長崎から陸路をとったことが尊王攘夷派を刺激した。この日、江戸・高輪の東禅寺*に置かれていたイギリスの公使館を、水戸浪士ら尊攘派の志士14名が襲撃した。オールコックは難を逃れたが、書記官のオリファントや同道していた長崎領事モ

万延2/文久元

対馬図
（長崎歴史文化博物館蔵）
江戸時代に描かれた対馬の図。

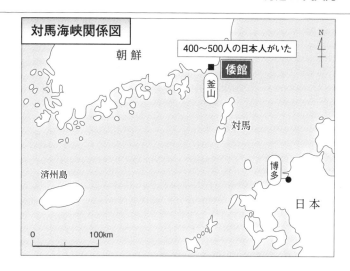

江戸時代の対馬

江戸時代の日本はいわゆる鎖国状態にあったが、蝦夷地、長崎、薩摩、対馬を通して外交・交易を行っていた。対馬は、鎌倉時代から宗氏が支配してきた土地で、朝鮮半島との貿易の拠点であった。朝鮮半島の釜山には10万坪という広大な土地の倭館が設けられ、対馬藩の400〜500人の日本人が住み、貿易・外交にあたった。

東禅寺（『江戸名所図会』東京都立中央図書館特別文庫室蔵）
臨済宗妙心寺派の寺。慶長15年（1610）赤坂溜池に創建し、寛永13年（1636）高輪に移転。幕末にイギリス公使館として使用された。

1861

	リソンが負傷した。この事件で幕府はイギリス側に賠償金1万ドルを支払うことになった。
6月19日	幕府、町民・農民ら庶民の大船建造・外国船購入を許可し、国内輸送の使用を許す。これにより国内海運に洋式船の導入を試みる。
7月1日	日本初の官立近代的洋式病院である小島養生所(長崎市)が完成する。小島養生所は、オランダ人軍医の医学教官ポンペの建言により、幕府医官の松本良順(りょうじゅん)らが協力して創立した日本初の西洋式近代病院。長崎の小島郷佐古に完成し、この日落成式が行われた。同病院は木造2階建て2棟からなり、大病室8室(各室15床)、隔離室(小病室)、手術室4室のほか、薬品室、器具室、洋式調理室、浴室、運動室などを備えていた。
7月9日	イギリス公使オールコック、幕府の老中安藤信正(のぶまさ)(平藩主)と会談し、対馬にいるロシア軍艦を退去させることを約束させる。前日にイギリス海軍のホープ提督が、英艦エンカウンター号とリングダヴ号の2隻を率いて来日し、公使オールコックとともに9日および10日の会談に出席した。これは日英における初の秘密会談であった。ロシアの対馬占拠の背景には、イギリスが対馬を占領しようとしているとの情報があり、対馬は日本海における要衝の地であり海軍基地を置くべき重要拠点とみたロシアの行動であった。ポサドニック号艦長のビリレフは、ロシア海軍大臣に命じられて対馬占拠を行い、対馬の一部を永久租借地にしようと対馬藩と交渉を重ね、外国奉行の旗本小栗忠順(おぐりただまさ)とも会談を行っていた。
7月23日	イギリス軍艦、対馬のロシア軍艦ポサドニック号へ退去を要求する。
8月15日	ロシア軍艦ポサドニック号の艦長ビリレフは、本国からの命令により対馬を退去した。
8月16日	小島の養生所で開院式が行われる。ポンペはこの養生所で診療を行うが、翌文久2年(1862)には長崎養生所の西隣に医学所(のち精徳館)と称す校舎と寄宿舎が建てられた。ポンペはこの病院付医学校において医学生に基礎から臨床までの講義を行い、同年9月に日本を去った。
8月	江戸に留学中の武市瑞山(たけちずいざん)ら土佐勤王党*を結成。
10月20日	皇女和宮(かずのみや)、京を出立し、江戸に向かう。公武合体のための和宮降嫁*である。京都の桂御所を出発し、下向する和宮の行列は、大河川が少ないため、川留めで日程が変更しにくい中山道が選ばれ、和宮の輿の警備には12藩、沿道警備には29藩が動員された。朝廷側からは中山忠(ただ)

文久元

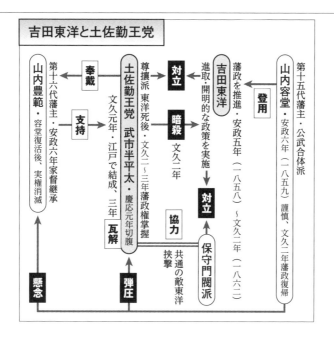

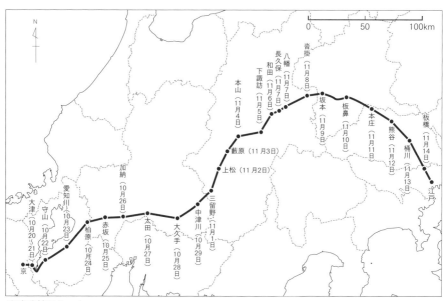

和宮降嫁のルート
和宮が東海道ではなく、中山道を通ったのは、川留めになりにくいというほかに、海沿いの東海道では異国船から攻撃される危険があるからなど、様々な説がある。

1861

	能や岩倉具視が随行し、幕府側も2万人にのぼる迎えの人数を送り、和宮付きの女官や幕府から派遣された女中、警護の者や人足までを含めると総勢3万人もの大行列だった*。
10月28日	幕府の種痘所が西洋医学所と改称される。初代頭取は引き続き、蘭方医の大槻俊斎が務めた。
10月	韮山代官で旗本の江川太郎左衛門（英敏）、幕府へ農兵の設置を建議する。農兵とは農民を兵事に動員する制度で、韮山代官の江川にとっては当初村落の治安維持に重点を置くものであった。その後、彼の考える農兵は幕府の軍制改革にも反映されていった。
11月15日	皇女和宮、江戸に到着する。和宮の輿は、前日、板橋宿（東京都板橋区）に到着し、この日、江戸の御三卿・清水屋敷に入り、輿入れの日まで逗留する。
12月4日	幕府の外国奉行の旗本水野忠徳ら、小笠原開拓に出発する。水野は小笠原開拓御用掛兼務となり、小笠原諸島を調査。居住者へ日本の領土であること、先住者を保護することを呼びかけて同意を得た。
12月11日	皇女和宮、江戸城で14代将軍徳川家茂と対面する。和宮は江戸城本丸の大奥に迎えられ、家茂との初めての対面になった。
12月22日	幕府の文久遣欧使節団、開市開港延期交渉のためヨーロッパへ出発する。幕府は国内の急激な物価上昇や攘夷運動の広まりを理由に、修好通商条約締結後も各国公使に対し、江戸・大坂の外国人居留を許可すること（開市）や兵庫・新潟の開港については、国内の政治・経済状態が安定するまで延期するよう求めていた。これに対し、イギリス公使オールコックは、幕府の要求は条約の目的に反すると意見しながらも、本国イギリスはじめ各締結国へ日本が全権使節を派遣し、直接交渉することを斡旋する。この結果、幕府は日本初となる遣欧使節団を派遣することに。正使には同年1月に箱館奉行より勘定奉行、3月には外国奉行兼任となった旗本竹内保徳が任命され、副使には神奈川奉行兼外国奉行の旗本松平康直、目付（監察）には旗本京極高朗が任命された。使節団36名のなかには福地源一郎、福沢諭吉、寺島宗則のほか、通詞として森山多吉郎ら2名が加わった。遣欧使節団は、イギリス軍艦オーディン号に乗船して品川港を出航した。彼らの目的には開市開港の延期交渉のほか、欧州事情の視察と、ロシアに対する樺太の境界確定交渉もあった。

皇女和宮供奉一覧（東京都立中央図書館特別文庫室蔵）
和宮が降嫁する時に従った人々の一覧を刷り物にしたもの。多種多様な人々が従ったことがわかる。供奉
奉行として明治天皇の祖父にあたる中山忠能が見え、そのほか岩倉具視の名前もある。

文久2年（1862）

1月15日 坂下門外の変が起こる。江戸城の坂下門外で、登城途中の老中安藤信正（平藩主）が、尊王攘夷派の水戸浪士平山兵介ら6名に襲撃された。安藤は公武合体の中心人物で、大老井伊直弼が殺害されて以後、警備人数を増やしていたため、命には別状なく、浪士ら6名はいずれも闘死した。安藤は、水戸藩へ下された「戊午の密勅」について天皇の意に反した違勅であるとして強硬に返納を命じており、水戸藩の尊攘激派は長州藩の尊攘派と盟約を結び安藤の暗殺計画を立てたが、長州は内情が変わったため延期を求めていた。他方、水戸藩尊攘激派は王政復古を唱える宇都宮藩の儒学者大橋訥庵の一派とも結び、大名の総登城日であるこの日を決行日としていた。しかし、計画が事前に露見し、大橋ら宇都宮藩の志士が捕縛されたため、水戸側のみで実行したものであった。幕府の権威は、この事件でさらに失墜した。

1月 幕府、官板「バタビヤ新聞」を刊行する。かつてのオランダ商館長が幕府に提出していた「風説書」は、開国に伴い、安政6年（1859）に廃止されたが、欧米各国を中心とした海外事情を知る必要から、幕府は独自に海外情報を翻訳した官板「バタビヤ新聞」を刊行した。

2月11日 14代将軍徳川家茂と皇女和宮との婚儀が江戸城で執り行われる。和宮は、弘化3年（1846）閏5月10日、仁孝天皇と大納言橋本実久の娘経子との間に第8皇女として生まれ、将軍家茂とは同年同月の誕生で、このとき17歳であった。幕府の公武合体策は成功したはずであったが、前月には坂下門外の変が起こり、公武合体は意味を失っていく。

3月9日 文久遣欧使節団*（正使・竹内保徳*）、フランス・パリに到着する。前年12月に品川を出航して、長崎に寄ったのち、英領香港、シンガポール、セイロン、イエメンを経てエジプト・スエズに上陸した。その後、陸路鉄道でカイロからアレクサンドリアに向かい、再び船で地中海を渡って、英領マルタを経てフランス・マルセイユに入り、この日、パリに至った。しかし、フランスとの交渉では開港延期の同意を得られなかった。

3月13日 幕府、オランダへ派遣する榎本武揚ら7名の留学生を決定する。幕府は、西洋の学術・技術を早急に導入するため海外への留学生派遣を計画する。当初、軍艦の注文と留学生の派遣先にはアメリカを考えてい

文久2

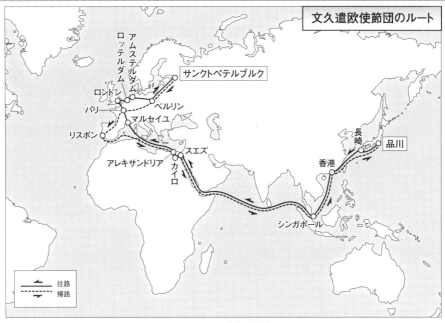

文久遣欧使節団のルート

→ 往路
⇢ 帰路

アメリカに使節を派遣しておきながら、ヨーロッパの条約締結諸国を訪問していないのはいかがなものか、というイギリスとフランスからの要請をもとに、フランス、イギリス、オランダ、プロイセン、ロシア、ポルトガルを訪れた。

補足 バタビア（バタビヤ）
現在のジャワ島にあった旧オランダ領東インドの首都で、オランダの東アジア経営の基地であった。江戸時代、オランダの船はここを経由して長崎に来航していた。

竹内保徳（函館市中央図書館蔵）
文久遣欧使節団とは、幕府が、オランダ、フランス、イギリス、プロイセン、ポルトガルと結んだ修好通商条約の中にある新潟・兵庫の開港延期と江戸・大坂の開市延期交渉などのために派遣された使節団のこと。正使が竹内保徳であったことから竹内使節団ともいう。

1862

たが、南北戦争*(1861～65)の勃発によって断られ、オランダに依頼して蒸気軍艦1隻(開陽丸)を発注し同国への留学生7名を決定した。その派遣留学生には、軍艦操練所から榎本武揚、沢太郎左衛門、赤松則良、内田正雄、田口俊平の5名と、蕃書調所から西周、津田真道の2名に加え、長崎で医学修行中の伊東方成、林研海の2名と、鋳物師や船大工など職方7名が派遣されることとなり6月に出発した。

4月2日 文久遣欧使節団、イギリス・ロンドンに到着する。このとき駐日公使オールコックが賜暇帰国しており、ロンドンで遣欧使節団と本国イギリス政府との交渉を仲介した。4月18日に交渉が始まる。

4月3日 文久遣欧使節団、第2回ロンドン万国博覧会*の開幕式に賓客として出席する。使節団一行のうち、正使の旗本竹内保徳をはじめ福沢諭吉など主な者が羽織袴で式典に臨んだ。この万博への日本の正式な出展はなかった。オールコックが自身で蒐集した日本の刀剣、漆器などの工芸品をはじめ、提灯や草履などを展示して、ヨーロッパ諸国の人々から絶賛されたが、使節団の日本人には雑多な品の展示紹介に映ったという。

4月8日 土佐勤王党、土佐藩参政吉田東洋を暗殺する。東洋は、幕府を支持する立場をとり、武市瑞山率いる勤王党と対立していたが、ついに勤王党員の那須信吾らによって殺害された。享年47。

4月11日 老中安藤信正、罷免される。8月に老中在職中の失政を問われて2万石を没収、隠居・謹慎処分ののち、11月永蟄居とされる。また、安藤とともに公武合体を推進していた老中久世広周(下総国関宿藩主)も6月に罷免され、8月に1万石を没収、謹慎となり、11月永蟄居の処分を受ける。

4月15日 初代アメリカ駐日公使ハリス、帰国の途につく。ハリスは前年に解任され、この年3月解任状を提出し、江戸を去って帰国する。公使辞任と帰国は、健康上の理由から本国へハリスが希望したとされるが、アメリカ合衆国大統領が民主党のブキャナンから共和党のリンカーンへと代わったことも要因の一つと見られている。ハリスの後任には、共和党シワード国務長官からの推薦を受けて駐日弁理公使に任命された弁護士でもあるブリュインが着任した。

4月16日 薩摩藩の藩主島津忠義の実父で実権を握る国父・島津久光が、公武合体実現への幕政改革を朝廷に進言するため、藩兵1,000名を率いて入京する。尊攘派の薩摩藩士や諸藩の志士らは攘夷のためと勢いづくが、

文久2

補足 アメリカの南北戦争と日本の幕末
奴隷制度に反対するリンカーンが1860年に大統領選を征したため、奴隷制度を残そうとする南部の州が、合衆国から離脱して北部の州を攻撃した。このアメリカ合衆国の内戦を、南北戦争という。南部の州が降伏して1865年に終結したが、使用された大砲や銃は、日本に流入し、戊辰戦争で使用された。

ロンドン万博会場にきた使節団一行
(*The Illustrated London News*、1862年5月24日号 『描かれた幕末明治』金井圓編訳、雄松堂1986年、p.80 より)

ロンドン万国博覧会
万国博覧会は世界各国が参加する博覧会で、1851年にロンドンで第1回が開かれた。1862年に開かれたのは、第2回ロンドン万国博覧会で、展示会場の面積は23エーカー（約9万3081㎡）、171日間開催し、約2万8,600人が訪れた。使節団は、何日にもわたって熱心に見学したといわれる。

1862

4月23日	朝廷は久光に不穏浪士の鎮撫を命じる勅諚を下した。 薩摩藩士有馬新七ら、国父・島津久光の命により、斬られる（寺田屋騒動）。薩摩の尊攘過激派藩士は挙兵を計画し、京都伏見（京都市伏見区）の船宿で薩摩藩定宿の寺田屋に、藩士のほか同志が集まり、準備を進めていた。これを知った久光は沈静化しようとしたが収まらず、奈良原喜八郎らを送る。奈良原ら9名は有馬らを説得するが、聞き入れられず、上意討ちとして斬り、鎮圧した。有馬ら6名が死亡、2名が重傷を負い、後日、護送中に1名が殺害される*。
4月29日	幕府が上海へ派遣する官船・千歳丸、長崎を出航する。千歳丸は幕府が長崎で購入したイギリス商船アルミスティス号で、帆船である。乗船の日本人は役人とその従者、医師、中国・オランダ通詞、長崎商人、水夫など51名で、船員はイギリス人を中心に16名がいた。なかでも、藩命により乗船していた長州藩士の高杉晋作は、5月6日（1862年6月3日）の上海到着から約2カ月間の滞在中、アヘン戦争後に欧米列強の支配を受ける清の実情を目のあたりにし、危機感を覚えた。
5月9日	文久遣欧使節団、イギリスとのロンドン覚書に調印する。正使竹内保徳らとイギリス外相ラッセルは、江戸と大坂の開市、兵庫・新潟の開港を1863年1月1日から5カ年延期することを取り決めた覚書（ロンドン覚書）に調印した。この覚書には開市開港の延期を認める代わりに、日本が修好通商条約の取り決めを徹底することが明記された。
5月16日	長州藩の長井雅楽が、謹慎を表明する待罪書を毛利敬親に提出する。
5月18日	江戸・神田小川町にあった幕府の蕃書調所が、一橋門外護持院原（東京都千代田区）に移転され、名称も洋書調所と変更された。
5月29日	江戸・高輪（東京都港区）のイギリス仮公使館・東禅寺警備の松本藩士伊藤軍兵衛、イギリス人水兵2名を殺害し、自害する（第2次東禅寺事件）。伊藤は東禅寺警備のための自藩の多大な出費を憂い、警備責任を解こうと単身、仮公使館内に潜入し、イギリス人の水兵2名を殺害したが、自身も負傷して自害した。その後、この事件の賠償金をめぐり、幕府とイギリスの交渉が難航するが、8月21日に生麦事件が起こり、幕府はイギリス側の要求を呑み、賠償金を払うことになる。
6月7日	孝明天皇の勅使大原重徳*、江戸へ到着する。朝廷は薩摩藩の国父・島津久光の幕政改革の進言を受け入れ、勅使として大原重徳を派遣した。大原は尊攘派の公家で、安政5年（1858）3月、日米修好通商条約の勅許に反対する八十八卿の列参奏上*に参画し、翌年、謹慎を命

文久2

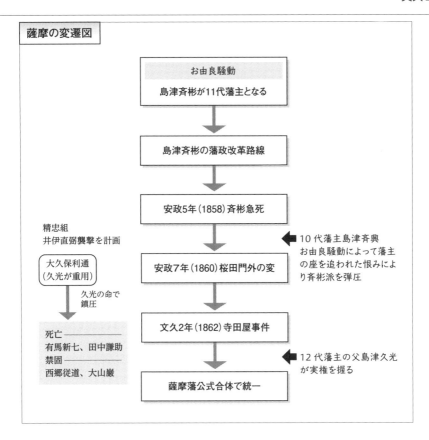

薩摩の変遷図

お由良騒動
島津斉彬が11代藩主となる
↓
島津斉彬の藩政改革路線
↓
安政5年（1858）斉彬急死 ← 10代藩主島津斉興 お由良騒動によって藩主の座を追われた恨みにより斉彬派を弾圧
↓
精忠組
井伊直弼襲撃を計画
大久保利通（久光が重用）
久光の命で鎮圧
死亡——有馬新七、田中謙助
禁固——西郷従道、大山巌

安政7年（1860）桜田門外の変
↓
文久2年（1862）寺田屋事件 ← 12代藩主の父島津久光が実権を握る
↓
薩摩藩公式合体で統一

補足 八十八卿の列参奏上
日米修好通商条約締結のさい、堀田正睦が天皇から勅許を得ようと打診したところ、これに反対する中山忠能、正親町三条実愛、大原重徳、岩倉具視ら88名の公家たちが一種のデモを行う。のちに、井伊直弼は、これに参画した公家たちを処分した。

大原重徳（京都大学附属図書館蔵）
1801〜1879。攘夷派の公家で、安政の大獄の対象にもなった。文久2年（1862）、幕府に対して政治改革を要求する勅使として江戸へ行く。この時、護衛として薩摩藩兵たちが付いていた。この薩摩藩兵たちが帰途で生麦事件を起こした。明治になって参与、集議院長官などを歴任した。

1862

	ぜられるが安政の大獄の連座処刑は免れた。この年、朝廷が島津久光による徳川慶喜*と前福井藩主松平慶永（春嶽）*の登用を内容とする建言を入れたさいの勅使を命ぜられ、江戸へ下向した。久光が勅使の警護を兼ね、藩兵を率いて随行していた。
6月10日	勅使の大原重徳、将軍徳川家茂に徳川慶喜と松平慶永（春嶽）登用の勅旨を告げる。大原は慶喜と慶永の幕政参与を強要し、その後、安政の大獄で謹慎させられた2人は政界に復帰することになる。また大原は、長州藩継嗣毛利定広が持参した勅諚に、久光を批判する文字があったのを、薩長の対立を避けるため削除している。
7月 4日	幕府、諸藩に対し、艦船購入の自由を許可する。
7月 6日	幕府、徳川慶喜を将軍後見職に任命する。幕政参与を命じられた慶喜は、一橋家の再相続と、朝廷の要望による将軍後見職への就任が決まった。
7月 9日	幕府、福井藩の前藩主松平慶永（春嶽）を政事総裁職に任命する。慶永は隠居のまま政界復帰し政事総裁職を拝命した。こののち、将軍後見職の徳川慶喜に協力、幕府の職制・軍制改革を行うことになる。
7月13日	文久遣欧使節団、ロシアのサンクトペテルブルクに到着する。幕府派遣の正使竹内保徳ら文久遣欧使節団は、イギリスを出発後、同年5月17日オランダに到着、また6月22日にはプロイセンのベルリンに入り、これまでと同様の開市開港延期についての覚書に調印した。
7月14日	幕府派遣の千歳丸、上海から長崎に帰着する。同月5日（西暦7月31日）上海を出航した千歳丸は、この日、長崎港へ帰国した。高杉晋作は帰国後、日本の統一をめざす「防長割拠論」を唱えるが、長州藩政府には受け容れられなかった。
7月20日	公卿九条尚忠の家士島田左近が暗殺される。尚忠は同年6月まで関白の要職に就いており、条約勅許に応じた公家であった。その家士左近が尊王攘夷派に襲撃され、殺害された。島田が井伊の家臣長野主膳の片棒をかついで安政の大獄に協力したためとされている。襲撃犯は薩摩藩士の田中新兵衛ら3名。これが天誅事件の第1号となり、このころより天誅という襲撃事件が頻発していくことになる。
7月27日	幕府、京都守護職の設置を決める。京都では尊王攘夷派による公武合体派への暗殺などが相次ぎ、京都所司代のみでの治安維持が難しくなり、幕府は新たに京都守護職を設けることを決定した。
8月15日	駐日イギリス公使館付通訳生のアーネスト・サトウ*、来日する。サ

文久2

徳川慶喜(福井市立郷土歴史博物館蔵)
1837〜1913。水戸藩主徳川斉昭の七男に生まれ、御三卿の1つ一橋家に養子に入る。十三代将軍徳川家定の継嗣問題では、紀伊の徳川慶福と争ったが敗れ、安政の大獄で蟄居を申し付けられた。慶応2年(1866)に将軍に就任。翌年大政奉還を行い、徳川幕府に幕を下ろす。晩年、公爵になった。

松平慶永(春嶽)(福井市立郷土歴史博物館蔵)
1828〜1890。御三卿の1つ、田安家から越前松平家に養子に入る。横井小楠らを起用して藩政改革を行い、殖産産業などの成功を収めた。一橋派として活動したため、安政の大獄で隠居・謹慎処分を受ける。のちに復帰し政事総裁職を務める。

> **徳川慶喜と松平慶永**
> 松平慶永(春嶽)は御三卿出身で、慶喜は御三卿に養子に入った。慶永は、御三卿一橋家の当主となった慶喜を支え続けた。なお、慶永の甥田安亀之助が慶喜の跡を受け徳川家達として徳川宗家を継いだ。

アーネスト・サトウ(横浜開港資料館蔵)
1843〜1929。イギリス生まれ。1862年に来日し、通訳生から書記官になり、幕末・明治に多くの日本人と交流。シャム総領事として転出し、明治28年(1895)に公使として再び来日した。『一外交官の見た明治維新』などの著作を残す。

1862

	トウは横浜のイギリス公使館（のち江戸へ移転）に勤務し、のちに通訳官に昇格する。その後、サトウはオールコック、その後任のパークス公使の下で日本の政治動向を観察し、日英外交と日本文化の紹介にも尽力して多くの著作を残す。
8月19日	文久遣欧使節団、ロシアと開市開港延期などの覚書に調印する。正使竹内保徳らとロシアの外相ゴルチャコフが開市開港延期の調印を行うが、ロシアとの樺太(サハリン)境界確定については合意に至らず、両国が樺太で会い、実地に地形を臨検し、協議のうえで境界を画定するという協定書に調印した。同月24日、使節団一行は汽車でベルリンに向かった。
8月20日	岩倉具視ら、皇妹和宮降嫁の推進者が処罰される。和宮の降嫁に際し、幕府に周旋したとして尊攘派の公家や志士から四奸二嬪(しかんにひん)といわれた公家の岩倉具視(ともみ)・久我建通(こがたけみち)・千種有文(ちぐさありふみ)・富小路敬直(とみのこうじひろなお)、女官（孝明天皇女房）の今城重子(いまきしげこ)・堀河紀子(ほりかわもとこ)の6名が排斥され、それぞれ辞官や退下、蟄居(ちっきょ)の処分を受けることとなった。岩倉は蟄居を命ぜられて辞官・落飾し、洛外の岩倉村へ幽居する。
8月21日	薩摩藩国父・島津久光の行列を護衛する薩摩藩士がイギリス人を殺傷する生麦事件(なまむぎ)*が起こる。勅使大原重徳を警護するため江戸に来ていた久光が江戸より帰国の途上、行列一行が東海道・横浜近くの生麦村を通行するとき、騎馬のイギリス人4名と行き会い、イギリス人側が下馬せず行列と接触したため、家臣の奈良原喜左衛門らが斬りつけた。上海から帰国の途中、観光に来日していたイギリス人商人のリチャードソンが死亡、2名が重傷を負った。
閏8月1日	幕府、新設した京都守護職に、会津藩主松平容保(かたもり)*を任命する。会津藩では、国家老の西郷頼母(たのも)が財政面などを理由に強く辞退を進言したが、藩主容保は藩祖の保科正之(ほしなまさゆき)（3代将軍徳川家光の異母弟）の「大君（徳川将軍家）の儀、一心大切に忠勤に励み、他国の例をもって自ら処るべからず」（徳川将軍家を第一とし他藩の動きに左右されない）という『家訓』(かきん)により、西郷らの意見を拒否し、京都守護職を拝命した。
閏8月9日	文久遣欧使節団の正使竹内保徳ら、フランスと開市開港延期約定書に調印する。遣欧使節団一行は、プロイセンのベルリンを経てフランスへ入り、パリで覚書に調印する。
閏8月16日	文久遣欧使節団一行、ポルトガルに到着する。正使竹内保徳らはポルトガルとも開市開港延期の覚書に調印する。
閏8月22日	幕府、参勤交代の制度を緩和する。幕政改革の一環として、参勤交代

文久2

生麦事件の碑（横浜市鶴見区）
現在、事件現場の近くに碑が立っている。

生麦事件と薩英戦争
生麦事件の損害賠償を巡り、イギリスと薩摩との間で折り合いが付かず、薩英戦争が勃発。イギリスの軍事力を目のあたりにした薩摩はイギリスに急接近。一方イギリスも勇敢に戦った薩摩を認め、軍事的な協力をするようになった。

桜田門外の変と生麦事件の意外な共通点
桜田門外の変で、井伊直弼の首を獲ったのは薩摩浪士であった有村次左衛門とされている。次左衛門には有村俊斎（海江田信義）という長兄がいた。俊斎は生麦事件の現場にいて、死亡したリチャードソンに止めを刺したといわれている。

松平容保　京都守護職時代（会津若松市蔵）

補足 ▶ 松平容保の兄弟たち
松平容保は、尾張藩の支藩高須藩主の子として生まれた。兄弟が多く、兄慶勝（よしかつ）は、尾張家に養子に入り、藩主となった。兄武成（たけなり）は、浜田藩主、兄茂徳（もちなが）は、長兄慶勝の跡を継いで尾張藩主になった後、徳川慶喜が徳川本家を継いで当主のいなくなった一橋家の当主となり、茂栄（もちはる）と名乗った。弟定敬（さだあき）は桑名藩主として、容保と行動をともにした。もう1人の弟義勇（よしたけ）は高須藩主になった。兄弟のうち、慶勝、茂徳、容保、定敬の4人を高須四兄弟という。

1835～1893。高須藩主の息子として生まれ、弘化3年（1846）に会津藩主松平容敬（かたたか）の養子に入り、嘉永5年（1852）に家督相続。文久2年（1862）、京都守護職に任じられる。慶応4年（1868）鳥羽・伏見の戦いで敗れ、会津戦争で降伏後、鳥取藩主池田家に預けられた。

1862

同日	を大大名は3年に1年、その他は3年に1度100日を在府として妻子の帰国を許した。
同日	京都・九条家の家士宇郷重国、暗殺される。宇郷は、7月に暗殺された同職の島田左近とともに佐幕派のために画策し、和宮降嫁に際して奔走したため、尊攘過激派の襲撃を恐れて警戒していたが、この日、九条家砂川下屋敷内の自宅（京都市左京区）に戻っているところを襲われ、翌日、鴨川東岸の河原（京都市東山区）に、斬奸状*とともに首が晒された。
閏8月29日	京の目明かし（岡引のこと）文吉、土佐の岡田以蔵らに殺害される。京都では尊攘過激派による天誅事件が相次ぐ。文吉は、志士の機密を探って報酬を得、高利貸しもしていた。そのためこの日の夜、花街・二条新地の妾宅で土佐出身の岡田以蔵らに捕らえられ、翌日、三条大橋東詰北側の河原に首が晒された。
9月11日	幕府が派遣するオランダへの留学生*・榎本武揚ら、長崎を出港する。榎本ら留学生一行は、同年6月18日に咸臨丸に乗船し、江戸を出て、8月23日、長崎に入り、この日、オランダ商船カリップス号でバタビア（インドネシア・ジャカルタ）へ向かった。彼らは同年10月6日のスマトラ島の東ガスパル海峡での遭難を経て、10月18日にバタビアに到着。その後、セントヘレナ島でナポレオンの古跡なども訪ね、オランダへ向かう。
9月23日	京都・西町奉行所組与力の渡辺金三郎ら4名、斬殺・梟首される。西町奉行所の与力渡辺金三郎、同心上田助之丞、東町奉行所の与力格森孫六、同心大河原十蔵の4名は、尊攘派志士から安政の大獄の恨みを買い、江戸へ配置換えとなった。江戸へと出発したこの日の夜、宿泊先の東海道・近江国石部宿（滋賀県湖南市）で斬殺され、粟田口刑場（京都市山科区）に梟首された。
11月2日	幕府、攘夷の勅旨に従うことを決定する。
12月3日	幕府、兵賦令を布達し、歩兵組を編成する。
12月9日	朝廷、新たに国事を議する国事御用掛の役職を設置し、久邇宮朝彦親王や関白近衛忠煕ら29名が選ばれる。彼らは毎月10日、小御所に集まり、国事を談じることになる。
同日	幕府、旗本で講武所剣術教授方の松平主税助を浪士取扱に任命する。これは、幕府が翌春に予定している将軍徳川家茂の上洛を前に、治安が悪化する京坂の不逞浪士を取り締まるため、関東の浪士を送り込む

文久2

文久年間和蘭留学生一行の写真（国立国会図書館蔵）
1865年にオランダで撮影されたもの。後列左より、伊東玄伯、林研海、榎本武揚、（布施鉉吉郎）、津田真道。前列左より、沢太郎左衛門、（肥田浜五郎）、赤松則良、西周（括弧内の人物は留学生ではない）。

赤松則良（福井市立郷土歴史博物館蔵）
1841～1920。幕臣の子として生まれ、赤松家に養子に行く。長崎海軍伝習所に入り、咸臨丸に乗り込む。オランダ留学のさいには造船学などを学ぶ。のちに海軍中将、佐世保鎮守指令長官、貴族院議員を務めた。

補足 斬奸状
悪者を斬るときに、その理由などを書いた文書。

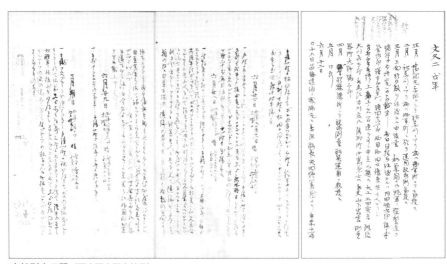

赤松則良日記（国立国会図書館蔵）
赤松が安政4年（1857）から記した日記。写真の部分は文久2年（1862）正月からのもので、オランダ留学に関する記述が見られる。

1862

という出羽国庄内出身の清河八郎(きよかわはちろう)が建言した浪士募集策を受けてのことであった。

12月11日 文久遣欧使節団、帰国する。正使竹内保徳ら使節団一行は、イギリス・オランダ・プロイセン・ロシア・フランス・ポルトガルの6カ国と、5カ年開市開港延期の協定を結び、フランス船で帰国した。

12月12日 長州藩士高杉晋作ら、品川御殿山（東京都品川区）に建設中だったイギリス公使館を焼き討ちする。高杉は尊攘運動の急先鋒として、長州藩の同志・久坂玄瑞(くさかげんずい)や井上馨(いのうえかおる)らと品川御殿山(ごてんやま)に建設中のイギリス公使館の建物を襲撃し、全焼させた。

12月18日 幕府、陸軍総裁・海軍総裁を設置する。蜂須賀斉裕(なりひろ)（徳島藩主）が兼任した。

12月19日 幕府、募集する浪士（浪士組）を取扱う役員を定め、松平主税助に浪士の募集を命じる。御目付は杉浦正一郎、池田修理。取扱方頭取は旗本鵜殿鳩翁(うどのきゅうおう)、旗本松平主税助。取締方は旗本山岡鉄舟(やまおかてっしゅう)*、久保田治部衛門(じぶうえもん)が就任する。

12月21日 塙次郎(はなわ)、暗殺される。塙次郎は、国学者塙保己一(ほきいち)*の4男で、名は瑶。号は温故堂。次郎も国学者として和学講談所御用掛となり、『史料』『続群書類従』などの編纂事業に努めた。老中安藤信正のとき、安藤の委託により寛永以前の外国人待遇の式例を調査したが、これが廃帝の前例を調べたと誤伝されて尊攘派の怒りを買ってしまい、この日、暗殺された。享年56。犯人は長州藩の伊藤博文(ひろぶみ)・山尾庸三(やまおようぞう)とされている。

12月24日 京都守護職を拝命した会津藩主松平容保、入京する。容保は会津藩兵1,000名を率いて上洛し、会津藩の本陣は黒谷(くろだに)と称される金戒光明寺(こんかいこうみょうじ)*に定められた。

この年 幕府、宣教師ヘボンに9名の教育を委託する。ヘボンはアメリカ領事館を介して横浜奉行所から幕府の委託生9名の教育を依頼され、大村益次郎(ますじろう)、原田一道らに英語・数学・化学などを教えた。年末には横浜居留地が完成し、居留地39番に宣教師館を建築して転居、ヘボン塾の始まりとなる。妻のクララものちに英語塾を開く。ヘボンが開いた塾は、のちに明治学院となった。

塙保己一
1746〜1821。武蔵国児玉郡の豪農の子として生まれる。幼くして失明したものの、詩文や神道、律令などを学び、『群書類従』を刊行、『大日本史』の編集にも携わった。寛政5年(1793)には、和学講談所を設立し、後進の指導にあたった。ヘレン・ケラーは盲人でも学者となった塙保己一を尊敬していたという。

山岡鉄舟（福井市立郷土歴史博物館蔵）
1836〜1888。飛騨郡代小野家から山岡家に養子に行く。高橋泥舟は妻の兄。文久3年(1863)幕府が募集した浪士組の取締方として京都に上るが、清河八郎らの呼び戻しの時に江戸へ帰る。こののち、駿府で西郷隆盛と会い、勝海舟と西郷の会談を実現させ、江戸無血開城のために尽力した。明治になってから明治天皇の侍従として仕え、信頼が厚かったといわれている。

金戒光明寺（京都市左京区）
浄土宗の寺。左京区黒谷にあることから「黒谷さん」とも呼ばれる。安元元年(1175)、法然が営んだ庵室が始まりという。平安時代末期から鎌倉時代初めに活躍した武将熊谷直実が出家した寺という説もある。文久2年(1862)、会津藩はここに本陣を置いた。京都の町を俯瞰でき、1,000人の軍勢が駐屯できることなどから選ばれたという。

文久3年 (1863)

1月10日 将軍後見職の徳川慶喜、孝明天皇に拝謁する。慶喜は前年12月15日に江戸を発って東海道を西上し、5日に入洛した。この日、参内して孝明天皇に拝謁した。その後、政事総裁職の松平慶永（春嶽）や山内豊信（容堂）も入京してくることとなる。

1月28日 京都で賀川肇、殺害される。賀川肇は、公卿千種有文の雑掌（雑務を担当する者）で、和宮降嫁のさい、千種が尽力したのを手助けしたことから尊攘派に狙われ、この夜、上京の千本通下立売東入ル（京都市上京区）の自宅で殺害された。賀川の首は、通商条約の破棄と攘夷実行を要求する脅迫状とともに、徳川慶喜の宿舎である東本願寺の門前に投げ込まれ、また腕の片方が千種家に、もう片方が岩倉家に書付けとともに送られた。

2月4日 幕府募集の浪士組参加希望者、江戸・小石川の伝通院*（東京都文京区）内の塔頭処静院の大信寮に集合する。参加浪士は7組に編成され、各小頭は浪士組役員の旗本山岡鉄舟、松岡万らとともに旗本鵜殿鳩翁宅へ赴く。

同日 イギリス軍艦ユーリアラス号以下2隻が横浜に来航する。イギリス軍艦は、前年8月の生麦事件などを受けて、攘夷派に対する示威行動として日本に来航し、以後も来航は続いて12隻となる。その後、3月14日に旗艦ユーリアラス号上で、駐日イギリス代理公使ニール、フランス公使ベルクール、フランス艦隊司令官ジョーレスと会談し、6月、彼らは幕府から軍隊の駐留権を獲得することになる。

2月6日 長州藩士長井雅楽*、藩命により萩の自宅で自刃する。長井は朝幕間の調停に奔走したが、久坂玄瑞らの弾劾運動は長州藩執政の周布政之助を動かし、藩論は攘夷へと転換、長井は建白書に朝廷を誣る言葉があったとの理由で失脚。謹慎ののち、切腹となった。享年45。

2月8日 幕府浪士組、京へ向けて江戸を出立する*。この朝、浪士組に加盟した230余名が伝通院大信寮に集合し、浪士取扱の旗本鵜殿鳩翁宅へ迎えに立ち寄ったのち、江戸を出立し、中山道を京へ向かった。浪士取締役には旗本山岡鉄舟、松岡万らがいたが、浪士組の黒幕である清河八郎は一行のなかには加わらない形で同道していた。

2月13日 14代将軍徳川家茂、江戸を出立し、陸路東海道を京へ向かう*。上洛

伝通院
東京都文京区にある浄土宗の寺。応永22年（1415）に創建、慶長7年（1602）、徳川家康の生母於大の方（伝通院）が葬られたため、伝通院と呼ばれるようになった。浪士組の募集は伝通院内で行われ、浪士組結成にかかわった清河八郎の墓もある。

浪士組として上洛した主なメンバー

浪士組取締役：鵜殿鳩翁、清河八郎、山岡鉄舟、石坂宗順、松岡万、池田徳太郎ほか

隊員：根岸友山、家里次郎、殿内義雄、清水吾一、遠藤丈庵、芹沢鴨、近藤勇、山南敬助、土方歳三、永倉新八、沖田総司、原田左之助、藤堂平助、平山五郎、野口健司、平間重助、新見錦、阿比類鋭三郎、井上源三郎、沖田林太郎（沖田総司の義兄）ほか

長井雅楽
1819〜1863。長州藩士。直目付として藩政に関わる。「航海遠略策」を書く開国論者で、一時は朝廷からも認められた存在となった。しかし、藩論が尊王攘夷に転換。長井に対して批判が高まり、朝廷からも論の中に朝廷を誹謗する言葉があるとしたため、自刃を命じられた。

「末廣五十三次　日本橋」（国立国会図書館蔵）
将軍徳川家茂の上洛を題材にした錦絵などが数多く作られた。これもその1つで、日本橋から京都まで東海道の宿場を舞台とした連作もの。

1863

	する将軍家茂には、老中の板倉勝静（備中国松山藩主）・水野忠精（山形藩主）ほか約3,000名が随行する。
2月13日	朝廷に国事参政・国事寄人が設置される。
2月22日	京都・三条大橋下流の河原に、等持院にあった足利三代将軍の木像の首が晒される。将軍徳川家茂の上洛を前に、徳川将軍の首になぞらえ、等持院に安置されていた足利尊氏・義詮・義満の木像の首が盗み出された。木像の3つの首は三条河原に置かれた台の上に並べられ、斬奸状が付けられ、三条大橋の上にも宣言文があった。犯人は伊予松山浪人の三輪綱一郎、江戸の医師の師岡節斎ほか、京都の町人や近江商人らであった。
2月23日	幕府の浪士組、入京する。浪士組の宿泊地は洛西の壬生村（京都市中京区）とされ、浪士らは村内に分宿する。その後、清河八郎は本部とする新徳寺に浪士たちを集め、御所へ攘夷実行を献言することを告げる。
2月24日	清河八郎、学習院*に上表文を提出する。清河は、幕府への浪士募集の理由に、将軍家茂の上洛に伴う警護や京都の治安対策を提案して許可されたのだが、その本意は浪士組を使った関東での攘夷実行にあった。清河は、学習院の国事参政御用を務める公卿橋本実麗、三条西季知らへ「幕府の世話で上京したが、禄位等は受けておらず、その大義は尊王攘夷の実行にある」と働きかける。
2月29日	朝廷、幕府浪士組の建言を支持し、攘夷実行の勅諚を出す。この日、浪士組（清河）はまた朝廷へ生麦事件と攘夷についての建言を行い、これに朝廷は浪士組の提案を許可して勅諚を下した。同夜、清河は浪士組に攘夷のための東帰を発表する。翌日、浪士組は学習院に東帰を願い、三度目の上書を提出した。慌てた幕府は、生麦事件の対処策として、浪士組に江戸帰還を命じることとする。
3月3日	幕府、朝廷より上京浪士組に江戸帰還命令を下す。浪士組に、関白鷹司輔熙よりの達として、生麦事件の対英処理をめぐり、戦端が開かれる用意のため東帰が命ぜられる。しかし、浪士組のなかには、清河の主張に反対し、将軍警護と京都の治安維持で京に来たことを理由に、残留を希望する者もいた。
3月4日	14代将軍徳川家茂が上洛*、二条城に入る。徳川将軍の上洛は、3代将軍徳川家光が寛永11年（1634）に上洛して以来、229年ぶりのことである。

学習院の歴史

弘化4年（1847）、公家子弟教育のために開設され、嘉永2年（1849）に学習院と改称。文久年間に尊王攘夷運動の拠点となった。

明治3年（1870）に閉鎖。明治10年（1877）、華族会館が運営する華族子弟教育機関として東京で再建、明治17年（1884）宮内省直轄に移行する。昭和22年（1947）、私立学校として一般に公開され、1949年、大学が発足した。

学習院跡（京都市上京区）
学習院は御所の建春門の東側にあった。現在は説明板と碑が立っている。

徳川将軍一覧

初代	**徳川家康**	在職1603～1605
2代	**徳川秀忠**	在職1605～1623
3代	**徳川家光**	在職1623～1651
4代	**徳川家綱**	在職1651～1680
5代	**徳川綱吉**	在職1680～1709
6代	**徳川家宣**	在職1709～1712
7代	**徳川家継**	在職1713～1716
8代	**徳川吉宗**	在職1716～1745
9代	**徳川家重**	在職1745～1760
10代	**徳川家治**	在職1760～1786
11代	**徳川家斉**	在職1787～1837
12代	**徳川家慶**	在職1837～1853
13代	**徳川家定**	在職1853～1858
14代	**徳川家茂**	在職1858～1866
15代	**徳川慶喜**	在職1866～1867

補足　将軍の上洛

徳川将軍の上洛は、初代徳川家康が慶長8年（1603）に、2代将軍徳川秀忠が、慶長10年（1605）、元和9年（1623）、3代将軍徳川家光が、元和9年（1623）、寛永3年（1626）、寛永11年（1634）に行っている。その後、徳川家茂が、文久3年（1863）、文久3年～元治元年（1864）、慶応元年（1865）に上洛した。なお、徳川家康と徳川秀忠は、将軍を引退してからも京都に入っているが、これは含めていない。また、徳川慶喜は京都滞在中に将軍となったので上洛の語は用いない。

1863

3月5日	孝明天皇、将軍徳川家茂に政務委任を確認する勅を下す。将軍の名代である将軍後見職の徳川慶喜が、政務委任の勅命を受ける。
3月7日	将軍徳川家茂が御所に参内し、小御所にて孝明天皇に拝謁する。
3月10日	幕府、正式に京都守護職松平容保（会津藩主）へ浪士組の残留希望者の差配を命じる。清河八郎の企図とは異なり、京都残留を望む浪士組の者は、同日、将軍家茂の下向まで滞京できるよう京都守護職に嘆願しており、幕府はすでに残留者の扱いを容保に命じていた。
3月11日	孝明天皇、賀茂社（下鴨神社・上賀茂神社）へ攘夷祈願に行幸する*。多くの公卿とともに将軍徳川家茂、将軍後見職の徳川慶喜、老中水野忠精らも供奉する。天皇への将軍随従は、目に見えるかたちで将軍権威の弱体化を天下に示すこととなり、幕府の権威を揺るがし、また幕府は、朝廷側から攘夷期限を迫られる。
3月13日	幕府の浪士組、江戸へ帰還となり、京を出立する。浪士組の出立は、最初8日と決まったが、順延を繰り返し、やっとこの日、東帰となった。
3月15日	浪士組より京都残留を希望した近藤勇ら24名が、正式に容保御預かりとなる。これにより新選組の前身・壬生浪士組が発足する。
4月11日	孝明天皇、石清水八幡宮に攘夷祈願の行幸をする。この石清水八幡宮行幸に対し、攘夷期限の返答を避けたい将軍徳川家茂は、急病を理由に辞退する。将軍の名代として随従した徳川慶喜も、途中、腹痛を訴え攘夷祈願の儀式を欠席した。
4月13日	清河八郎、江戸・麻布一の橋（東京都港区）で暗殺される。幕府は浪士組を攘夷活動の先兵にしようと画策した清河を憎んで殺害を指示し、旗本の佐々木只三郎、速見又四郎ら刺客によって殺害させた。享年34。
4月16日	幕府派遣の留学生、オランダに到着する。幕府が文久2年（1862）に派遣したオランダ留学生はオランダのロッテルダムを経てライデンに到着。一部はハーグへ向かった。彼らは同国で船舶運用術や国際法、化学、医学などを学んでいる。
4月17日	幕府、10万石以上の諸大名に交代で京都警衛を命じる。
4月20日	将軍徳川家茂、攘夷実行の期限を5月10日と朝廷に上奏する。
4月23日	将軍家茂、幕府蒸気船順動丸に乗船し、大坂湾岸の防御状況を視察する。21日に家茂は、石清水八幡宮に参拝後、大坂に下り、順動丸に乗って、摂海視察を行う。これは外国船来航の増加を前に、御所のある京都に近い海岸の防備状況を海から見たもので、大坂沿岸、西宮沿岸、

文久3

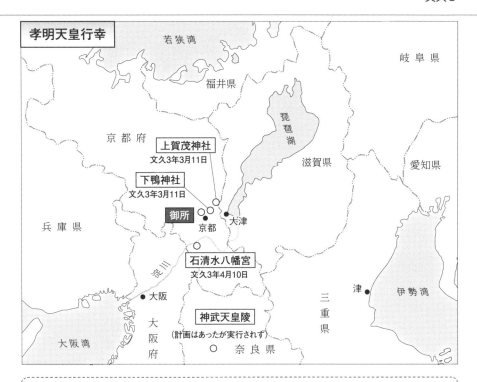

孝明天皇の行幸

江戸時代の天皇は御所から出ずに一生を終えることも少なくなく、孝明天皇が御所を出て行幸することは大事件であった。賀茂神社行幸は筋書き通りに、石清水八幡の行幸は、将軍徳川家茂は病気を理由に欠席、徳川慶喜も急な腹痛で途中までしか同行しなかった。大和行幸は計画だけで実行されていない。

上賀茂神社（京都市北区）
正式には賀茂別雷神社といい、賀茂別雷命を祀る。平安遷都後、皇室の崇敬が厚く、天皇が行幸していた。

下鴨神社（京都市左京区）
正式には賀茂御祖神社といい、賀茂建角身命や玉依媛命などを祀る。上賀茂神社とあわせて、賀茂神社と称される。

1863

	紀淡海峡など大坂湾岸を巡視した。その結果、明石海峡（兵庫県明石市、淡路島間）の警備強化が図られ、幕府から1万両を貸与された明石藩が舞子（神戸市垂水区）の台場を西洋式砲台に改築するなどしている。
4月25日	公家の姉小路公知、軍艦奉行並勝海舟の案内で幕府の順動丸*に乗り込み、大坂湾巡視を行う。公知は国事参政兼国事御用掛の急進的な攘夷派公家であったが、この大坂湾巡視で海舟に意見を求めるなど、幕府に近づくような行為がのちの公知襲撃に繋がったともいわれる。
5月9日	生麦事件などの賠償金、イギリスに交付される。イギリスは幕府に謝罪状と10万ポンドの支払いを、薩摩藩にも2万5,000ポンドの支払いと犯人の処罰を要求し、幕府側は賠償金の支払いに応じたが薩摩藩はこれを拒否したので、同年7月の薩英開戦に至った。ただし、幕府が支払いに応じたのは、強硬なイギリスに屈した老中格・外国御用取扱役の小笠原長行（唐津藩養継嗣）が独断で支払ったものであった。
5月10日	長州藩、下関海峡を通過するアメリカ商船を砲撃する（下関砲撃事件）。長州藩の久坂玄瑞は、3月に京都を出奔した公家の中山忠光を擁し、浪士約50名を率いて下関の光明寺に駐屯し、光明寺党を結成する。そして玄瑞らは下関海峡を通過するアメリカ商船を砲撃し、これより下関戦争*が始まった。彼らは同月23日にはフランス艦、26日にはオランダ艦を砲撃する。
5月11日	将軍家茂、大坂より二条城へ戻る。
5月12日	長州藩によるイギリス密留学の5名が横浜を出港する。長州藩の伊藤博文、井上馨、遠藤謹助、山尾庸三、井上勝の5名（長州五傑*）が同日未明、イギリス船に潜り込み、横浜港を出航した。長州藩の藩論は破約攘夷であったが、将来的には外国との通商を視野に入れた人材育成を目的として、留学生を送り出した。
5月18日	幕府、イギリス・フランス両国守備兵の横浜駐屯を許す。横浜の外国人居留地は、最初にできた居留地（1番から109番。現在の山下町）から横浜新田を埋め立てた居留地（112番から173番。現在の中華街）が作られた。山手の自然環境が西洋人の好むところだったため、一般の居留者からの強い要望により、前年に山手一帯の貸与が一般居留者にも許可されるようになった。ところが文久2年（1862）8月21日に生麦事件が起こり、これをきっかけに、外国人居留地の防衛を名目に、フランスとイギリス両国は山手の丘（現在の港の見える丘公園）への自国

錦絵に描かれた順動丸 「海上安全万代寿」（国立国会図書館蔵）
幕府がイギリスから購入した船で、元の名前ジンギーに似た音の順動丸と名づけたという。排水量405 t。軍艦にするつもりであったが武装が脆弱なため運搬船として利用され、戊辰戦争では旧幕府側の物資を運ぶために運用されたが、寺泊港（新潟県）で積んでいた火薬が引火して爆発し、沈没した。

補足　下関戦争

この本では、攘夷のため文久3年（1863）に長州藩が外国船を砲撃した事件を下関砲撃事件、文久4年（1864）、その報復としてイギリスなどの艦隊が下関に砲撃した件を四国艦隊下関砲撃事件、この2つの事件を総称して下関戦争とする。

長州五傑（長崎歴史文化博物館蔵）
1863年にロンドンで撮影された写真。近年では長州ファイブとも呼ばれる。後列左より遠藤謹助、井上勝、伊藤博文、前列左より井上馨、山尾庸三。彼らはトーマス・グラバーなどの協力を得て、イギリスのロンドン大学などに留学。伊藤博文と井上馨は途中で日本に帰ってきた。遠藤は後に造幣局長となり、現在も続く桜の通り抜けは遠藤の指示によるという。井上勝は、後に鉄道の父と呼ばれるように鉄道事業に貢献する。伊藤は初代内閣総理大臣になり、山尾は工部省の設立に関わり、晩年は障害者教育に取り組んだ。井上馨は要職を歴任し、鹿鳴館を造る。

1863

	軍隊の駐屯を開始する。
5月20日	夜、公家の姉小路公知が朝廷での会議を終えた帰途、御所の東北角の猿ヶ辻*付近で刺客に襲われ重傷を負い、その後、自邸で息を引き取った。京都御所の東北隅は、鬼門にあたるため塀の角が切り込まれ、御幣を担ぐ木造の猿が安置されているところから猿ヶ辻と呼ばれる。姉小路公知の屋敷は、この近くにあった。公家への天誅・暗殺事件はこれが最初であった。現場に残された刀が示現流の達人である薩摩藩士田中新兵衛のものという証言から田中が捕縛されるも、田中は刀の検分を拒み、尋問の隙をついて自刃し、犯人は不明のままとなった。
5月26日	老中格の小笠原長行らが歩騎兵を率い、幕府軍艦で横浜を出航し、大坂・京都へ向かう。小笠原長行は、無断でイギリスに賠償金を支払ったことで批判を受け、その責を問われたことから朝廷に弁疏するため、外国奉行の旗本井上清直、目付の旗本向山黄村、元勘定奉行の旗本水野忠徳らをはじめ、騎兵・歩兵などを率い、約1600名が幕艦蟠龍丸・朝陽丸など3隻とイギリス汽船2隻に乗船し、横浜港を出港した。小笠原らの行動は、京都から尊王攘夷派の一掃を計画したクーデターともされている。
6月 1日	長州藩、アメリカ軍艦に報復攻撃される。5月10日に長州藩は攘夷を決行したが、これにアメリカ側が報復し、この日、下関港内の長州艦庚申丸・壬戌丸・癸亥丸を砲撃、その結果、庚申丸と壬戌丸が撃沈され、癸亥丸も大破した。また沿岸の砲台も砲撃されて壊滅状態となった。翌2日にはフランス軍艦からも攻撃を受け、長州藩は大敗した。
同日	老中格小笠原長行らと兵、大坂に上陸する。翌日、枚方（大阪府枚方市）まで進んだ小笠原らは入京差し止めを伝えられるが、かまわず橋本（京都府八幡市）まで進み、なお宿泊可能な淀（京都市伏見区）で停止する。そして、4日に淀まで出向いてきた老中水野忠精（山形藩主）らに、勅命による入京禁止を言い渡される。さらに6日には老中板倉勝静（備中国松山藩主）の説得を受けた。
6月 3日	江戸大火。江戸城西の丸御殿が類焼し、伏見櫓、大手三の門を除いて西の丸が全焼する。
6月 6日	長州藩士高杉晋作*ら、奇兵隊*を結成する。武士・郷士のほか、足軽、農民、町民ら身分・階級・職業を問わず参加が認められた軍組織であり、高杉らの支援者であった下関の萬問屋白石正一郎宅で結成された。正一郎・廉作兄弟も入隊した。

文久3

猿ヶ辻
日本では東北角は鬼門とされており、鬼門除けのためこの方向の塀などは角を欠いて造られることがある。御所では、ここに日吉山王社の神様の使いとされる猿を祀ってある。この猿は夜な夜なここから抜け出していたずらをするため金網で覆ってしまったという。

補足 奇兵隊

幕末に長州で結成された諸隊のうち、もっとも有名なもの。「奇兵」とは、正式な軍隊ではないという意味がある。文久3年（1863）に高杉晋作が組織し、身分にこだわらず広く有志を募った。長州戦争などで活躍したが、明治2年（1869）に解散。

奇兵隊士袖印
（山口県立山口博物館蔵）
この時代、現在の軍服や制服にあたる様なそろいの衣装が存在していなかったため、敵と味方を区別するため袖にくくりつける袖章が使われていた。

高杉晋作（港区立港郷土資料館蔵）
1839～1867。長州藩士の子として萩に生まれ、松下村塾に学ぶ。文久2年（1862）上海へ渡り、列強に植民地化されている現状を目の当たりにして対外防備の必要性を強く感じたとされ、帰国後イギリス公使館焼打事件などを起こす。奇兵隊を結成。四国艦隊下関砲撃事件では、和議交渉にあたる。第2次長州戦争では、小倉口の戦いで奮闘。慶応3年（1867）病死。

1863

6月10日	老中格小笠原長行、朝命により官位を停止され、大坂城代に預け置かれ、罷免となった。
6月13日	将軍徳川家茂、大坂城を出て海路東帰する。6月9日に下坂した家茂は、この日、順動丸に乗船し、海路江戸へ向かい、同月16日に江戸に着艦、江戸城へ入った。
6月27日	鹿児島湾にイギリス軍艦7隻が姿を現す。これは前年の生麦事件の犯人引き渡しや賠償金について交渉するためであったが、薩摩藩はイギリスのこうした強行な要求に対し、回答を拒否する。
7月2日	薩英戦争始まる。早朝、イギリス側が鹿児島湾に侵入して薩摩藩船3隻を拿捕したことにより、薩摩藩は砲台より先制攻撃を行い、交戦となった*。双方に死傷者が出て甚大な被害となり、夕刻イギリス艦隊は後退した。同月4日に薩摩藩は降伏、イギリス艦隊は鹿児島湾を去り、同9日、横浜港に帰着する。
7月14日	老中格小笠原長行、海路、品川に到着する。同月10日、幕命で東下となった長行は閉居とされた。
7月24日	京都・高倉仏光寺で油屋を営む商人の八幡屋卯兵衛が天誅として殺害され、三条大橋の下に首が晒される。胴体は別所に捨てられていた。このころの天誅事件には、卯兵衛のような貿易商人が多く攻撃された。この日の斬奸状には卯兵衛ら4名の商人の名が挙げられていたが、そのなかの1人は貿易する商品を差し出し、命乞いをする嘆願書を出して、天誅を免れている。
8月13日	大和行幸（攘夷親征）の詔が発せられる。長州藩尊攘急進派や久留米（福岡県）の神官真木和泉*らが朝廷工作し、攘夷祈願のために大和（奈良）の神武天皇陵などを参拝、攘夷親征の軍議を行い、伊勢神宮までの行幸を計画した詔勅を出させた。しかし、孝明天皇はこれを憂慮し、詔勅を違勅とする公武合体派の会津・薩摩藩は巻き返しを図る。
8月17日	天誅組の乱起こる。土佐脱藩の吉村寅太郎らは、攘夷親征祈願のため孝明天皇の大和行幸が決定されると、尊攘派の公卿中山忠光*を奉じて同志とともに京都を出て大和で挙兵した。この日、大和・五条代官所を襲撃し、代官を殺害。同地に新政府設立を宣言、天誅組と称されることになる。
8月18日	八月十八日の政変勃発する。薩英戦争により攘夷の困難を知った薩摩藩は公武合体路線のもと尊攘派の動きを警戒し、京都守護職松平容保の会津藩や、反尊攘派の公卿らと謀り、この日の朝、御所の9門を閉

文久3

「皇国一新見聞誌　米船鹿児島戦争」（東京都立中央図書館特別文庫室蔵）
明治9年（1876）、月岡芳年によって作られた幕末維新期の事件を描いた連作の1つ。

補足　**真木和泉**

1818〜1864。久留米水天宮の神官。水戸の会沢正志斎に学び、尊王攘夷派として活動する。久留米藩の藩政改革に関する争いで蟄居。のちに藩を出て薩摩へ行くが、寺田屋事件で捕らえられて投獄される。翌年、学習院出仕となり、八月十八日の政変では七卿に従って長州へ下り、禁門の変で敗れ自刃した。

中山忠光
(『近世文武英雄伝 第1号』国立国会図書館蔵)
1845〜1864。公家中山忠能の子として生まれるが、兄中山忠愛の養子に入る。明治天皇の生母中山慶子の弟。2人の母親は平戸藩主であった松浦静山の娘・中山愛子である。尊王攘夷運動に加わり、文久3年（1863）、官位を辞して下関砲撃事件に参加。その後、天誅組に担ぎ出されるが、翌年下関で暗殺された。

ざし、尊攘派公卿の参内を排除する。長州藩兵が守備する御所の堺町御門を薩摩藩兵が占拠した。このため長州藩は京都から追放となる。翌未明には久坂玄瑞らに伴われ、尊攘急進派の公卿三条実美、三条西季知、四条隆謌、東久世通禧、錦小路頼徳、壬生基修、沢宣嘉の7名は京都を出て西国に下った。これを七卿落ち*という。

8月29日　幕府、洋書調所を開成所と改組（拡充）・改称する。

9月2日　武蔵・井土ヶ谷村（横浜市南区）でフランス陸軍少尉ら3名の殺傷事件が起きる（井土ヶ谷事件）。正午ごろ、横浜・山手のフランス軍居留地から騎馬で保土ケ谷宿方面に向かうフランス陸軍歩兵隊のカミュ少尉と士官2名が井土ヶ谷村に入ったところ、浪士3名の襲撃を受け、カミュが死亡、士官2名が逃走する事件が起こった。神奈川奉行所では捜査を行うが、犯人は不明のまま逮捕に至らなかった。これに対し、フランス公使ベルクールは事件の解決および謝罪を促すため、フランス本国への特使派遣を幕府に勧める。これによって幕府は、同年12月に横浜鎖港談判のための使節団をフランスへ送ることになる。

9月15日　幕府、アメリカとオランダに横浜鎖港を交渉するが拒否される。同月1日、徳川慶喜は鎖港談判を行う勅命を受け、幕府は前日、米蘭に横浜鎖港*を提議し、交渉に入ったが、これを拒絶された。

9月25日　天誅組* 3総裁（吉村寅太郎、松本奎堂、藤本鉄石）の1人、藤本が吉野・鷲家村の紀州藩陣へ斬り込み、戦死する。享年48。八月十八日の政変により大和行幸は中止され、政情は一変して天誅組に追討令が出た。彼らは9月24日、吉野・鷲家口（奈良県吉野郡東吉野村）で彦根・紀州藩兵と遭遇し、戦いとなった。松本も銃創を負ったのち、自刃。享年33。公卿中山忠光は再び長州へ逃れた。

9月27日　天誅組総裁の吉村寅太郎、津藩兵により射殺される。享年27。吉村は、天誅組へ追討令が出たのち、8月26日の戦いで重傷を負い一行から遅れて駕籠で運ばれていたところを射たれた。これにより天誅組は壊滅した。

10月12日　生野の変起こる。これは、尊王攘夷派の福岡藩士平野国臣、薩摩藩士美玉三平らが、八月十八日の政変後、長州に落ち延びていた公卿の沢宣嘉を奉じ、但馬国生野（兵庫県朝来市）で挙兵し、この日未明、生野代官所を占拠した事件をいう。地元、生野の豪農らを中心に周辺の農民や、長州藩の奇兵隊士11名も加わったが、3日で鎮圧された。

11月1日　薩摩藩、横浜でイギリスとの講和が成立する。薩摩藩は2万5,000ポ

文久3

「七卿落図」（山口県立山口博物館蔵）
七卿落ちを描いたものだが、実際には七卿だけではなく、従者や長州藩兵など約1000人が同行した。

補足　七卿落ち

八月十八日の政変により、京都から排除された公家が、長州に逃れたことを七卿落ちという。七名のうち、卿と呼べるほど位が高かったのは三条実美と三条西季知の2人だけであった。メンバーはほかに東久世通禧、壬生基修、四条隆謌、錦小路頼徳、沢宣嘉。長州に一旦は落ち着いたものの、第1次長州戦争の後、九州大宰府に移された。慶応3年（1867）の王政復古によって許されるまで滞在した。

補足　横浜鎖港

開港場となった横浜を閉鎖すること。

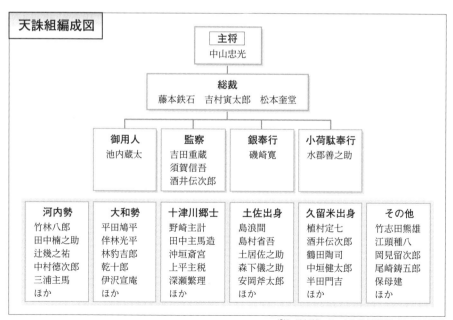

(『新・歴史群像シリーズ14 幕末諸隊録』（学研）より作図)

1863

	ンドに相当する６万両余りの賠償金を、幕府から借用することで支払うが、生麦事件の加害者の処罰を、逃亡中として行わなかった。
11月15日	江戸城本丸、二の丸・西の丸が焼失する。二の丸・西の丸は再建されるが、本丸御殿は再建されないままとなった。
12月27日	将軍徳川家茂*、海路江戸を出立する。将軍家茂は朝廷に請われ、再度上洛をすることとなり、蒸気船翔鶴丸で江戸を出立した。また諸大名も朝廷の要請により、入京する。
12月29日	横浜鎖港談判のため、外国奉行の旗本池田長発ら、欧州へ出発する。幕府は攘夷の勅命を受けて諸外国に開港場の閉鎖を交渉したが、これを拒絶されて撤回した。しかし、長州藩による下関砲撃事件や薩英戦争、またフランス少尉カミュの殺害事件などが起こり、なお朝廷は再度の鎖国を強く望んだので、幕府は開港場のうち横浜のみを再度閉鎖する交渉を行うために横浜鎖港談判使節団を送ることとした。正使は外国奉行の池田長発、副使は同じ外国奉行の河津祐邦、監察役には目付の旗本河田熙が任命された。この使節団は正使の姓名から池田使節団とも第２回遣欧使節団とも呼ばれる。一行34名と通訳のフランス人１名は、この日、フランス軍艦ル・モンジュ号でフランスに向けて出発した。
同日	幕府、スイスと修好通商条約に調印する。幕府の外国奉行竹本正雄らが、スイス全権の遣日使節アンベールと、江戸で日瑞修好通商条約を締結する。アンベールはスイスで生まれ、教師から官吏となり、州内閣の文部長官など、要職を歴任、その後、1858年（安政５）スイス時計業組合会長に就任した。スイス本国は、翌年、この組合の代理人リンダウらをスイス代表として日本に派遣したが、彼らは幕府から相手にされなかった。このリンダウ調査団の報告を受けたスイス連邦議会は、1862年（文久２）アンベールを遣日使節に任命し、この年に来日。滞在10カ月を経て日本と修好通商条約を締結させた。オランダの駐日総領事兼外交事務官ポルスブルックが仲介にあたった。なお、アンベールは帰国後、『幕末日本図絵』を発表する。
12月30日	「参与会議*」へ向けての朝廷参与が決まる。朝廷は、国政の諮問機関として「参与会議」を設けることとし、将軍後見職徳川慶喜、前福井藩主松平慶永（春嶽）、前土佐藩主山内豊信（容堂）、前宇和島藩主伊達宗城の４名が朝議参与に任命される。また、薩摩藩国父島津久光も翌年に任命された*。

文久3

徳川家茂（東京大学史料編纂所所蔵模写）
1846～1866。紀伊藩主徳川斉順の子として生まれ、嘉永2年（1849）、4歳で藩主となる。大老井伊直弼に推されて子供のない家定の嗣子に決まり、家定の死後、将軍職を継いだ。公武合体を実現するため孝明天皇の妹・和宮と結婚。慶応2年（1866）、大坂城で客死する。

四老公衝立（部分、福井市立郷土歴史博物館蔵）
徳川慶喜を除く朝議参与に任命されたメンバーの写真を衝立にしたもの。写真の上部には人物の肩書きが記されている。写真左より元土佐藩主山内豊信（容堂）、元宇和島藩主伊達宗城、薩摩国父島津久光、元福井藩主松平慶永（春嶽）。この後、京都へ行き、朝廷を補佐するため長州処分などの問題について話し合ったが、4人の意見は食い違ってしまうため、調整役の松平慶永が苦労したという。

補足　参与会議

島津久光の提案により、徳川慶喜、松平慶永（春嶽）、伊達宗城、山内豊信（容堂）が朝議参与に任命され、久光自身も翌年1月に命じられた。肝心の会議であるが、長州処分については意見が一致したものの、開国策については、鎖港を主張する慶喜と、開港を主張する久光らが対立、3月に参与諸侯が辞職したため参与会議は解散した。

1864

文久4年（1864）

1月8日 将軍徳川家茂、江戸から海路大坂に上陸し、大坂城*に入る。家茂の2度目の上洛となる。

同日 参与会議が開かれる（第1回）。参与会議の重要課題は長州藩処分と、横浜鎖港問題であった。ただこの日、徳川慶喜と山内豊信（容堂）は欠席し、島津久光の官位問題についての下問がなされた。久光の朝議参与任命は1月13日となる。

1月14日 将軍徳川家茂、大坂城を出立し伏見に向かう。この日明け方、大坂城を出立した将軍家茂は、淀川を水路、伏見に向かい、ここで一泊する。

1月15日 将軍徳川家茂、入京し、二条城へ入る。

1月24日 イギリス公使オールコック、日本に帰任する。これにより、臨時代理公使を務めたニールは日本を離れることになる。

1月27日 孝明天皇、将軍徳川家茂に宸翰*を下す。孝明天皇は、将軍家茂に対し、長州必罰、公武合体、参与諸侯の政治参加などの詔書を与えた。

2月14日 将軍徳川家茂、参内して宸翰に対する請書を提出する。横浜鎖港問題については、池田長発らの横浜鎖港談判使節団*が渡仏しており、横浜鎖港を成功させたいが、西洋事情も測りがたいと奏上する。

2月15日 前福井藩主の松平慶永（春嶽）が京都守護職に就任する。京都守護職を務める会津藩主の松平容保は、同月11日、陸軍総裁職に転任を命ぜられた。容保は、これまでの実績により長州戦争を見越した幕府軍の新しい指揮官として、任命された。さらに彼は、同月13日に幕府陸軍と海軍の総指揮官となる軍事総裁職に任じられる。15日、慶永が京都守護職に就任した。翌日、幕府の要請により容保は将軍家茂と参内し、また容保は、二条城*に日々登城して軍事総裁職の政務に就くよう将軍から下命された。

2月20日 元治と改元。

元治元年（1864）

3月9日 参与会議が解散となる。公武合体派の有力諸侯を入れ、国政の諮問機関として設けられた参与会議であったが、当初の課題となった長州藩の処分や横浜鎖港問題で意見が対立し、合意をみることなく会議は瓦

文久4/元治元

大坂城

大坂城といえば、豊臣秀吉が建てたと思われているが、大坂の陣で豊臣側が敗れた後、秀吉が築いた大坂城は破壊され、その上に徳川秀忠によって、より巨大な大坂城が築かれた。これは、徳川政権が豊臣政権よりも偉大であるということを知らしめる目的があったといわれている。江戸時代は大坂城代が管理していた。戊辰戦争の際に城内の建物の多くが焼失した。

補足 宸翰

天皇の直筆の書のこと。手紙だけでなく、日記や経文なども含まれる。ちなみに、会津藩主松平容保(かたもり)は、孝明(こうめい)天皇からの宸翰を竹筒に入れて肌身離さずに持ち歩いたという。

横浜鎖港談判使節団

第2回遣欧使節団ともいう。横浜港を封鎖することを当時フランス皇帝であったナポレオン3世に依頼するために送り込まれた。正使であった池田長発は当時27歳で、出発前は盛んに攘夷を唱えていたが、滞在先のフランスに魅了され開国派になってしまったという。

二条城

徳川家の京都における宿舎として、慶長7年(1602)、徳川家康によって築城を開始。翌年、完成間もない城内で、将軍就任拝賀式が執り行われた。徳川家康と豊臣秀頼との対面、徳川家康の孫娘和子が入内した後水尾天皇の行幸、徳川慶喜が大政奉還を発表するなど、徳川政権にとっては、重要なイベントが行われた城といえる。

1864

	解、公武合体派も分裂することになった。
3月10日	江戸・築地（東京都中央区）の幕府軍艦操練所が、類焼により施設の大半を焼失した。その後、南隣に仮稽古所を設け訓練を行いつつ、再建に取りかかった。
3月13日	池田長発ら横浜鎖港談判使節団、フランス・パリに到着する*。一行は、スエズに上陸後、陸路カイロに向かい、途中でギザの3大ピラミッドを見学、スフィンクスの前で記念撮影を行う*。撮影者はこの年来日したベアト*の実弟アントニオである。その後、船で地中海を通ってマルセイユに入港し、パリに到着した。使節団一行はナポレオン3世にも謁見し、将軍徳川家茂の国書を渡す。横浜鎖港についての第1回交渉は、4月2日にフランスの外務大臣リュイスとの間で始まる。
3月22日	第2代駐日フランス公使ロッシュ、来日して着任する。ロッシュは本国政府の指示により前任者ベルクールのイギリス追随外交からの脱却を図り、幕府の後ろ盾となることで下関砲撃事件後の処理を自国に有利に導こうとし、イギリス外交団と激しく対立。そして、横浜製鉄所の建設や軍事顧問団の招聘など幕府の近代化を支援することとなる。
3月25日	徳川慶喜、将軍後見職を辞任し、禁裏守衛総督に就任する。幕府の了解のもと、朝廷より慶喜が任命された新たな役職で、禁裏（御所）を警護するために設けられたものである。また大坂湾周辺から侵攻してくる外国勢力に備えるための摂海防御指揮の役職も同時に受けた。
3月27日	天狗党の乱が起きる。文久3年（1863年）の八月十八日の政変後、陰りをみせる尊攘運動に、水戸藩改革派で尊攘過激派の藩士藤田小四郎らは天狗党を名乗り、同じ水戸藩士の田丸稲之衛門を総帥として攘夷実行を掲げ、筑波山で挙兵した。
3月29日	長州藩士高杉晋作、脱藩の罪で野山獄に入る。高杉は、八月十八日の政変により京都追放とされた長州藩の地位回復に出兵を図る来島又兵衛らを阻止するため、無断で京都に戻り、その後長州藩に帰ったものの、これが脱藩行為と見なされて、野山獄に投獄された。その後、6月21日に獄を出て自宅謹慎とされ、8月3日に赦された。
4月7日	会津藩主松平容保、京都守護職に復職する。幕府の征長を視野に入れた容保の軍事総裁職就任であったが参与会議でも意見は割れ、方針も決まらず、5日に松平慶永（春嶽）が京都守護職を解任され、再び容保がその任に就くこととなった。ただし容保は病身を理由に京都守護職への復職を固辞し続けたので、幕命が下されての就任であった。

元治元

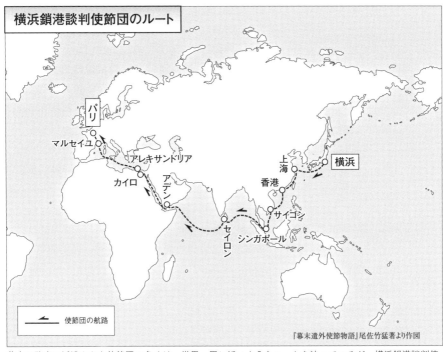

横浜鎖港談判使節団のルート

マルセイユ
パリ
アレキサンドリア
カイロ
アデン
セイロン
シンガポール
サイゴン
香港
上海
横浜

← 使節団の航路

『幕末遣外使節物語』尾佐竹猛著より作図

幕末に欧米に派遣された使節団の多くは、世界一周に近いようなルートを辿っているが、横浜鎖港談判使節団に関しては交渉が決裂したため、他の国には行かずに日本へ帰ってきた。

補足 ベアト
イタリアで生まれ、のちにイギリスに帰化した写真家。文久3年（1863）に来日し、数多くの写真を残した。

『日本人（第3次）』34号より　スフィンクスの前で撮影された記念写真　（国立国会図書館蔵）

1864

4月11日	桑名藩主松平定敬(さだあき)、京都所司代に任命される。老中となった淀藩主稲葉正邦(まさくに)の後を受けて、定敬は京都所司代となり、京都守護職を務める実兄の会津藩主松平容保を助けて京都の政局を主導することになる。ここに徳川慶喜を加えた態勢は、一会桑(いっかいそう)*とも称される。
4月24日	幕府、京都見廻組(きょうとみまわりぐみ)を新設する。見廻組は、総員が旗本の子弟による新たな京都の治安維持組織になる。その後、組織の責任者となる見廻役には浅尾藩主蒔田広孝(まきたひろたか)と、旗本の松平康正(やすまさ)が任じられるが、やがて実権は与頭(隊長)の旗本佐々木只三郎(ただざぶろう)が握ることになる。同年5月6日、蒔田が80余名の隊士とともに江戸を立った。
同日	京都市中、夜間の木戸門の戸締まりと不審者への注意を徹底させる町触れが出る。京都では3月以降、天誅の張り紙が頻繁となり、治安維持の強化に京都守護職・所司代・町奉行所見廻組の連携が求められた。
4月25日	イギリス・フランス・アメリカ・オランダの4カ国、下関通過の確保、横浜鎖港方針の撤回を求める覚書を幕府に通告する。この覚書では、容認しなければ武力行使に出ることを幕府に訴えることなどが盛り込まれていた。
5月7日	将軍徳川家茂、帰府のため、大坂へ下る。
5月16日	将軍徳川家茂、海路江戸へ向かう。
5月17日	池田長発らの横浜鎖港談判使節団、フランスとパリ約定に調印する。渡仏した使節団は、フランス外相リュイスと横浜鎖港について交渉に入るが、フランス側の抵抗に遭い、池田自身も開国の必要性を認識して交渉を途中で打ち切り、この日、フランス政府とパリ約定を結ぶ。パリ約定には長州藩によるフランス船砲撃への賠償金の支払い(幕府は10万ドル、長州藩は4万ドル)、フランス船の下関海峡自由通航の保証、輸入品の関税率低減があった。池田らの使節団一行は、イギリス訪問を中止し、帰国の途につく。
5月21日	幕府、神戸に海軍操練所を開設する。かねてより幕府軍艦奉行勝海舟は、海軍士官の養成機関である海軍操練所を神戸に開設することを建言しており、文久3年(1863)4月にその設置が認められた。勝は頭取に就任している。
5月	この月も京都市中には天誅張り紙が頻繁に見られ、また反幕府の浪士が秘かに潜伏し、活動を行う。
6月5日	池田屋事件起こる。これ以前、京都市中の巡察を行い、不審人物を取り締まっていた京都守護職御預かりの新選組*は、多数の浪士が潜伏

元治元

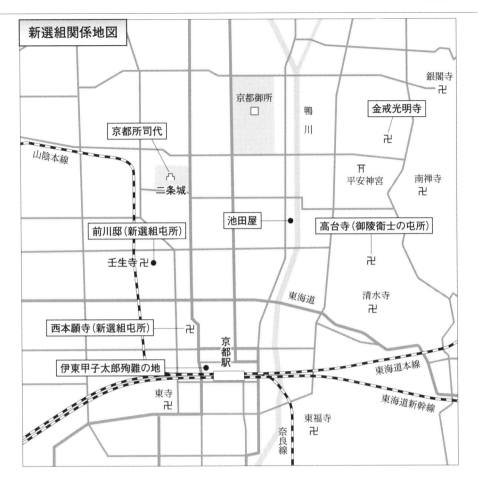

補足 一会桑
一会桑は幕末の京都で構成された体制で、一橋家の徳川慶喜、会津藩主の松平容保、容保の実弟で桑名藩主の松平定敬の3人からなる。近年になって研究上用いられるようになった言葉。幕府を代表する者たちではあるが、江戸から離れた京都で天皇の信任を得る一方、必ずしも幕閣たちの意向を代弁する訳ではなく、独自の立場をとっていた。

近藤勇（福井市立郷土歴史博物館蔵）
1834～1868。多摩の農家で生まれ、天然理心流師範近藤家へ養子に入る。文久3年（1863）、浪士組に採用され、新選組結成に参加、局長に就任。慶応4年（1868）に板橋（東京都板橋区）で斬首された。

1864

していることを知り、この日の早朝、会津藩に不審者の探索協力を要請する。同時に四条小橋の薪炭商桝屋喜右衛門を捕縛すると、これが長州などの潜伏浪士を支援する勤王家古高俊太郎*と判明した。桝屋にあった武器を押収した新選組は会津・桑名ら諸藩との連携による過激浪士の探索と捕縛へ出動する。しかし、新選組は、いち早く２方面に分かれて探索を開始。局長の近藤勇率いる隊が三条小橋の旅宿・池田屋で集会する浪士を発見、御用改めに踏み込み、戦闘となった。池田屋では熊本藩士の宮部鼎蔵、林田藩脱藩の大高又次郎、土佐の石川潤次郎が死亡。また、長州藩士吉田稔麿、吉岡正助のほか、土佐の望月亀弥太、野老山吾吉郎、藤崎八郎らも周辺での戦闘や受傷後に死亡した。新選組隊士では奥沢栄助が当日死亡、安藤早太郎、新田革左衛門の２名が後日死亡している。

6月 9日 長州藩京都留守居役の乃美織江、徳川慶喜へ池田屋事件を抗議、また責任の所在を問う上書を送る。

6月10日 幕府、諸藩に対し、池田屋事件の残党追補を命ずる通達を出す。事件翌日以降も潜伏浪士の取り締まりは続けられていたが、この通達によって残党狩りはより厳しいものになった。

同日 会津藩より新選組に派遣されて探索に協力していた会津藩士柴司が、土佐藩士麻田時太郎を潜伏浪士と誤り、槍で負傷させる事件（明保野邸事件）が起こる。この事件で土佐藩士は激昂。会津藩は土佐藩邸を訪れ、土佐側も会津藩へ使者を送ったが、麻田が自刃し、柴も切腹することで決着をみる。

同日 長州藩のイギリス留学生５名のうち伊藤博文*・井上馨が緊急帰国し、横浜に到着する。伊藤らは下関砲撃事件を聞き、帰藩して攘夷の無謀なことを訴え、戦闘を制止しようと奔走するが、藩主を前にした御前会議では聞き入れられず、失敗に終わる。

6月14日 長州藩に池田屋事件が報じられ、家老の益田右衛門介に上京命令が下される。藩内の尊攘急進派は事件の報に激昂し、決起上京を主張して家老らの賛同を得る。

6月15日 長州軍勢、京へ進軍を開始。長州藩の来島又兵衛*率いる藩兵を先発に、この日より長州軍勢はぞくぞくと京都へ進発する。

同日 蝦夷地箱館の五稜郭内の新役所に、箱館奉行の旗本小出秀実が移る。新しい奉行所が五稜郭のなかにようやく完成し、この日、移転がなされた。工事中、亀田御役所と呼ばれていた新奉行所は、箱館御役所と

桝屋跡（京都市下京区）
京都の四条小橋に近いところに薪炭商・桝屋はあった。古高俊太郎は桝屋に養子に入り喜右衛門を名乗っていた。

伊藤博文（山口県立山口博物館蔵）
1841～1909。農家の子として生まれるが、父親が養子に入り、下級武士となった。吉田松陰門下でイギリスに留学。明治になってから大蔵少輔、工部大輔などを歴任、岩倉使節団には副使として参加。大日本帝国憲法発布に貢献する。内閣総理大臣に4度就任、明治42年（1909）にハルピンで暗殺された。

来島又兵衛（山口県立山口博物館蔵）
1817～1864。長州藩の攘夷派の指導者。剣だけでなく、槍や馬術に優れ「鬼来島」と呼ばれた。文久3年（1863）の下関砲撃事件で活躍後京都へ行くが、八月十八日の政変で帰国。遊撃隊の総督となって再び京都に入ったが、禁門の変で戦死した。

1864

	称される（箱館奉行所は俗称）。なお、五稜郭の工事はまだ続く。
6月24日	幕府諸藩、布陣を始める。幕府側では、京へ進軍して来る長州藩兵の入京を阻止しようと幕府と諸藩兵がそれぞれ陣を敷く。会津藩兵らは竹田街道を上ってくる長州兵を阻止するため、鴨川の九条河原に布陣。また、長州軍では、家老福原越後の隊が伏見に到着。その後、家老国司信濃と来島又兵衛の隊は嵯峨の天龍寺に布陣し、久坂玄瑞・入江九一・久留米藩の真木和泉らの隊と、家老益田右衛門介の隊は山崎・天王山に布陣することになる。
7月11日	信濃国松代藩士の兵学者佐久間象山、暗殺される。象山は、この日、公武合体派の山科宮らを訪問後、白昼、騎馬での帰途、三条大橋西詰付近で2名の刺客に襲われ、負傷する。そして馬で逃げるも木屋町三条で落馬、複数の刺客の刃を浴びて死亡した。享年54。襲撃者の一人は熊本藩士河上彦斎だった。
7月17日	禁裏守衛総督徳川慶喜、長州藩京都留守居役の乃美織江を呼び、藩兵の撤退を命じる。また、大目付旗本永井尚志らも伏見の長州藩家老福原越後を伏見奉行所に召し、退去を命じる。
7月18日	長州藩、会津藩主松平容保の討伐を名目に、京都市中、御所への進発を決定する。
同日	深夜、長州・福原越後隊が伏見より進軍を開始し、大垣藩兵と衝突、互いに大砲を撃ちかける。
7月19日	禁門の変*勃発する。早朝より御所の周辺で長州軍と幕府方諸藩兵との戦闘が始まる。特に蛤御門付近では、会津軍と長州軍との激戦が展開されたので、蛤御門の変、蛤御門の戦いとも称す。蛤御門には薩摩藩兵が応援に駆けつけ、戦いは幕府軍が優勢となり、長州軍は敗走した。 来島又兵衛も蛤御門に近い場所で銃弾を受け、のち自刃する。堺町御門では、会津兵との戦闘が不利となった長州の久坂玄瑞が、近くの公卿鷹司輔熙の屋敷へ入り、長州雪冤を嘆願すべく、鷹司へ参内の供を請うがかなわず、銃傷を負ったのち、寺島忠三郎と刺し違えて自刃し、後事を託された入江九一も自刃するに至る。
7月20日	京都市中に火災、広まる。京都・六角獄舎（京都市中京区）に入牢の平野国臣ら、殺害される。禁門の変の戦火による火災*が京都市中に広まり、公家屋敷・武家屋敷・社寺を含む市街地のほぼ半分が焼ける事態となる。混乱を危惧した六角獄舎では、政治犯らの逃亡を恐れた

元治元

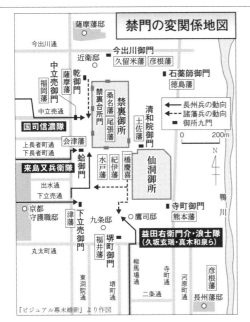

禁門の変の勢力
京都へ押しかけた長州軍に対し、御所の警備に、一会桑政権である徳川慶喜、会津藩、桑名藩に加え、御三家の水戸藩、尾張藩、紀伊藩、親藩の福井藩、譜代の大垣藩、彦根藩、外様の薩摩藩、土佐藩、久留米藩なども動員されている。

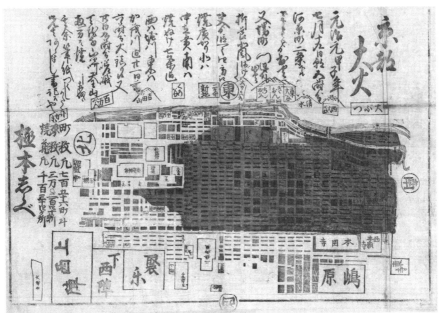

「禁裡全図　京都大火」（国立国会図書館蔵）
禁門の変のとき、長州藩邸付近と堺町御門付近から出火、2万軒以上が焼失した。あまりにも火の勢いが強くどんどん焼けたため「どんど（ん）焼け」と呼ぶこともある。

1864

	幕吏が、平野国臣、古高俊太郎、天誅組関係者ら33名を殺害する。
7月21日	孝明天皇、長州藩に対する追討令を出す。これにより長州藩は朝敵となった。禁門の変で敗走した久留米の神官真木和泉ら17名は、山崎・天王山に集結したが、会津・桑名・新選組を中心とする幕府軍が追討戦を行い、真木らは山中で自刃するに至った。
7月22日	旗本の池田長発（ながおき）ら横浜鎖港談判使節団、帰国する。渡欧して海外情勢に触れた使節団の正使池田長発は、帰国後、開国の重要性を幕府へ建言するが、逆に使命を果たせなかった責任を問われ、禄高を半減され、隠居の処分を受けた。
7月23日	水戸藩、門閥派の執政市川三左衛門らが兵を率いて水戸城に入り、城下に潜伏する反対派の藩士らを逮捕、斬殺する。
7月24日	幕府、長州征討の勅命により、西南21藩へ出兵を命じる（第1次長州戦争開始）。
同日	幕府、イギリス・フランス・アメリカ・オランダにパリ約定廃棄を通告する。横浜鎖港談判使節団が帰国後、幕府はパリ約定の内容を不満として批准を拒否し、破棄する。
8月5日	イギリス・フランス・アメリカ・オランダ4カ国の連合艦隊が下関を砲撃する四国艦隊下関砲撃事件が勃発。前年、長州藩が関門海峡で行った下関砲撃事件への報復であった*。4カ国の連合艦隊はイギリスのクーパーを総司令官として長州藩の砲台を次々に破壊し、その後、上陸して前田砲台を占拠した*。さらに翌日以降も下関沿岸の砲台を破壊、占拠していった。
8月7日	幕府、前々尾張藩主の徳川慶勝（よしかつ）を征長総督に任命する。征長総督には紀州・和歌山藩主徳川茂承（もちつぐ）が任命されたが、すぐに徳川慶勝に交代、慶勝は固辞するも11月には薩摩藩士西郷隆盛を大参謀として広島へ向かうこととなる。
8月8日	高杉晋作、8月3日、戦後処理を命ぜられて謹慎を解かれ、長州藩の筆頭家老宍戸刑馬（ししどけいま）と称し、4カ国の連合艦隊の旗艦ユーリアラス号で総司令官クーパーと下関砲撃事件の講和交渉に入る。
8月14日	長州藩、4カ国の連合艦隊と5カ条を協定し、講和なる。長州藩は、外国船の下関海峡の通航自由、水・薪炭・食料など外国船入用品の売り渡し、砲台の撤去などの条件を受け入れた。また賠償金300万ドルの支払いは幕府に請求することとなる。
9月7日	幕府、イギリス・フランス・アメリカの公使とオランダの総領事から

元治元

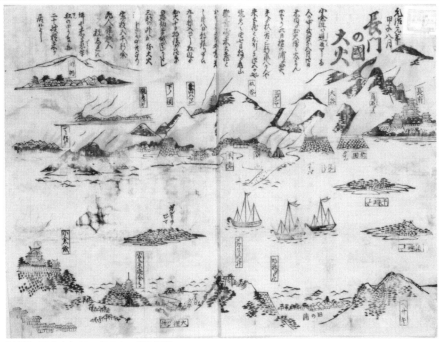

「長門の国大火」(山口県立山口博物館蔵)
四国艦隊下関砲撃事件を描いたもので、これ以外にも蒙古襲来になぞらえたものなど数多くの刷り物が作られた。

占領された前田砲台(横浜開港資料館蔵)
四国艦隊に占領された前田砲台で撮影された写真。画面左側に見える旗は、イギリスのユニオンジャックである。

砲台に据えつけられていた大砲のその後

四国艦隊下関砲撃事件に使用された大砲は、4国の連合艦隊によって日本国外に持ち出され、軍事博物館に展示されるなとした。そのうちの1門は作家古川薫などの尽力により里帰り、下関市立歴史博物館に展示されている。

1864

	下関砲撃事件の賠償金を求められ、条約勅許を要求される。これは長州藩が艦隊への砲撃は幕府の通達に従ったという理由で、賠償金は幕府に請求してほしいと談じたからであった。戦費の重なる長州藩の財政が逼迫していたからでもある。
9月22日	幕府、イギリス・フランス・アメリカ・オランダ4カ国と下関戦争の賠償条件を取り決め、署名する。幕府は横浜で4カ国と交渉を行い、この日、若年寄酒井忠毗（敦賀藩主）が講和を結び、賠償金300万ドルの支払いが決まった。日本への償金の3分の2を免除する代わりとして、兵庫開港・条約勅許・輸入関税軽減を勝ち取った提案の発案者は、ときにイギリスの代理公使を務めるウィンチェスターだった。
9月	箱館港・弁天台場*の全工事が完了する。弁天台場には、箱館に洋式溶鉱炉・反射炉を築造して大砲を鋳造する計画であったが、反射炉などを設けることができなかったため、箱館奉行は、ロシアのプチャーチンが幕府に献上した大砲52門の借用を老中に願い出て、そのうちの24門が箱館に送られることになる。
10月21日	長州藩、幕府へ恭順のため、奇兵隊など諸隊に解散命令を出す。禁門の変に敗れ、幕府の追討軍が迫る長州藩では、椋梨藤太ら保守派（俗論派）が政権を奪取、藩論が恭順謝罪となり、正義派諸士を粛正弾圧する。高杉晋作は身の危険を感じ、九州へ逃れる。
11月10日	幕府、駐日フランス公使ロッシュに製鉄所（造船所）建設への援助を要請する。同年8月に勘定奉行として幕政に復帰した旗本の小栗忠順は、万延元年（1860）の使節団の1人として渡米したさいにアメリカの造船所を見学し、帰国後、日本にもその必要を説いて、幕閣に造船所（製鉄所）の建設を提案する。当初は対外問題や国内の長州処分などの諸問題、さらには幕府の財政逼迫から反対されたが、軍事力強化を考える上でも軍艦の修理、あるいは軍艦建造の必要から、幕府は造船事業のための蒸気機関を動力とする工作機械工場でもある製鉄所の建設を認めた。造船所といっても、まずは製鉄する工場が先になるからである。幕府側に建設計画への具体案を示し、協議したのが、当時日本進出への後れをとっていたフランスであった。幕府とフランスとの仲介役となったのは小栗の知友である旗本栗本鋤雲*と、鋤雲が箱館滞在中に親交を結び合い、互いの国語を学んだフランス人宣教師カションであった。カションは安政5年（1858）にグロの通訳として初めて来日し、安政6年（1859）駐日総領事ベルクール来日のさい、再

元治元

弁天台場（函館市中央図書館蔵）
異国船の来襲に備えて安政3年（1856）から8年かけて築かれた砲台。箱館戦争時には旧幕府軍がここに陣取っていたが、明治2年（1869）5月5日降伏した。現在は、「函館どつく」という造船会社の敷地になっている。

> **幕末期の列強**
> 列強とは、強い国々という意味であるが、この時代の列強といえば、イギリス、フランス、ロシア、アメリカなどの欧米諸国のことを指す。各国は海外へと進出し、争うようにして植民地を増やしていった。

栗本鋤雲（国立国会図書館蔵）
1822～1897。幕府の医官喜多村槐園の子として生まれ、奥詰医師の栗本家の養子となるが、内規に触れ免職、蝦夷地移住を命じられる。医師から武士へと転じ、箱館奉行組頭として樺太・千島の調査を行った。江戸に戻り、横須賀製鉄所建設などに関わる。駐仏公使としてフランスに渡るが幕府瓦解を受け、帰国。明治になってからは新聞記者として名を馳せた。

1864

び通訳として来日、その後、箱館で宣教して同地のフランス語学校の教授となり、鋤雲と知り合った。その後帰国し、元治元年（1864）年3月に駐日公使ロッシュの通訳として3度目の来日であった。同年12月18日、小栗は勘定奉行から軍艦奉行に転任。のちにロッシュの斡旋で来日するフランス人技師のヴェルニーとともに、製鉄所建設地選定のため江戸湾を検分して回るなど製鉄所建設のために尽力した。

11月11日 長州藩、幕府に降伏し、禁門の変の責任者として三家老に切腹を命じる。この日、益田右衛門介が幽閉先の徳山・惣持院で切腹。享年32。国司信濃も徳山・澄泉寺で切腹した。享年23。また翌日、福原越後が岩国で切腹している。享年50。

11月15日 公卿中山忠光が下関で暗殺される。忠光は天誅組の壊滅後、再び長州に逃れていたが、藩内に恭順派が復活し、田耕村（山口県下関市）で刺客によって殺害された。享年20。

11月16日 幕府の征長総督徳川慶勝（元尾張藩主）ら、広島に到着する。

11月21日 幕府、イギリス・フランス・アメリカ・オランダの4カ国と「横浜居留地覚書（12カ条）」に調印する。幕府と4カ国の公使らとの間で横浜居留地覚書が取り交わされ、居留地*の大幅拡大や各国の軍事訓練場の設置、また日本に支払う地代の2割を差し引いて、これを外国人が持つ自治機関の運営資金にあてることなどが定められた。横浜の外国人居留地は、最初にできた居留地（横浜市中区）から山手一帯に広がっており、この山手の丘にはフランスとイギリス両国が軍隊を駐屯し、兵舎・弾薬庫などを築いた。フランス軍は、現在フランス山と呼ばれる山裾一帯に駐屯し、イギリス軍は、この地に初めて来た部隊が陸軍第20連隊だったので、その一帯をトワンテ山と呼び、兵舎を置いて駐屯した。この丘に両国が軍隊を置いたのも、港などを展望するのに、この地がどこよりも優れていたからという。一般の居留民はキャンプ・ヒルと呼んだが、幕府側は上から睨みを効かされているという意味で陣山と呼んだ。また、イギリス軍は制服の色から赤隊と呼ばれ、フランス軍も同様に青隊と呼ばれた。イギリス軍とフランス軍が、同じ丘の中で対立する状態にあり、フランス側はフランス山に柵を巡らしていた。

11月下旬 イギリス公使オールコック*、解任され、帰国する。オールコックは、本国の承認なく四国艦隊下関砲撃事件を起こしたことで召還命令を受け、帰国することとなった。後任の公使にはパークスが来日するが、その

元治元

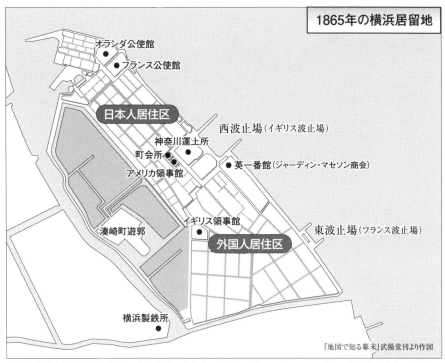

横浜の外国人居留地は、現在の山下公園のあたりに設けられた。のちにここだけでは手狭となり、山手の方にも設置されるようになった。

オールコック（横浜開港資料館蔵）
1809〜1897。安政5年（1858）に日本に赴任したイギリスの初代駐日総領事。安政6年（1859）に公使に昇進、駐日外交団のリーダーとなる。元治元年（1864）、イギリス政府から招還されて帰国する。

富士山に登った最初の外国人

記録に残る中で、最初に富士登山した外国人はオールコック一行である。この時代、イギリスでは登山がブームとなっていたようで、オールコックは何度か幕府に希望を出し却下されていたが、万延元年（1860）7月、英国公使館職員8人に加え、幕府から派遣された外国奉行の役人などが随行、富士山頂で標高や気圧などを計測して下山した。

1864－1865

	間ウィンチェスターが2度目の駐日代理公使を務める。
12月15日	長州藩士高杉晋作ら80余名、長府の功山寺（下関市）で決起する*。功山寺は長府の古刹で、高杉晋作は、ここで藩内保守派（俗論党）に対するクーデターの兵を挙げた。ただし、長州・諸隊幹部は高杉に同意せず、高杉とともに挙兵したのは、伊藤博文率いる力士隊、石川小五郎率いる遊撃隊と侠客らだけであった。翌日、馬関の会所を襲撃する。
12月20日	水戸の天狗党*、越前で投降する。天狗党はこの年3月の筑波山挙兵後、幕府の追討軍などと交戦しながら、攘夷の志を朝廷に伝えようと京都を目指したが、禁裏守衛総督の徳川慶喜から入京を拒絶され、加賀藩に降伏投降した。天狗党には水戸藩の武田耕雲斎も合流しており、彼らは敦賀（福井県敦賀市）で拘留された。
12月27日	幕府、撤兵令を発し、征長軍は解兵され、長州戦争が終わる。長州藩主毛利敬親・定広父子は蟄居しており、交戦せず第1次長州戦争*は終わった。

元治2年 (1865)

1月2日	長州の高杉晋作ら、馬関・伊崎の会所を襲撃し、占拠する。
1月6日	長州の諸隊、この日の夜半より絵堂宿（山口県美祢市）の萩政府軍の本陣を急襲し、大田・絵堂の戦いが始まる。戦いは約10日間におよび1月16日夕刻高杉晋作達が参加した赤村の戦いでは諸隊が萩政府軍に勝利した。
1月15日	幕府、長州藩主毛利敬親の伏罪により、将軍徳川家茂の進発停止を布告する。幕府は正式に長州戦争中止を令する。
2月15日	保守俗論派の椋梨藤太は職を辞し、萩を脱出する。
2月28日	長州藩、藩政改革。長州藩内の俗論派が高杉晋作ら（正義派）によって討たれ、内乱が治まる。
2月	幕府、横浜製鉄所を起工する。横浜製鉄所は、幕府がのちに建設する横須賀製鉄所に先駆け、急ぎ造ったもので、現在の横浜市中区に置かれた。フランス人技術者ヴェルニーらが指導して元治2年（1865）9月に開業、軍艦の修理や洋式工業の伝習が行われた。
3月6日	幕府、横浜仏蘭西語伝習所（フランス語学校）を開校する。幕府はフランスへの造船所建設や、三兵（歩兵・騎兵・砲兵）伝習の依頼を決め、

天狗党の行程

天狗党とは
元治元年（1864）、筑波山で挙兵した水戸藩尊攘派のこと。文久3年（1863）の八月十八日の政変以降、水戸藩内では保守派の諸生党が実権を握った。諸生党から見れば改革派の尊攘派は「天狗」という蔑称で呼ぶにふさわしい相手であった。天狗党の面々は、朝廷の攘夷延期を不満として京都を目指すが、幕府の追討を受け、途中、加賀藩に降伏した。

功山寺決起の高杉晋作像（山口県・池田善文提供）
山口県下関市長府川端の功山寺内にある。

第1次長州戦争
幕長戦争と呼ぶこともある。禁門の変で長州は、天皇の住まいである京都御所に向かって発砲したため、長州は朝敵として長州追討の朝命が下された。幕府は諸藩に対して兵を出すように命じ、征長軍の総督に元尾張藩主の徳川慶勝（松平容保、松平定敬の実兄）が任じられたが、派兵を命じられた諸藩は消極的であった。一方、長州藩内でも攘夷派に替わって保守派が実権を握り、三家老に腹を切らせて幕府に対して恭順の態度を表した。

1865

	フランスから技術者や軍事顧問団を招聘することに先立ち、フランス語を理解できる通訳や士官候補生を養成するために、フランス語学校を横浜の弁天町（横浜市中区）に開校した。幕府の小栗忠順（ただまさ）、栗本鋤雲（じょうん）らとフランス公使ロッシュが設立を指導し、校長にはカションが就任した。校舎は2階建て、講堂のほか台所や食堂もあり、全寮制で寄宿舎もあった。フランス語のほか歴史、地理、数学、幾何（きか）学、英語や馬術の授業が行われ、第1期生には忠順の養継嗣の又一や鋤雲の養嗣子貞次郎も入っている。
3月10日	幕府、イギリス・フランス・アメリカ・オランダ4カ国公使に償金支払いの延期を求め、下関開港の困難を申し入れる。幕府はイギリス・フランス・アメリカ・オランダの公使と合意した賠償金300万ドルの3カ月ごとの支払いが長州処分問題などで厳しく、延期を伝える。なお、正式開港していない下関ではイギリス商人などが長州藩と武器の密貿易を行っていた。
3月12日	幕府、神戸海軍操練所を廃止する。勝海舟（かつかいしゅう）の建議により神戸に開設された海軍操練所は、幕臣の子弟だけでなく、諸藩からも学生を集めたが、そのなかには反幕府の者もいた。土佐脱藩の望月亀弥太（かめやた）も海舟門下として航海術などを学んだが、元治元年（1864）6月5日の京都・池田屋での会合に参加し、命を落とした。海舟がこうした激徒を養成した嫌疑をかけられ、江戸へ召還され、免職となったことで操練所は廃止となった。
3月15日	長州藩の兵学者大村益次郎（ますじろう）*、藩の軍制改革を行う。新しい長州藩政府は、諸隊を整理統合して正規軍を編成し、大村に軍制改革が委ねられた。大村は長州藩出身だが、宇和島藩に抱えられたこともあった。元治元年（1864）の四国艦隊下関砲撃事件後、外国人応接掛を任ぜられていたが、藩内が武備恭順に進むなかで軍務掛となり、軍備の近代化による軍制改革を指導するようになる。農民など庶民にも訓練を施し、兵力として利用しようとした。
3月17日	長州藩、藩論が武備恭順に変わる。藩論は幕府への恭順謝罪から、恭順を示しながらも幕府の出方によっては武力をもって徹底抗戦を行う討幕へ向かうことになる。
3月22日	薩摩藩、五代友厚（ごだいともあつ）*ら留学生19名をイギリスへ密航させる*。五代は藩命で長崎海軍伝習所に学び、かつて上海へ密航し、蒸気船天佑丸を購入して船長となった経歴がある。天佑丸は薩英戦争のさい、イギリス

薩摩の留学生たち

新納久脩（にいろひさのぶ） 藩主島津家の一族。ヨーロッパ各地を巡り、紡績機械や武器の買い付けを行う。帰国後は薩摩藩の家老になる。

寺島宗則（てらしまむねのり） 伯父が藩医で、長崎や江戸などで医学を学ぶ。イギリスなどと外交交渉を担当。慶応2年（1866）に帰国し、外交官として活躍した。

五代友厚（ごだいともあつ） 運命で航海術を学ぶ。新納と行動を共にし、帰国後は参与職外国事務掛などを歴任。官界を去った後は、大阪で実業家として成功し、大阪商工会議所初代会頭の座に就いた。

堀孝之（ほりたかゆき） 長崎オランダ通詞の子として生まれ、通訳として参加。五代とは長崎海軍伝習所時代からの知り合いで、五代の事業を助けた。

町田久成（まちだひさなり） 藩主島津家の一族。渡欧中に博物館で感銘を受け、帰国後博物館建設のために尽力、帝国博物館の初代館長となる。

畠山義成（はたけやまよしなり） 重臣の家に生まれる。留学中に岩倉使節団に招聘され、一緒に帰国。東京開成学校の校長などを務めた。

名越時成（なごえときなり） 慶応2年（1867）に帰国。戊辰戦争に参加後の経歴は不明だが、大正年間まで生きた。

村橋久成（むらはしひさなり） 留学辞退者の替わりに選ばれる。北海道開拓に従事し、サッポロビールの前身である札幌麦酒醸造所を作った。

朝倉盛明（あさくらもりあき） 蘭方医で帰国後は開成所語学教師として務めた後、明治新政府の通訳となった。

鮫島尚信（さめじまなおのぶ） 明治元年（1868）帰国。外交官として活躍し、駐仏特命全権公使としてフランスへ渡り、パリで客死する。

松村淳蔵（まつむらじゅんぞう） イギリスからアメリカへ渡り、アナポリス海軍兵学校に学び、日本で海軍兵学校校長として海軍教育に尽力した。

森有礼（もりありのり） 明治元年（1868）に帰国。初代文部大臣に就任。だが、森の革新的な考えは人々の反感を買い、暗殺された。

高見弥一（たかみやいち） 土佐出身で、土佐勤王党の一員だった。帰国後、明治新政府に出仕したが、辞して鹿児島に戻り、学校の先生になった。

東郷愛之進（とうごうあいのしん） 帰国後、戊辰戦争に従軍し戦死。

吉田清成（よしだきよなり） 明治3年（1870）、帰国、岩倉使節団に随行する。明治7年（1874）以降は、アメリカ特命全権公使として赴任。

長沢鼎（ながさわかなえ） 留学時に13歳と、最年少だった。のちにアメリカへ渡り、カルフォルニアでワイン醸造に成功した。

町田申四郎（まちだしんしろう） 町田久成の弟。慶応2年（1867）に帰国し、家老小松帯刀の養子になるが、小松家の家督を小松帯刀の長男に譲ってからは消息不明。

町田清蔵（まちだせいぞう） 町田久成の弟。財部家の養子となり、留学当時のことを語った「財部実行回顧談」という史料を残している。

中村博愛（なかむらはくあい） 帰国後は、薩摩でフランス語教師、西郷従道らの通訳を経て外交官となり、晩年は貴族院議員を務めた。

大村益次郎（国立国会図書館蔵）
1824〜1869。長州藩の医者の息子として生まれ、大坂の適々斎塾などで学ぶ。幕府の蕃書調所に出仕するが、長州に呼び戻され、長州の軍制改革を行う。明治になってからは藩兵の解散や鎮台の設置など近代軍制に努めたが、急すぎる変化に反感を覚える者たちによって暗殺された。

五代友厚（国立国会図書館蔵）
1836〜1885。薩摩の儒者の子として生まれ、長崎海軍伝習所で学ぶ。薩英戦争の時に捕虜になった。イギリス留学後、大阪府判事などに就き、大阪の秩序を回復。その後、大阪で金銀分析所を開き、鉱山業などに着手、阪堺鉄道や大阪精銅会社などに関わるなど大阪財界の組織作りに尽力した。

に拿捕され、そのさい下船を拒んで捕虜となった五代は釈放後、藩から追われる身となり、長崎などで亡命生活を送った。しかし、この誤解が解けて赦されると、藩に対して、留学生の派遣や蒸気船の購入、紡績工場の建設を上申した。これらが認められ、薩摩藩は五代らに紡績機械の買い付けを命じている。

4月7日	慶応と改元。

慶応元年（1865）

4月12日	幕府、長州再征を諸藩に発令する（第2次長州戦争）。
5月1日	幕府、諸藩へ5月5日より征長軍出陣を命じる。
5月12日	幕府、和歌山藩主徳川茂承を征長先鋒（御先手）総督に任命する。
5月16日	将軍徳川家茂、江戸を出立し陸路西上を開始する。家茂は第2次長州戦争のための征討軍を率い、駿府城などに寄りつつ京都へ向かった。
5月28日	イギリス・フランス・アメリカ・オランダの4カ国、下関海峡の通航自由や日本内乱への不干渉を決議する。
5月	このころ、坂本龍馬ら長崎で亀山社中*を結成する。拠点とした場所が長崎の亀山にあり、仲間・結社を意味する社中を合わせて亀山社中と呼ばれ、薩摩藩や長崎で海運業を営む商人小曽根家の資金援助を受け、物資の運搬や貿易の仲介などを行った。
閏5月2日	イギリス代理公使ウィンチェスター、諸大名の自由貿易実行を幕府に勧告する。
閏5月5日	幕府、外国奉行の旗本柴田剛中らを横須賀製鉄所建設に関する用務および軍制調査のため、フランス・イギリスへ派遣する（慶応遣欧使節団）。柴田は、文久元年（1861）12月に派遣された（開市開港延期交渉の）文久遣欧使節団正使の旗本竹内保徳一行の組頭として渡欧した経験があり、帰国後は外国奉行並となり、次いで外国奉行として箱館に勤務した。慶応遣欧使節団では正使とされ、フランスにおいて（製鉄所建設の）技術者の雇い入れや蒸気機械などの購入、またイギリスでの三兵（歩兵・騎兵・砲兵）伝習の教官の招聘などの交渉を命ぜられていた。この日、柴田ら遣欧使節団一行は、イギリスの遊船ニポール号に乗船して横浜を出港、フランスへ向かった。
閏5月11日	土佐藩、勤王党盟主の武市瑞山らを処刑する。土佐藩では文久3年（1863）八月十八日の政変後、攘夷派の土佐勤王党*への弾圧を開始。

元治2/慶応元

星取山から見た長崎港（長崎大学附属図書館蔵）
亀山社中は、長崎の亀山にあった。写真は、幕末に亀山からそう遠くはない星取山から長崎の港を望んだもの。

亀山社中

坂本龍馬らによって結成された亀山社中は、薩摩藩名義で長州藩の武器買い入れなどを行っていたが、決して順風満帆といえなかった。慶応3年（1867）、土佐藩の後藤象二郎との話し合いで、藩直属ではなく土佐藩の長崎出張官が管理する海援隊として生まれ変わった。

土佐勤王党に参加した主な人々のその後

土佐勤王党は文久元年（1861）に結成、文久3年（1863）に瓦解している。

盟主	武市瑞山（たけちずいざん）	文久3年（1863）に投獄、慶応元年（1865）切腹
	岡田以蔵（いぞう）	文久3年（1863）に投獄、慶応元年（1865）打ち首
	清岡道之助	元治元年（1864）藩に対して蜂起したため、鎮圧され打ち首
	平井収二郎	文久3年（1863）青蓮宮令旨事件で投獄、切腹
	弘瀬健太	文久3年（1863）青蓮宮令旨事件で投獄、切腹
	間崎哲馬（まさきてつま）	文久3年（1863）青蓮宮令旨事件で投獄、切腹
	那須信吾	天誅組に参加し、戦死
	吉村寅太郎	天誅組に参加し、戦死
	北添佶麿（きたぞえきつま）	元治元年（1864）池田屋事件で斬殺
	野老山吾吉郎（ところやまごきちろう）	元治元年（1864）池田屋事件で斬殺
	大利鼎吉（おおりていきち）	慶応元年（1865）新選組に斬殺
	坂本龍馬	慶応3年（1867）京都近江屋で暗殺
	中岡慎太郎	慶応3年（1867）京都近江屋で暗殺
	大石弥太郎	戊辰戦争に参加
	河野敏鎌（とがま）	文久3年（1867）に投獄されるものの、明治新政府の高官になった
	田中光顕（みつあき）	岩倉使節団に参加。華族に列せられ宮内大臣に就任

1865

	盟主の武市も9月に公武合体派の参政吉田東洋暗殺を指示した容疑で逮捕、投獄されており、切腹を命じられた。享年37。
閏5月16日	駐日イギリス公使パークス、着任する。パークスはオールコックの後任として駐日特命全権公使兼総領事に就任し、来日した。パークスは駐日フランス公使ロッシュ*に対抗して条約勅許の要求を主導する。
閏5月22日	将軍徳川家茂、上洛して御所へ参内する。陸路西上した将軍家茂は、この朝、大津を発って入京し、御所へ参内して長州戦争について奏上。翌日の朝、家茂は二条城へ入城した*。
閏5月25日	将軍徳川家茂、大坂城へ入る。前日に京都を発ち、途中、伏見で一泊した家茂は長州再征へ向けて大坂に入った。
閏5月28日	長州藩の椋梨藤太、斬首される。保守・俗論派の椋梨は、長州内乱で高杉晋作らが決起すると、この年1月に職を辞して萩を脱出したが、石見国津和野(島根県鹿足郡津和野町)で捕えられ、野山獄で斬首に処された。享年61。
6月24日	土佐の坂本龍馬、薩摩藩士西郷隆盛と会見し、亀山社中を介して、薩摩藩名義で長州藩に武器を納入する取り決めをする。
7月2日	幕府、パリ万国博覧会への参加を決める。幕府は薩摩藩とイギリスが接近していることを知り、フランスと近づき、巨額の資金援助を受けるようになる。フランス公使ロッシュの勧めで、第2回パリ万国博覧会(1867年4月1日〜10月1日)への参加を決定した。
7月6日	慶応遣欧使節団の正使の旗本柴田剛中*ら、マルセイユに到着する。柴田ら使節団一行は、マルセイユよりツーロン港視察に向かった。その後またマルセイユに戻り、リヨンを経てパリへ向かう。
7月30日	遣欧使節団、フランス外相リュイスと会談する。製鉄所建設・兵制改革(三兵伝習)や海軍技師・陸軍士官の雇用について交渉する。その後も海軍省で協力を仰ぎ、陸軍からも三兵伝習の教官招聘について承諾を得る。次いで、柴田ら使節団はイギリスに向かった。
8月26日	薩摩藩の新納九脩と五代友厚、ベルギーで貿易商社設立契約に調印する。イギリスへ密留学した薩摩藩の五代らが、ベルギーの首都ブリュッセルで、モンブランと兵器輸入などの貿易商社設立の契約書を交換した。モンブランはフランス・ベルギー両国籍を持つ貴族で、2度の来日経験があり、文久3年(1863)の横浜鎖港談判使節団とフランス政府との会談の斡旋や、旗本の柴田剛中ら慶応遣欧使節団とも接触していた。しかし、柴田ら日本とベルギーとの通商条約締結についての

慶応元

ロッシュ（福井市立郷土歴史博物館蔵）
1809～1901。フランスの外交官で、元治元年（1864）に駐日公使として来日。武器や軍需品の輸入、軍制改革などで幕府を支援、薩摩と長州を応援するイギリスのパークスと対立した。

柴田剛中（川崎市市民ミュージアム蔵　文久遣欧使節団の集合写真の一部）
1823～1877。神奈川開港問題で交渉にあたり、外国側が望む神奈川ではなく、当初は寒村であった横浜に替えることに成功した。慶応元年（1865）に再び渡海、フランスと製鉄所建設などに関する契約を結ぶ。帰国後は、外国人居留地問題などを担当。明治新政府からの出仕要請を断った。

徳川家茂を見たシュリーマン

　伝説と思われていたトロイアを発見したことで有名なドイツ人・シュリーマン。若い頃に商売で成功し稼いだ金を元に世界一周の旅に出た。その途中で、日本を訪れている。シュリーマンが来日したのは慶応元年（1865）で、トロイアを発掘する4年前のこと。清から船で横浜に上陸。当時江戸には外国人観光客は入れなかったが、つてを頼り、アメリカ公使館からの招待を得て江戸にも滞在している。

　シュリーマンが日本を訪れたさいに、将軍家茂の上洛があった。この時、外国人は立ち会わないよう要請が出ていたが、横浜のイギリス領事が交渉し、横浜から4マイル（約6.4キロメートル）地点にある木立で見学してよいという許可を得た。人々の前に現れた家茂は、金糸で刺繍を施した白地の衣装に身を包み、金箔を貼った漆塗りの帽子を被って栗毛の美しい馬に乗った少し浅黒い顔をした20歳くらいの堂々した人物であったという。

　このほかにもシュリーマンは1カ月ほど滞在して見聞きしたことを書き残しており、日本語に翻訳されている（『シュリーマン旅行記　清国・日本』講談社）。

1865

	話は不調に終わり、五代らが視察に来ている話を聞いてイギリスに渡り、そこで五代らと交遊関係を結んだ。
9月16日	イギリス・フランス・アメリカ・オランダの4カ国軍艦、条約勅許・兵庫開港要求のため兵庫に来る。
同日	前日、大坂を発った将軍徳川家茂が入京して二条城に入る。
9月19日	フランス公使ロッシュ、長州戦争への意見を幕府に提出する。
9月21日	将軍徳川家茂、第2次長州戦争を奏上し、勅許を得る。しかし、兵庫開港は許されなかった。その後、家茂は23日に下坂、大坂城に入った。
9月27日	幕府、横須賀製鉄所*の起工式を行う。この年2月、フランス公使ロッシュに招聘された技師のヴェルニーが来日。軍艦奉行小栗忠順*(おぐりただまさ)(旗本)ら幕府官僚と造船所設立の方案を協議し横須賀製鉄所の設立原案を翌月一度日本を離れるまでに作成した。製鉄所(造船所)の建設地が横須賀(神奈川県横須賀市)に決定されたのは、横須賀港は湾内が広くて深く、波風の心配がないうえに、ヴェルニーのよく知るフランスのツーロン港に似ており、最適と判断されたからであった。幕府は横須賀製鉄所(造船所)の建設工事を、フランスが請け負う契約を行った。のちに横須賀造船所建設の技術首長となるヴェルニーは、幕府の慶応遣欧使節団に先立ち帰国し、フランス人技術者の人選などに協力する。
10月3日	将軍徳川家茂、東帰のため、急遽大坂を出立する。兵庫開港は勅許されなかったが、老中阿部正外(まさとう)(白河藩主)と松前藩主松前崇広(たかひろ)らは大坂城中での会議で兵庫開港を決める。しかし、朝廷は直接、この二老中に辞職と国元での蟄居を命じた。これに幕府側は猛反発し、将軍家茂は10月1日に将軍辞任の上書を朝廷に提出していた。
10月4日	徳川慶喜、会津藩主松平容保(かたもり)、桑名藩主松平定敬(さだあき)らと開港条約勅許を奏上する。この日未明、将軍家茂は伏見に入り、慶喜らも伏見に急行して家茂を説得した。家茂は辞任を留意し、容保らは家茂の上洛と参内の準備のため、京都に入った。
10月5日	朝廷、安政の五カ国条約に勅許を与える。しかし、兵庫開港は不許可となる。朝廷は将軍徳川家茂の辞任も不許可とした。京都に入った家茂は、11月3日まで京都に滞在することとなる。
10月21日	柴田剛中らの慶応遣欧使節団、パリを発し、ロンドンに到着する。一行は、この日から11月18日までの約1カ月間イギリスに滞在し、各地の造船所や海軍工廠・砲台、兵器工場などの陸海軍関係所、イングランド銀行、王立造幣局、国会議事堂また大英博物館やウェストミンス

慶応元

小栗忠順（国立国会図書館蔵）
1827〜1868。新潟奉行小栗忠高の子として生まれる。万延元年（1860）遣米使節団に参加。帰国後、外国奉行、勘定奉行などの要職に就いた。フランス公使ロッシュと横須賀製鉄所設立に関わる。幕府瓦解の時、将軍徳川慶喜に徹底抗戦を進言するが拒否され、罷免。知行地である上野国権田村（群馬県高崎市）に引っ込むが、新政府軍に捕縛され、処刑された。

横須賀製鉄所（長崎大学附属図書館蔵）
幕末から明治初年に撮影されたと思われる製鉄所の写真。元治元年（1864）、小栗忠順とロッシュが立案し、フランスの技術援助を得て造られた。製鉄所のほかに修船場（ドック）、造船場、武器庫を240万ドルの経費で整備する予定だったが、完成する前に明治新政府に引き継がれる。この後、海軍工廠の基礎となった。修船場などは、現在も現役でアメリカ海軍が使用している。

	ター寺院などを視察する。この使節団の渡欧を前に、幕府は駐日代理公使だったウィンチェスターを通してイギリス本国政府に三兵伝習の依頼をし、教官招聘の承諾について確かめたいと伝えていたが、実は幕府はフランスと造船所建設のほか三兵伝習の件でも内約ができており、柴田使節団のイギリス訪問の内実は儀礼的なものであった。イギリス側も日本（幕府）へは好意的に応じて、使節団に各所を見学させたが、幕府陸軍の強化を望まず、援助を行う気はなかった。
11月7日	幕府、再び長州征討を諸藩に命じる。また、幕府は大目付の旗本永井尚志ら3名を長州処分の訊問使とし、長州藩使節との接見の場となる広島へ派遣した。永井らには、会津藩を通して許可を得た新選組の近藤勇ら4名も随行している。
11月20日	長州訊問使永井尚志ら、広島の国泰寺*（広島市中区）で長州藩代表と会談する。永井は長州側代表の宍戸備後助に長州に対する8ヵ条の訊問を提示した。また、近藤ら3名の長州派遣を要請したが、拒否される。その後も永井は近藤らを長州との折衝役にしようとするが長州側には拒絶され、近藤らも直接申し入れたが認められなかった。
12月3日	柴田剛中ら慶応遣欧使節団、フランス・マルセイユ港を出港し、帰国の途につく。同年11月18日に使節団はイギリス・ドーヴァー港より蒸気船でフランスのカレー港に到着し、その後、パリを経てマルセイユに入り、そこから日本へ向けて出港した。
12月18日	同月16日に広島を発った長州訊問使永井尚志、大坂城に到着し報告を行う。

慶応2年 (1866)

1月14日	高島秋帆、没する。西洋式の高島流砲術を創始した兵学者で、幕府の講武所砲術師範役を務めていた秋帆が現職中に没した。秋帆は、江川太郎左衛門（英龍）はじめ、多くの門人たちに西洋砲術を伝授し、日本の近代軍事化に多大な影響を与えた。享年69。
1月18日	幕府、朝廷からの干渉により外国奉行の栗本鋤雲を罷免する。
1月21日頃	薩長同盟、成立する*。薩摩藩士小松帯刀*の京都別邸において、薩摩藩代表の小松帯刀、西郷隆盛、大久保利通らと、長州藩代表の桂小五郎（木戸孝允）が会談し、桂は長州藩の冤罪をはらすための朝廷工作

補足 **国泰寺**
戦国武将安国寺恵瓊が創建した安国寺に始まる。恵瓊の死後、広島に入った福島正則の弟が、国泰寺と改名した。福島家の後に入った浅野家の菩提寺となる。第1次長州戦争では、幕府側の総督府が、明治初期には県庁仮庁舎が置かれた。昭和20年（1945）8月6日の原爆で全壊、戦後に再建され、昭和53年（1978）に広島市の中心部から移転した。

小松帯刀（国立国会図書館蔵）
1835～1870。薩摩藩家老。文久元年（1861）島津久光の側役、翌年から家老。久光の上洛に従い、禁門の変の処理などを行う。薩長同盟が結ばれたのは、京都の小松帯刀邸だったという説がある。明治政府の参与などを務めた。

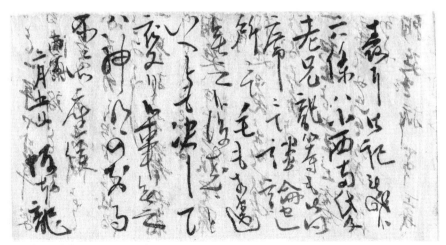

坂本龍馬の裏書（宮内庁書陵部蔵）
木戸孝允が坂本龍馬に宛てた手紙の裏側に返信として書いたもの。慶応2年（1866）正月に交わした薩長同盟の内容をまとめて確認した木戸の手紙に対して、龍馬が内容に相違ないと朱で書いて送り返した。

	を西郷らに要請する。6カ条からなる盟約の調印には、両藩の間を周旋した坂本龍馬が立ち会った。
1月23日	京都・伏見の寺田屋*で、土佐の坂本龍馬が襲撃される。このころ龍馬と長府藩士三吉慎蔵は、伏見の船宿・寺田屋に宿泊しており、龍馬が薩長同盟の成立を見届けて寺田屋に戻った夜、伏見奉行所の捕り方に襲撃される事件が起こった。このとき、のちに龍馬の妻となるお龍の機転で、龍馬は手に重傷を負ったが脱出して薩摩藩伏見屋敷へ逃れ、三吉も槍で応戦し、龍馬を助けて脱出した。
1月26日	幕府が派遣した慶応遣欧使節団の外国奉行旗本柴田剛中らが帰国する。使節団の正使の柴田ら一行が横浜に到着した。彼らはフランスと製鉄所（造船所）建設や関係技師および軍事顧問団の派遣などの交渉に成功した。
2月4日	長州処分を通達する老中小笠原長行（唐津藩養継嗣）が広島へ向かうため、大坂を出立する。長州藩へ領土10万石の削封、藩主父子の蟄居などの処分を通達するもので、小笠原のほか、大目付の旗本永井尚志らも2月8日に広島へ出発する。
3月	薩摩藩の洋式紡績工場を建設するためのイギリス人技術者4名が来日、鹿児島に入り、工場建設が始まる。薩摩藩は、イギリスへ密航留学させた五代友厚らにより、イギリスのプラット・ブラザーズ社へ紡績機械等を発注したほか、西洋式紡績工場の建設と技師の派遣も依頼しており、その司長のホームと技師のシリングフォードら4名が来日し、鹿児島で紡績工場の建設が始まる。また、紡績工場の隣には、工場建設等に携わるイギリス人技術者の宿舎も建てられる。この技術者宿舎（技師館）は「異人館」と呼ばれた。
4月4日	長州藩・第2奇兵隊の立石孫一郎、反乱を起こす。第2奇兵隊の幹部を務めていた立石が隊員約100名を率いて脱走した。同月9日彼らは幕府の倉敷代官所を襲撃し、ほかにも京都見廻組の旗本蒔田広孝の浅尾藩陣屋（岡山県総社市）を襲撃した。その後、幕府軍の銃撃を受け、長州藩領へ敗走、長州藩政府により立石ら脱走兵の多くは処刑された。
4月7日	幕府、学術修業および貿易のための渡航を許可する。
4月14日	薩摩藩、老中の板倉勝静*（備中国松山藩主）に第2次長州戦争*への出兵を拒否する建言書を提出する。その背景には、薩摩藩が、秘かに長州藩と薩長同盟を結んでおり、そのなかには第2次長州戦争が開戦となれば、薩摩は朝廷へ停戦をあっせんし、在京の薩摩兵を幕府軍と

慶応2

再建された寺田屋（京都市伏見区）

寺田屋
当時、京都郊外の伏見と大坂は、淀川を通う船便で結ばれていた。寺田屋は船を待つための船宿で、上方落語「三十石船（さんじっこくぶね）」の中に登場するほど賑わった。寺田屋騒動の舞台として、また、坂本龍馬が逗留したことでも有名。江戸時代の建物は鳥羽・伏見の戦いで焼失、現在の建物は明治期に再建されたものである。

板倉勝静（国立国会図書館蔵）
1823～1889。陸奥白河藩主松平定永の子として生まれ、備中松山藩主板倉勝職の養子に行き、藩主となった。儒学者山田方谷（ほうこく）を登用し、藩政改革に取り組み成功を収める。しかし、井伊直弼と対立して安政の大獄で奏者番（そうじゃばん）と寺社奉行を罷免される。のちに老中として徳川慶喜の将軍就任に尽力した。鳥羽・伏見の戦いで敗れたのち、慶喜とともに江戸に逃れ、奥羽越列藩同盟に参画、箱館まで行くが、決戦前に脱出し、東京で自首した。

補足 ▶ 第2次長州戦争までの道のり
第1次長州戦争の後、派遣させられていた幕府側の兵が撤退するなか、元治元年（1864）、高杉晋作が下関で蜂起。翌年大田・絵堂の戦いなどで藩内の保守派を破って、藩政の主導権を握り、幕府との対立を強めていった。

1866

	戦わせる場合もあるなどの約定があったためである。
4月	フランス人技師のヴェルニー*、再来日する。ヴェルニーは日本とフランスとの間で横須賀製鉄所（造船所）建設の正式契約がなされるのを待って再来日し、横須賀造船所建設の首長となった。
5月13日	幕府、イギリス・フランス・アメリカ・オランダの4カ国と改税約書に調印する。この4カ国の連合艦隊が兵庫沖に集結して幕府を威嚇した結果、兵庫開港を延期する代償として、安政仮条約で5〜35パーセントとしていた従価税を廃止し、輸出入とも一律5パーセントに改正されることになった。江戸で老中水野忠精（山形藩主）が調印し、江戸協約とも呼ばれる。以後、安価な外国商品が国内に流入し、日本の産業経済が著しく圧迫される。
6月7日	第2次長州戦争（四境戦争*）始まる。長州藩では、幕府が4方面（大島口、芸州口、石州口、小倉口）から攻撃を加えたので、「四境戦争」と呼ぶ。この日、幕府が瀬戸内海にある周防大島を砲撃し、この大島口（周防口）の戦いから戦端が開かれた。
6月13日	第2次長州戦争・芸州口の戦い。
6月17日	第2次長州戦争・石州口の戦い。
同日	第2次長州戦争・小倉口の戦い。
6月21日	幕府、ベルギーと修好通商航海条約（全23カ条）および貿易章程全7則を締結する。幕府の外国奉行菊池隆吉（旗本）・星野千之（旗本）らと、ベルギー特派全権公使兼総領事のローデンベークが、江戸において日白修好通商航海条約の調印に臨んだ。この条約では航海条約が初めて締結され、また付属約書において、日本人の海外渡航が認められた。
7月2日	幕府の老中板倉勝静、フランス公使ロッシュと征長作戦を協議する。老中の板倉は、兵庫にいるロッシュを訪ねて長州征討について協議を行い、また、軍艦などの購入斡旋を依頼した。
7月16日	幕府、イタリアと修好通商条約を締結する。幕府の外国奉行の旗本柴田剛中らとイタリアのアルミニョンらが、江戸湾に停泊中のマゼンタ号上で、日伊修好通商条約に調印した。この条約締結は、フランスが仲介し、幕末に結ばれた条約としては初めてフランス語を正文としている。
7月20日	14代将軍徳川家茂、大坂城で没する。家茂は第2次長州戦争のさなか、病に倒れ、脚気衝心のため薨去した。享年21。しかし、その死は秘匿

慶応2

ヴェルニーの銅像
1837～1908。フランス人の技師で、御雇い外国人。横須賀製鉄所を造るため駐日フランス公使ロッシュの斡旋により日本にやってきた。敷地の選定から水道の敷設を含めた全般を指揮。そのほか灯台の建設にも貢献した。写真の銅像は、横須賀のヴェルニー公園（神奈川県横須賀市）にあり、自分の手がけたドックの方を見ている。

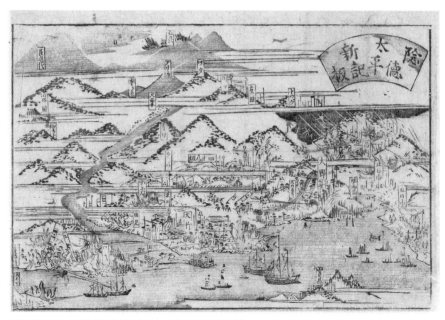

「四境戦争図　陰徳太平記新板」（山口県立山口博物館蔵）
第2次長州戦争は、長州の4つの国境（大島口、芸州口、石州口、小倉口）で戦われたため、四境戦争とも呼ばれる。

	され、亡骸は海路江戸に運ばれることになる。第2次長州戦争では、当初幕府軍が優勢であったが、やがて長州軍の圧勝で苦戦が続くなかで将軍家茂が急死し、幕府は混迷した。
7月30日	第2次長州戦争・小倉口の戦い*で小倉城が陥落し、幕府の敗北が決定的となる。長州側は高杉晋作、山県有朋(やまがたありとも)らが布陣。この日、幕府側では小倉口の総督を務めていた老中小笠原長行が城を脱出した。
8月1日	小倉城が長州軍に占拠される。
8月4日	幕府勘定奉行の旗本小栗忠順、フランス側のクーレーと3,500万フランの借款契約を結ぶ。クーレーはフランス帝国郵船会社の副支配人で、駐日フランス公使ロッシュの対幕府援助政策実現のため経済使節として来日し、幕府との交渉を行っていた。これにより、幕府の横須賀製鉄所の建設やフランス式軍制導入が進んでいく。
8月20日	幕府、将軍徳川家茂の喪を告げ、徳川慶喜(よしのぶ)が徳川宗家を継ぐことを発表する。
8月21日	将軍死去のため第2次長州戦争停止の勅命、幕府に下る。
9月2日	幕府と長州藩が休戦協定を結ぶ。この日、安芸・宮島（広島市廿日市市）で幕府の勝海舟と長州藩の広沢真臣(さねおみ)らが会談を行う。交渉は難航したが、停戦は成立。しかし、幕府の権威は失墜し、長州藩は討幕へと向かう。
9月12日	京都・三条大橋周辺で、土佐藩士らと新選組の乱闘事件が起きる（三条(さん)制札(じょうせいさつ)事件）。三条大橋西詰めの制札場には長州藩の罪状を記す高札が掲げられていたが、この年に入ってたびたびこれを墨で消すなどの事件が続き、将軍家茂薨去のころより高札が引き抜かれるようになり、新選組が警備に出ていた。この夜、三条制札場の高札を引き抜きに来た土佐藩士8名と、新選組隊士30余名が乱闘となった。重傷を負った土佐藩士宮川助五郎が捕縛され、藤崎吉五郎が斬殺されて、重傷の安藤鎌次も土佐藩京都屋敷前で自刃した。逃走した土佐藩士らは薩摩藩に助けを求め、保護された。
10月12日	幕府の遣露使節*の旗本小出秀実(こいでひでみ)ら、横浜を出航する。樺太(サハリン)の分割（国境画定）交渉のためにロシアへ向かう遣露使節団は、正使全権の小出はじめ19名であった。
10月	幕府、諸国凶作による米価騰貴につき、庶民の外国米の輸入を許す。近年、全国各地で農民一揆が多発するなか、この年は特に農民一揆や打ちこわしが激化していたためである。

慶応2

「四境戦争図　九州小倉合戦図」（山口県立山口博物館蔵）
第2次長州戦争では、高杉晋作や山県有朋が率いる騎兵隊や報国隊らと九州の幕府方諸藩の兵たちが激突した小倉口の戦いが、一番の激戦地となった。慶応2年（1866）6月17日、長州の軍勢が関門海峡を渡って九州に上陸し、小倉城を攻撃。8月1日、小倉藩は城を焼いて内陸の香春（福岡県田川郡香春町）へと撤退していった。

赤坂の戦いの地
慶応2年（1866）に現在の福岡県北九州市小倉北区赤坂で行われた戦いは、第2次長州戦争最大のものであった。現在は、児童公園として整備され片隅に碑が立っている。

補足　遣露使節
慶応2年（1866）、遣露使節として、箱館奉行兼外国奉行小出秀美と目付石川利政が、サンクトペテルブルクに派遣された。国境交渉を行ったが成功せず、樺太を両国雑居地とする樺太仮規則が締結されるにとどまった。

12月5日	徳川慶喜、15代将軍に就任する。
12月7日	幕府、デンマークと修好通商条約を締結する。デンマークは日本に使節を派遣することなく、終始オランダに仲介を任せ、この日、江戸で外国奉行の柴田剛中(たけなか)らとオランダ外交事務官兼総領事のポルスブルック(にってい)との間で、日丁修好通商航海条約が取り交わされた。デンマークは幕末最後の条約締結国となった。
同日	薩摩藩発注の紡績機械を乗せたレディー・アリス号、イギリス人技術者で工場長となるテットローと技術者2名が同乗して長崎に入港する。紡績機械は、薩摩藩のイギリス留学生五代友厚らが、同国プラット・ブラザーズ社に発注した。
12月8日	幕府が依頼したフランス軍事顧問団の団長シャノワーヌら、横浜に到着。この日、幕府が陸軍伝習を依頼したフランスの軍事顧問団（教官団）団長のシャノワーヌをはじめ、副団長のブリュネら顧問団一行が来日した。翌日、彼らは陸軍伝習のため、幕府直轄地である横浜・太田村（横浜市中区）の野毛山南麓の太田陣屋に入り、歩兵・砲兵・騎兵の三兵教練を指導した。伝習生には荒井郁之助、旗本大鳥圭介(おおとりけいすけ)はじめ、歩兵1,000名、砲兵650名、騎兵350名が参加することとなる。
12月25日	孝明天皇、崩御(こうめい)する。痘瘡（天然痘）に罹っていた孝明天皇が、快方に向かっていたが、24日の夕方になって容態が急変し、亡くなった。このため死因は毒殺ともささやかれた。享年36。

慶応3年 (1867)

1月9日	明治天皇（祐宮(さちのみや)）が践祚(せんそ)。明治天皇は、孝明天皇(こうめい)の第2皇子で、生母は公卿中山忠能(ただやす)の娘慶子(よしこ)。外祖父となる忠能は参朝などを禁じられていたが、祐宮の践祚で赦された。同様に、尊攘派の公家らも謹慎処分を解かれ、朝廷は王政復古、倒幕へと転換していく。
1月11日	遣欧特使の清水家当主徳川昭武(あきたけ)*ら、渡仏のためフランス郵船アルフェ号で横浜を出航する。フランスの首都パリで、慶応3年2月27日から9月4日まで（1867年4月1日〜10月1日）開催される第2回パリ万国博覧会へ、幕府からは将軍徳川慶喜(よしのぶ)の弟・昭武が、将軍の名代として渡仏し、パリ万博に出席することになった。昭武の使節団一行のなかには、渋沢栄一(しぶさわえいいち)*や竹本正明ら多くの幕臣が随行した。この第2

慶応2－慶応3

徳川昭武（福井市歴史郷土博物館蔵）
1853～1910。徳川斉昭の18男で、徳川慶喜の異母弟。慶応2年（1866）、御三卿の1つ清水家に入り、翌年フランスへ行く。フランス留学中に帰国命令があり、慶応4年（1868）に帰国して水戸藩主に就任。結果的に最後の水戸藩主となった。後にパリに再留学し、晩年は松戸に隠居する。隠居していた屋敷は松戸市の戸定歴史館として公開している。

徳川慶喜の兄弟たち（男子のみ）

長男	徳川慶篤	水戸藩10代藩主
次男	二郎麿	早世
3男	三郎麿	早世
4男	二二郎麿	早世
5男	徳川昭徳	
	のちの鳥取藩主池田慶徳	
6男	六郎麿	早世
7男	七郎麻呂　**昭致**　一橋徳川家当主	
	のちの第15代将軍徳川**慶喜**	
8男	徳川昭融	
	のちの川越藩主松平直侯	
9男	徳川昭休	
	初め忍藩主松平忠国の養子松平忠矩、のち廃嫡。	
	のちに岡山藩主池田茂政	
10男	徳川昭音	
	のちの浜田藩主松平武聰	
11男	徳川昭縄	
	のちの喜連川家当主喜連川縄氏	
12男	余二麿	早世
13男	余三麿	
14男	松平昭訓	
15男	余五麿	早世
16男	徳川昭嗣	
	のちの島原藩主松平忠和	
17男	徳川昭邦	
	のちの土浦藩主土屋挙直（しげなお）	
18男	徳川昭徳　清水徳川家当主、	
	のちの水戸藩11代藩主徳川昭武	
19男	徳川昭則	
	初め会津藩主松平容保の養子	
	のちの守山藩主松平容徳（異母弟・頼之継嗣）	
20男	廿麿（はたちまろ）　早世	
21男	廿一麿（はたちひとまろ）　早世	
22男	徳川昭郷	
	のちの水戸藩支藩守山藩主松平頼之	

渋沢栄一（福井市歴史郷土博物館蔵）
1840～1931。埼玉の豪農に生まれる。元治元年（1864）、一橋家に仕え、主である徳川慶喜が将軍となると幕臣になった。慶喜の実弟徳川昭武に従いヨーロッパに渡り、ヨーロッパの制度などを学ぶ。明治になってからは多くの会社の立ち上げに携わった。

1867

	パリ万博は、日本が最初に参加した万国博覧会で、幕府のほか、薩摩・佐賀の両藩も出品した。
1月23日	幕府、第2次長州戦争休戦の沙汰を下す。
2月25日	遣露使節の旗本小出秀実ら、樺太仮規則5カ条（雑居条約）に調印する。旗本出身の小出は、目付から外国掛となり文久2年（1862）1月に箱館に赴き、9月に箱館奉行に任じられて以後、ロシアをはじめ諸外国との交渉にあたってきた。慶応2年（1866）8月には外国奉行を兼任し、樺太の境界確定の全権としてロシアへ遣わされた。パリを経由してロシアのサンクトペテルブルクに到着後、アジア局長のストレモフと11回におよぶ交渉を行うが国境画定（樺太の分割）には至らず、日露雑居の樺太島仮規則の調印に終わった。一行は同年3月1日にサンクトペテルブルクから帰国の途につく。
3月5日	将軍徳川慶喜、朝廷に兵庫開港を願い出る。兵庫開港の期限（同年12月7日・西暦1868年1月1日）が迫り、慶喜は、兵庫開港の許可を願い出たが、同月19日に却下されることになる。のち同月22日にも兵庫開港の許可を求めるが、朝廷は却下する。
3月7日	遣欧特使の徳川昭武ら、パリに到着する。昭武らパリ万博＊へ参列の使節団は、2月29日に船でマルセイユに到着し、リヨンを経てこの日、パリへ入った。
3月24日	遣欧特使の徳川昭武、フランス・テュイルリー宮殿でナポレオン3世に謁見し、国書を提出。なお、この前日、琉球王国特使を名乗る薩摩藩側と幕府使節団との対立が起こり、フランスでは幕府の国家主権を疑う記事が報じられた。その後、昭武ら使節団は、同月26日に博覧会会場を観覧、ナポレオン3世より贈り物も届けられた＊。さらに5月7日にはナポレオン3世の招待を受けてロシア皇帝やプロシア国王とともにベルサイユ宮殿を訪れている。昭武はパリ万博に参列後、スイス・オランダ・ベルギー・イタリア・イギリスと各国を歴訪し、その後、パリで留学生活を送る。
3月26日	幕府が派遣したオランダ留学生の旗本榎本武揚ら、帰国する。榎本らは幕府がオランダへ発注した蒸気軍艦の開陽丸に乗船し、横浜港に帰着した。その後、榎本は同艦の艦長（頭取）となり、同年9月には軍艦頭に任じられる。
3月28日	将軍徳川慶喜、イギリス・フランス・オランダの公使らと兵庫開港について会見を行う。慶喜は大坂城でイギリス公使らと謁見し、兵庫開

> **補足　パリ万博**
>
> 徳川昭武が参加したのは第2回パリ万博で、1867年4月1日から10月1日までの会期中に900万人以上が訪れた。会場は14万6,000平方メートルの広さがあり、会場の外側には売店やレストランなどが立ち並び好評を博した。この博覧会に日本も初めて参加し、幕府と薩摩・佐賀が出展、その後ジャポニズムブームが起こったという。

徳川慶喜（茨城県立歴史館蔵）
徳川昭武がナポレオン3世からもらった贈り物の中には、慶喜用の軍服が含まれていた。それを身につけて撮影された写真の一葉。

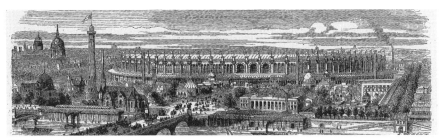

パリ万博会場全景（国立国会図書館蔵）

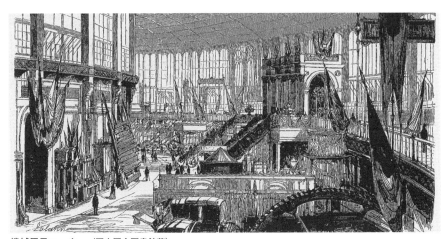

機械展示コーナー（国立国会図書館蔵）

1867

	港を約束の期限（同年12月7日）までに実行すると言明した。さらに、4月1日にはアメリカ代表にも同様に会見して伝え、勅許を得ようと動くこととなる。
4月13日	幕府、イギリス・フランス・アメリカの公使らと兵庫の居留地を決定する。兵庫開港による兵庫地域の居留地を、生田川と宇治川の間（神戸市中央区）と決める。
同日	長州藩士高杉晋作、下関で没する。高杉は肺結核を患い、第2次長州戦争の小倉口の戦いのさいに喀血して戦線から退き、下関の桜山招魂社下で療養していたが、この日の深夜（14日未明）息を引き取った。享年29。
4月23日	紀州藩の軍艦明光丸と、坂本龍馬ら海援隊士*が乗るいろは丸（大洲藩借用の船）が瀬戸内海の六島（岡山県笠岡市）付近で衝突し、いろは丸が沈没する（いろは丸事件）。両船とも蒸気船で、明光丸は長崎に向かう途中、いろは丸は長崎を出て、大坂へ向かう途中、夜11時ごろの出来事だった。その後、龍馬らは明光丸に乗船して鞆の浦（広島県福山市）に上陸する。鞆の浦で紀州藩側と賠償交渉を行ったが、まとまらなかった。
4月24日	幕府、外国総奉行を設置する。これまでの外国奉行の人数には定数がなく、また必要に応じて増えてきたので、この外国奉行を総括する役職の外国総奉行が設置された。初代は、若年寄並と兼任の旗本平山敬忠が就任した。
4月	幕府、米の買い占め、売り借りを禁止する。
4月	坂本龍馬*、土佐藩・海援隊の隊長となる。同年1月に土佐藩の後藤象二郎と面談して脱藩罪を赦され、亀山社中も土佐藩の傘下となって海援隊と改称され、龍馬が隊長となった。
5月4日	京都で四侯会議始まる。四侯とは、福井藩の前藩主松平慶永（春嶽）、薩摩藩国父島津久光、土佐藩の前藩主山内豊信（容堂）、宇和島藩の前藩主伊達宗城の4人をいう。この会議では、長州処分や兵庫開港などの問題が話し合われる。
5月8日	遣露使節の小出秀実ら、ロシアより帰国する。
5月17日	信州・上田藩士で洋式兵学者の赤松小三郎、新政体論（御改正口上書）を福井藩前藩主の松平慶永（春嶽）へ建白する。赤松の説く天幕合体、諸藩一和、代議政治のほか、人材教育、人民平等、貨幣制度改革、軍制改革、富国強兵、人馬および鳥獣殖育についての7カ条は、これ以

慶応3

坂本龍馬（国立国会図書館蔵）
1835〜1867。土佐の下級武士の子として生まれる。江戸に出て、剣術や砲術などを学ぶ。文久3年（1863）、神戸海軍操練所に参加。慶応元年（1865）、長崎で亀山社中を結成、慶応2年（1866）、薩長同盟締結の場に臨席、慶応3年（1867）、京都の近江屋で中岡慎太郎と一緒にいるところを暗殺された。

陸奥宗光（国立国会図書館蔵）
1844〜1897。紀伊藩士の子として生まれたが、父親が失脚、京都で土佐の板垣退助らと知り合い、坂本龍馬の亀山社中、海援隊に参加する。明治以降は、摂津県、兵庫県の知事などを歴任後、外交畑で活躍、「陸奥外交」という言葉を生んだ。

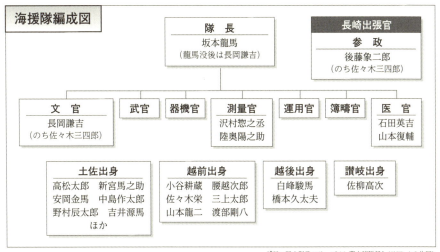

(『新・歴史群像シリーズ14 幕末諸隊録』(学研)より作図)

	前に福井藩へ招かれた横井小楠が献策した幕政改革の国是七条よりも具体的な内容を持つものであった。赤松の評判を耳にした慶永（春嶽）が提出させたものであり、坂本龍馬の船中八策よりも早い時期に文章化されている。春には拝謁した将軍徳川慶喜にも天幕一和を説いていた。
5月21日	土佐藩の中岡慎太郎*と板垣退助、京都の薩摩藩・小松帯刀邸で西郷隆盛らと会談し、同志とともに武力倒幕の密約をする（薩土盟約*）。
5月23日	将軍徳川慶喜、御前会議で兵庫開港への許可を得るに至る。慶喜は朝廷へ兵庫開港と長州処分の同時勅許を求め、翌24日の午後まで夜を徹する御前会議に臨み、朝廷内の反対派を説き伏せて、兵庫開港の勅許を獲得した。
同日	松平慶永（春嶽）ら四侯、4人の連名になる長州藩主父子の処分寛典を求める建白書を提出する。四侯は長州への寛大な処分を最優先するが、兵庫開港を先に進めようとする将軍慶喜により会議は解体する。
5月24日	兵庫開港、勅許される。
同日	公現親王（北白川宮能久親王）、日光・輪王寺門主となる。輪王寺門主であった慈性法親王の隠退に伴い、附弟である公現親王が法統を継ぎ、最後の輪王寺宮*となった。
5月27日	四侯会議、解散となる。
5月29日	海援隊の坂本龍馬ら、いろは丸問題を解決する。紀州藩船の明光丸が、鞆の浦（広島県福山市）から長崎へ向かったのを追って、龍馬らも長崎に入り、土佐藩と紀州藩が長崎奉行所で争い、紀州藩が賠償金を土佐藩に支払うことで決着した。
5月	薩摩藩の洋式機械紡績所（鹿児島紡績所）が竣工する。磯ノ浜（鹿児島市）に設立された鹿児島紡績所は、薩摩藩営であり、日本初の洋式紡績工場となる。紡績所総裁には、薩摩藩勝手方用人の松岡正人が就任。
6月9日	土佐藩の後藤象二郎、坂本龍馬、土佐藩船の夕顔丸で長崎を出港する。上京の船中で会談。大政奉還・議会の設置・大典（憲法）制定・海軍の拡張・諸外国との国交樹立など8カ条の新国家構想である船中八策*成る。
6月17日	土佐藩、藩論を大政奉還とする。京都に入った土佐の後藤象二郎は、在京の寺村左膳、福岡孝弟、真辺栄三郎に土佐藩の大条理（大政奉還論）を説き、賛同を得て藩論をまとめる。

中岡慎太郎（国立国会図書館蔵）

1838～1867。土佐の大庄屋の子として生まれる。土佐勤王党に加入して京都へ行き、尊王攘夷運動を展開。文久3年（1863）の七卿落ちの時には三条実美らに従って京都から長州へ行き、長州の攘夷派を指導した。その後再び京都へ出て陸援隊を作る。慶応3年（1867）、京都の近江屋で坂本龍馬といるところを襲われて死亡。

補足 ▶ 薩土盟約

慶応3年（1867）に、薩摩藩と土佐藩の間で結ばれた条約で、大政奉還と王政復古を実現させるために両藩が協力するという内容のもの。以後土佐藩では、大政奉還路線が定着した。

補足 ▶ 輪王寺宮

江戸時代にあった門跡寺の1つ。承応3年（1654）後水尾天皇の子・守澄親王が日光山輪王寺（栃木県日光市）に入ったときに、輪王寺宮の称号を賜ったのを最初とする。以後、出家した親王が代々引き継ぎ、輪王寺と寛永寺の門主（住職）を兼ねたため、普段は上野寛永寺にいた。

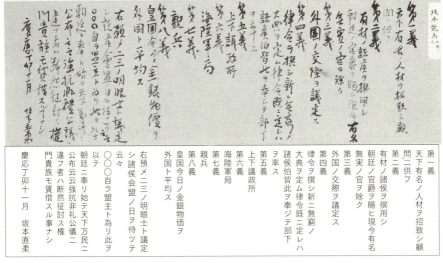

新政府綱領八策（国立国会図書館蔵）

坂本龍馬が船の中で考えたといわれていることから「船中八策」の名前がある。同様の内容のものを龍馬自身が複数書き残しており、これはそのうちの1つ。議会の開設、憲法の制定など新政府に関する構想で、文中の○○○に入る人名については、「慶喜公」など諸説ある。

1867

6月22日	薩土盟約が締結する。京都で薩摩藩の小松帯刀、西郷隆盛、大久保利通らと、土佐藩の後藤象二郎、寺村左膳ら、また坂本龍馬、中岡慎太郎が陪席して会談し、大政奉還を視野に入れた盟約を結ぶ。
6月	幕府の三兵伝習所が横浜・野毛山の太田陣屋（横浜市南区）から、江戸・駒場野（東京都目黒区）に移転する。これは太田陣屋が地理的に不便であり、また手狭になったからであった。
7月 8日	幕府、江戸・大坂に国産改所を設置。
7月29日	土佐藩の中岡慎太郎ら、陸援隊＊を結成する。洛東・白川村（京都市左京区）の土佐藩白川屋敷にあった営舎を拠点として、土佐陸援隊が発足する。隊長には中岡慎太郎が就き、薩摩の兵学者鈴木武五郎を迎え、隊士らに洋式銃による訓練を行った。
8月 8日	幕府、幕府札である江戸横浜通用金札を発行する。貿易用のお札で、一両、五両、十両、二十五両の4種類があった。金札は、金貨を引き替えの対象として発行された紙幣で、諸藩も藩札として発行していた。
8月14日	原市之進、暗殺される。水戸藩出身の原は、15代将軍徳川慶喜の懐刀といわれた人物で、慶喜に付いて水戸藩から一橋家に入り、幕臣となった。兵庫開港を推進したため、攘夷派幕臣の依田雄太郎らに殺害された。
同日	薩摩・長州・広島（安芸）藩による京都への薩長芸挙兵計画が図られる。
8月19日	幕府、大坂で金札を発行する。
8月	東海地方に「ええじゃないか」＊起こる。伊勢神宮の神符などが降ったのを契機として、この8月から翌年4月ごろにかけて東海・近畿地方を中心に起こった狂乱的な民衆運動で、一説には牟呂村（愛知県豊橋市）で始まったとされる。西は広島、南は四国の室戸、和歌山、東は甲州、信州から江戸までの各地に波及し、老若男女が身分を越え、また男装・女装姿もあり、「ええじゃないか」などと唱え、歌い踊りながら町や村を練り歩いた。唱え言葉には、「いいじゃないか」や「よいじゃないか」もあるが、一般には「ええじゃないか」と呼ばれる。「ええじゃないか」という名称は主に近江（滋賀県）から西の地域で、東の地域では御札祭、おかげ祭、おかげ踊、チョイトサ祭、ヤッチョロ祭などと呼ばれていた。
9月 3日	上田藩の赤松小三郎、暗殺される。赤松は、前年2月に京都に出て私塾を開き、門下生は諸藩から集まっていた。さらに薩摩藩二本松屋敷

慶応3

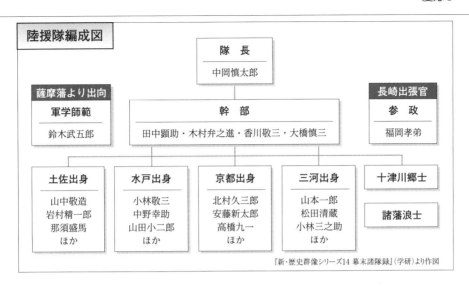

ええじゃないか（『絵暦貼込帳』国立国会図書館蔵）
ええじゃないかは、伊勢神宮のお札が降ったとして人々が騒乱状態になり、富豪の家に押し入って金品を貰うことなどもあった。物価高騰などに苦しんだ人々の世直し願望の発露だという説も、この騒ぎを倒幕派がうまく利用したという説もある。この絵は「ええじゃないか」を慶応4年の暦として描いている。

1867

	（京都市上京区）で、野津鎮雄や東郷平八郎に英国兵法などを教授したことがあったが、上田への帰省を前にしたこの日の白昼、殺害された。実行犯は薩摩藩士桐野利秋*と田代五郎左衛門であった。赤松の遺骸は薩摩藩の門弟らによって、京都の金戒光明寺の墓地に埋葬された。享年37。
9月7日	薩摩藩が討幕の密勅を受けたため薩土盟約が解消される。
9月20日	薩摩藩・長州藩・広島（安芸）藩の三藩、挙兵討幕を約す。広島藩は6月には薩摩・土佐藩と密約を交わすなど、盛んに志士らが交流しており、この日、薩長芸同盟を結ぶが、その後は大政奉還を建白するなど藩論が定まらなかった。
同日	幕府旗本の永井尚志、土佐藩の後藤象二郎に大政奉還（政権返上）建白書の提出を打診する。永井は将軍徳川慶喜の側近として、土佐藩への確認を行ったのである。
9月21日	徳川慶喜、内大臣に任ぜられる
10月3日	土佐藩、幕府へ大政奉還の建白を行う。前土佐藩主の山内容堂は、船中八策を下敷きとする後藤象二郎の進言を入れ、討幕の動きに先んじる大政奉還の建白書を老中板倉勝静（備中国松山藩主）へ提出した*。
10月12日	将軍徳川慶喜、12日から13日にかけて二条城に在京10万石以上の諸藩の重役を集め、大政奉還の上奏案を諮問する。
10月13日	薩摩藩に討幕の密勅が下され、長州藩へ藩主父子の官位復旧の宣旨がなされた。公卿中山忠能邸から岩倉具視の子によって運ばれた長州藩主官位復旧の宣旨は、岩倉邸で長州藩士広沢真臣*に与えられる。これにより長州藩は朝敵の汚名を返上することになる。また、薩摩藩大久保利通には討幕の密勅の写しが与えられた。
10月14日	将軍徳川慶喜、朝廷に大政奉還（政権返上）の上表文を提出する。
同日	長州藩へ討幕の密勅が下される。公卿正親町三条実愛は、薩摩藩の大久保利通、長州藩の広沢真臣を自邸に呼び、広沢に討幕の密勅を与えた。また、会津藩主松平容保と桑名藩主松平定敬を討つ沙汰書などを授ける。
10月15日	大政奉還、勅許される。
10月21日	討幕の密勅を見合わせる沙汰書が薩摩・長州藩に下る。将軍徳川慶喜が政権返上を上奏して勅許されたことにより、討幕へのクーデターは見合わせとなる。
同日	幕府、在府の諸大名に総登城を命じ、大政奉還の勅許およびその後の

慶応3

桐野利秋（北海道大学附属図書館蔵）
1838～1877。薩摩藩士の子として生まれる。はじめ中村半次郎と称していたが、明治になって名を改めた。西郷隆盛に認められ、鳥羽・伏見の戦いや会津戦争では、軍監として若松城の受け取りを果たした。明治なってからは陸軍の要職についていたが、明治6年（1873）に下野して私学校設立に参加。西南戦争で、西郷らと城山に籠り死す。

広沢真臣（福井市立郷土歴史博物館蔵）
1833～1871。長州藩士。藩の安政改革に参画して、攘夷派と接近。禁門の変で長州が敗れると投獄されたが、倒幕派が盛り返すと出獄、木戸孝允とともに藩政を指導した。慶応3年（1867）に討幕の密勅を受ける。明治2年（1869）の版籍奉還実現に尽力。明治4年（1671）、暗殺されるが、犯人は不明のままである。

大政奉還への道のり

幕府は、雄藩（勢力の強い藩）の政治介入を拒み続け、元福井藩主松平慶永（春嶽）、薩摩藩国父・島津久光、元土佐藩主山内豊信（容堂）、元宇和島藩主伊達宗城らの反対を押し切り長州問題と兵庫開港の件を解決した。平和的解決に見切りをつけた長州藩と薩摩藩との間で慶応3年（1867）1月、薩長同盟が結ばれる。その一方で、土佐藩と薩摩藩は公議政体樹立のために手を結ぶ。土佐藩は、公議政体樹立に向けて、徳川慶喜に自ら政権の返上を申し出るよう勧めた。大政奉還の考えは、坂本龍馬が土佐藩の後藤象二郎に提案し、後藤が容堂に上申したともいわれる。慶喜はこれを受け入れ、慶応3年（1867）10月14日に朝廷に申し出、翌日朝廷が受け入れた。

	朝旨を伝える。
10月24日	将軍徳川慶喜、将軍職の辞職を請う。しかし朝廷は辞職を保留し、諸藩の藩主が京都に来るまで慶喜に政務を委任することとする。
11月13日	薩摩藩主島津忠義、兵を率いて出発する。討幕の密勅を受けた薩摩藩は、直ちに藩主忠義が西郷隆盛らの藩兵を率いて京都を目指した。
11月15日	土佐の海援隊隊長坂本龍馬、暗殺される*。龍馬は、京都の下宿先であった醬油商近江屋の2階で、同席していた陸援隊隊長の中岡慎太郎とともに襲撃され、死亡した。享年33。暗殺実行犯の有力説は京都見廻組。中岡慎太郎は重傷を負いながらもその日には死なず、17日に死亡した。享年30。
11月18日	油小路事件が起こる。新選組が同組を脱退して御陵衛士となった伊東甲子太郎を暗殺し、伊東の遺骸を引き取りに来た同志の御陵衛士らを油小路七条の辻で待ち伏せ、戦闘となった。御陵衛士では藤堂平助ら3名が死亡し、他は逃走後、薩摩藩に保護された。伊東甲子太郎は、新選組の幹部であったが、同年3月に孝明天皇の御陵衛士を拝命し、同志らとともに新選組を離れ、屯所を構えた*。伊東はこれ以前から勤王討幕派と交流し、新選組から分離後も王政復古のため、朝廷に建白書を提出するなど活動していた。新選組は同年6月に隊士総員が幕臣に取り立てられ、御陵衛士らと対立を深めていた。
11月19日	兵庫の運上所（税館。現神戸税関）が棟上げとなる。
11月23日	薩摩藩主島津忠義、入京する。
11月28日	幕府、ロシアと改税約書に調印する。
11月29日	長州藩兵、摂津の打出浜（兵庫県芦屋市）に上陸。長州藩も討幕の密勅を受けると、藩兵1,000名以上が蒸気船などに分乗して三田尻（山口県防府市）を出発する。当初は西宮へ上陸の予定だったが、ここに幕府兵が駐屯していると知り、衝突を避けて打出浜に上陸した。
12月6日	福井藩の中根雪江、将軍徳川慶喜に王政復古計画を報告する。しかし、慶喜は、会津・桑名藩などの暴発を恐れ、彼らを抑えるために静観策をとる。
12月7日	兵庫開港・大坂開市となる*。兵庫港が開港となり、運上所が開かれ、イギリス・フランス・アメリカ・オランダなど各国公使・領事らが出席して開港式典が行われる。
12月7日夜	紀州藩士三浦休太郎、京都の旅館・天満屋（京都市下京区）で襲撃される（天満屋事件）。天満屋旅館に滞在中の紀州藩士三浦休太郎が、陸

慶応3

龍馬暗殺
坂本龍馬は、薩摩藩の定宿であった寺田屋から材木商酢屋へと宿泊先を変えたが、のちに、醬油商近江屋に移った。この場所から土佐藩邸は近かったため、近江屋の主人が異変を土佐藩邸に知らせに行き、谷干城、田中顕光らが駆けつけている。坂本龍馬を殺した犯人について、明治3年（1870）京都見廻組だった今井信郎が「自分がやった」と自供した。

御陵衛士屯所跡
伊東甲子太郎をはじめ御陵衛士たちは、東山にある高台寺の塔頭月真院（京都市東山区）に移った。なお、高台寺は豊臣秀吉の正室が、秀吉の菩提を弔うために創建した寺として有名である。

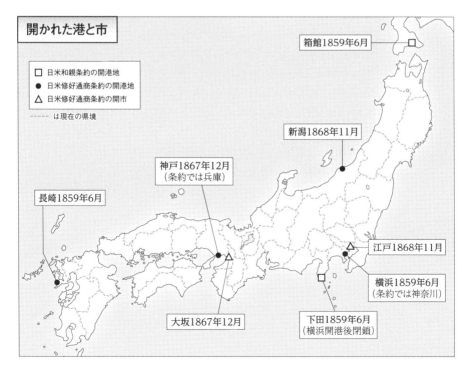

奥宗光ら海援隊・陸援隊の土佐藩士ら14名と十津川郷士2名に襲撃される事件が起きる。これは、いろは丸事件で土佐側に賠償金を支払うことになった紀州藩が、新選組を動かして坂本龍馬と中岡慎太郎を暗殺したとして、海陸援隊士らが復讐のために三浦を襲ったものである。このとき三浦には襲撃を警戒していた新選組隊士が警備についており、乱闘となって、十津川郷士の中井庄五郎と、新選組隊士宮川信吉が死亡した。

12月8日　御所・御学問所において、翌日朝まで朝議。議題は、八月十八日の政変で、長州藩と七卿が受けた追放の赦免と王政復古発令の奏上であった。

12月9日　朝廷、王政復古を宣言する。天皇親政の新政権が樹立し、夜には最初の会議である小御所会議が開かれる。三職(総裁・議定・参与)が置かれ*、総裁には有栖川宮熾仁親王*が就任し、議定には仁和寺宮嘉彰親王(小松宮彰仁親王)ら皇族や、中山忠能らの公卿と福井藩の前藩主松平慶永(春嶽)らの諸侯の10名が任じられ、参与には岩倉具視以下の公家や薩摩の大久保利通、西郷隆盛など雄藩の藩士が任命された。また、小御所会議では、前土佐藩主の山内豊信(容堂)や慶永(春嶽)らの徳川擁護派と、大久保らの討幕派が激しく議論することとなった。徳川慶喜に大政奉還を建白した容堂も、徳川氏の辞官納地には反対したが、岩倉具視は容堂らを抑えて慶喜の辞官納地*が決定した。

12月12日　徳川慶喜、京都から大坂へ入る。王政復古の大号令が発せられ、慶喜は討幕派と無用の衝突を避けるため、護衛の兵や会津・桑名らの佐幕派諸藩とともに下坂した。

12月14日　徳川慶喜、イギリス・フランスの両国公使と謁見する。慶喜は、大坂城内本丸御殿白書院において、イギリス公使パークス、フランス公使ロッシュと謁見し、彼らに領地返納には従わないことなどを説明した。

同日　新政府、王政復古を諸藩に布告する。

12月16日　徳川慶喜、イギリス・フランス・アメリカ・オランダ・プロイセン・イタリアの6カ国公使と謁見する。この日慶喜は、大坂城内で欧米6カ国公使と謁見し、14日にも述べた大坂への撤退理由を説明し、外交権は自分にあることを表明する。

同日　朝議により、議定松平慶永(春嶽)に、徳川慶勝とともに、徳川慶喜に辞官納地の朝命を促すことを命ずる。

12月23日　江戸城二の丸御殿が火災に遭い、全焼する。以後、二の丸は再建され

慶応3年（1867）三職の設置

総裁
- 有栖川宮熾仁親王

議定
- 仁和寺宮嘉彰親王
- 山階宮晃親王
- 中山忠能（公家）
- 正親町三条実愛（公家）
- 中御門経之（公家）
- 徳川慶勝（元尾張藩主）
- 松平慶永（元福井藩主）
- 浅野長勲（広島藩嗣子）
- 山内容堂（元土佐藩主）
- 島津忠義（薩摩藩主）

参与
- 大原重徳（公家）
- 万里小路博房（公家）
- 長谷信篤（公家）
- 岩倉具視（公家）
- 橋本実梁（公家）
- 丹羽賢（尾張藩士）
- 田中不二麿（尾張藩士）
- 荒川甚作（尾張藩士）
- 中根雪江（福井藩士）
- 酒井十之丞（福井藩士）
- 毛受洪（福井藩士）
- 辻将曹（広島藩士）
- 桜井与四郎（広島藩士）
- 久保田平司（広島藩士）
- 後藤象二郎（土佐藩士）
- 神山郡廉（土佐藩士）
- 福岡孝弟（土佐藩士）
- 西郷隆盛（薩摩藩士）
- 大久保利通（薩摩藩士）
- 岩下方平（薩摩藩士）

有栖川宮熾仁親王（福井市立郷土歴史博物館蔵）
1835～1895。有栖川宮家の9代目当主。将軍徳川家茂と結婚した和宮の許婚であったことで知られる。元治元年（1864）の禁門の変で謹慎処分を受けたが、慶応3年（1867）の王政復古で総裁に就任した。戊辰戦争では東征大総督を務める。西南戦争では征討総督として出陣し、軍功により陸軍大将となった。日清戦争では、陸海全軍の総参謀長となった。

補足　親王

嵯峨天皇（在位786年～809年）から明治までは、皇族の男子のなかで、親王宣下を受けた者のこと。なお、天皇の子ではなくとも親王宣下を受ければ、なることができた。

補足　辞官納地

降官納地問題ともいい、王政復古に伴う徳川家の処理についての問題のこと。長州藩や薩摩藩は、徳川家の権威を削がぬかぎり王政復古は実現できないと考え、徳川慶喜に対して、内大臣の官位辞退と領地返上を求めた。一方、土佐藩などはこれに反発、元尾張藩主徳川慶勝と、元福井藩主松平慶永（春嶽）が調停に入り、前内大臣の慶喜は、幕府の費用を諸藩同様に負担することを条件に、新政府の議定に迎えられることになったが、鳥羽・伏見の戦いが起こり、慶喜が新政府の議定に就くことはなかった。

12月24日	なかった。 朝議により、徳川慶喜に辞官納地の命が下ったことが伝えられる。
12月25日	江戸の薩摩藩屋敷*、焼き討ちされる。三田（東京都港区）の薩摩藩江戸屋敷には同年10月ごろから全国の討幕・尊攘派浪士が集められ、江戸市中の攪乱工作を行っていた。これに江戸市中取締の任にあった庄内藩士は憤慨、庄内藩兵や諸藩兵が薩摩藩屋敷と支藩の佐土原藩屋敷を襲撃した。薩摩側の挑発行為に乗ってしまったことが、鳥羽・伏見の戦いを引き起こす一因となる。

慶応4年（1868）

1月1日	徳川慶喜、討薩の表を発し、旧幕府軍へ京都への進軍を命じる。
1月2日	旧幕府軍、討薩表を掲げて大坂を発し、京都へ進軍を開始する。会津・桑名藩兵など約1万5,000の旧幕府軍の軍勢は、薩摩藩の罪状を記した討薩表を掲げ、徳川慶喜の上京と朝廷参内を求めて、大坂を発して進軍し、本営とする淀（京都市伏見区）まで進む。
1月3日	鳥羽・伏見の戦いが勃発し、戊辰戦争始まる*。大坂を発した旧幕府軍は、鳥羽・伏見の両街道を京へと上ってきた。鳥羽街道を進む旧幕府軍の先鋒はいったん小枝橋（京都市伏見区）を渡るが、薩摩藩監軍に朝廷の裁可を仰ぐといわれたため、旧幕府大目付の旗本滝川具挙の待つ赤池（京都市伏見区）まで引き返すが、すでに朝廷からは通行不許可の命が出ており、この赤池で、旧幕府軍勢と、入京を阻止しようとする薩摩・長州を中心とする新政府軍が対峙し、押し問答となる。午後5時ごろ、鳥羽離宮の庭園跡に残る秋の山から薩摩藩兵が放った大砲により鳥羽・伏見の戦いが始まり、戊辰戦争開戦となった。この日、伏見では、御香宮（京都市伏見区）を本陣とする薩摩藩兵らと、その下方に位置する旧伏見奉行所屋敷に陣する会津藩兵・新選組らとの砲戦や、市街での両軍の白兵戦が展開された。
1月4日	新政府軍、仁和寺宮嘉彰親王（小松宮彰仁親王）を征討将軍とし、仁和寺宮は薩摩藩兵らを従え、錦旗*とともに東寺の本営に入り、東寺に錦の御旗が立った。これはやがて旧幕府軍の知るところとなり、新政府軍が官軍に、旧幕府軍が賊軍とされることになる。夕刻、淀城に入城を求めた旧幕府軍は、拒否される。このとき、藩主稲葉正邦は老

「皇国一新見聞誌　伏見の戦争」（東京都立中央図書館特別文庫室蔵）
明治になって作られた錦絵の1つ。作者は、近年人気の高い月岡芳年。

「錦旗図」（山口県立山口博物館蔵）
錦の御旗（錦旗）とは赤い錦に日月を金銀糸で刺繍したか描いた旗のこと。承久3年（1221）の承久の乱の際に後鳥羽上皇から官軍が賜ったのが始まりとされ、朝敵を討伐する際には必ず、官軍に与えられるとされた。この旗を掲げた軍勢は天皇の軍勢となるため、天皇に弓を引くことはできない、と戦わない者もいたという。

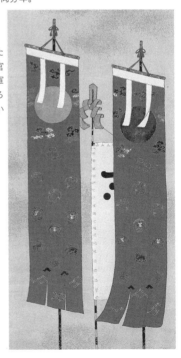

薩摩藩屋敷跡（東京都港区）
焼き討ち事件が起こった薩摩藩屋敷は、現在NECの敷地として整備され、西郷隆盛の孫が揮毫した碑が立っている。

1868

	中として江戸におり、淀藩ではその留守中に戦いに巻き込まれるのを恐れたための判断で、譜代藩が新政府に恭順を示す結果となった。
1月5日	淀堤千両松（京都市伏見区）などで激戦となる。富ノ森（京都市伏見区）や淀堤千両松と呼ばれる場所で両軍の激戦が展開されるが、旧幕府軍が敗走する結果となった*。
1月6日	高浜砲台（大阪府三島郡島本町）を守る津藩が、旧幕府軍へ砲撃を行う。旧幕府軍では、淀川の両岸に置かれた高浜砲台と橋本（楠葉）砲台による新政府軍への挟撃計画があったが、この日、津藩は恭順を示し、正午すぎ、対岸の旧幕府軍へ発砲を開始、この寝返りも旧幕府軍を敗走に向かわせた。
同日	徳川慶喜、大坂城から海路江戸へ帰る。徳川慶喜は旧幕府軍の敗報により、江戸帰還と恭順謹慎を決意し、夜10時ごろ、会津藩主松平容保、桑名藩主松平定敬、老中の酒井忠惇（姫路藩主）、板倉勝静（備中国松山藩主）、大目付の戸川安愛（旗本）、外国総奉行の山口直毅（旗本）、目付の榎本道章（旗本）らを従えて秘かに大坂城を脱出した。その後、八軒屋（大阪市中央区）の船着き場から小舟で天保山沖に停泊中の軍艦開陽丸を目指すが、暗くて分からず、アメリカ艦に乗船し、翌日になって開陽丸へ乗り換えた。
1月7日	新政府、徳川慶喜の追討令を出す。
1月8日	徳川慶喜ら一行、この夜、天保山沖から開陽丸を出航させる。開陽丸艦長の榎本武揚は上陸中で不在であったため、副艦長の沢太郎左衛門に命じて出港させた。
1月10日	新政府、徳川慶喜以下27名の官位を奪い、旧幕府領を直轄とする。
1月11日	近江・愛知郡松尾山（滋賀県愛荘町）の金剛輪寺において、赤報隊*が結成される。赤報隊は、東征軍の先鋒隊として、公卿の綾小路俊実と滋野井公寿を擁し、相楽総三とその同志を中心に結成された。相楽は、前日に新政府へ挙兵の届け出を行い、その後、年貢半減の建白書と赤報隊認可の嘆願書を提出。太政官よりの沙汰書を受けて、同隊を3隊に分け、同月15日、金剛輪寺を出陣する。
同日	神戸事件起こる。神戸の三宮神社前（神戸市中央区）において、岡山藩兵が、隊列を横切ったフランス人水兵らを槍で負傷させ、これが衝突・発砲事件に発展。折しも兵庫開港を祝い、フランスはじめ、アメリカ、イギリスなど諸国の艦船が集結しており、外国軍は神戸を占拠する事態となった。同年2月9日、新政府が岡山藩の発砲責任者を切

慶応4

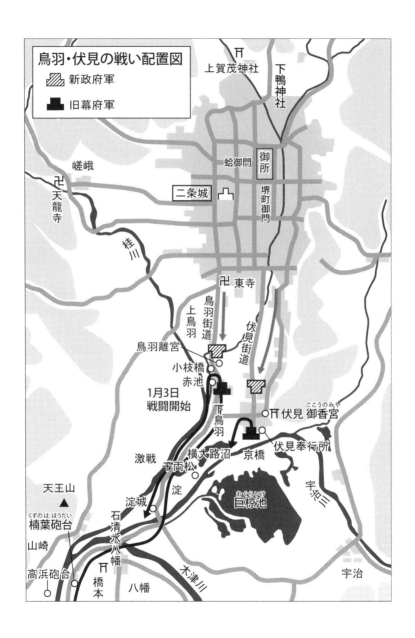

1868

	腹させて解決に至った。
1月12日	徳川慶喜ら乗船の開陽丸、品川沖に到着し、浜御殿で上陸*。江戸城西の丸に入る。
1月13日	新政府、太政官代を置く。太政官制は、内閣制度成立以前の明治新政府の職制で、太政官はその最高官庁となる。この日、公卿九条道孝邸内に太政官代が置かれ、3職7科の制が発足した。
1月15日	新政府、王政復古を各国に通告する。
同日	明治天皇元服。
1月17日	新政府、7科を太政官に置く（三職分科の制）。7科は内国事務・外国事務・海陸軍事事務・会計事務・刑法事務・神祇事務科と制度寮。
同日	新政府、外国との和親を国内に布告する。
1月20日	新政府、幕府が締結した条約遵守を各国に通告する。
1月21日	外国事務総督東久世通禧、各国の局外中立を要請する。
1月25日	イギリス・フランス・アメリカ・オランダ・プロイセン・イタリアが日本国内の戦いにおける局外中立を布告する。
1月28日	桑名藩、新政府軍に恭順、開城する。藩主松平定敬は、さきに徳川慶喜に随行して、江戸にいた。藩主不在中、桑名藩では定敬の養子松平定教を立て、新政府に恭順し、この日、城を開城した。藩主定敬は、その後、主戦派の藩士らと北越や会津に転戦していく。
2月3日	明治天皇、徳川慶喜親征の詔を発布する。
同日	7科の職制を改め、3職8局とする（三職八局の制）*。
2月4日	会津藩主松平容保、致仕して家督を養子の松平喜徳に譲り、恭順を示す。松平喜徳は、水戸藩の徳川斉昭の19男で、徳川慶喜の実弟にあたる。慶応2年（1866）12月に松平容保の養子に入り、この日、10代会津藩主となった。
2月9日	新政府、徳川追討の東征大総督府を設置し、東征大総督（総司令官）に有栖川宮熾仁親王が任命される。また、仁和寺宮嘉彰親王（小松宮彰仁親王）は海軍総督となる。さらに、先に設置されていた東海道・東山道・北陸道の鎮撫使を改めて、先鋒総督兼鎮撫使とした。
2月11日	新政府、貢士の制を制定する。貢士は議事官で、40万石以上の大藩から3名、10万石以上の中藩から2名、10万石未満の小藩から1名ずつ選ばれて、藩論を代表し、下の議事所（下議院）に議員となり出仕して議事に参加した。
2月12日	徳川慶喜、上野・寛永寺（東京都台東区）の塔頭・大慈院に移り、恭

補足 赤報隊

赤報隊は、一番隊の相楽総三とその同志、二番隊の鈴木三樹三郎（伊東甲子太郎の実弟）と新選組脱隊士、三番隊の岩倉具視の内意を受けて参加した３つのグループに分かれていた。相楽は旧幕府領の年貢軽減を建白し、年貢半減を掲げて東山道を東進したが、新政府軍の政策転換に伴い、赤報隊は京都へ呼び戻され、一番隊はそれに従わず、さらに東山道を進んだ。次第に隊の周りには世直しを求める農民たちが集まるようになり、新政府は偽官軍として彼らを捕らえて慶応４年（1868）３月３日処刑した。

将軍お上がり場（東京都中央区浜離宮恩賜庭園内）
松平容保と松平定敬兄弟らと開陽丸で江戸へ戻った徳川慶喜は、当時将軍家が所有していた浜御殿（現浜離宮恩賜公園）から上陸した。勝海舟は慶喜に呼び出されて浜御殿まで出迎えに行ったという。現在、公園内に将軍お上り場の場所を示す案内が立っている。

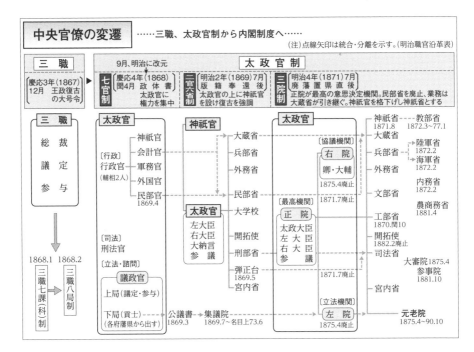

	順謝罪の書を提出し、謹慎生活に入る。
2月15日	新政府軍、錦旗を掲げて東征を開始する。東征軍は東海道、東山道、北陸道の3方面に分かれて進軍する。
同日	土佐藩兵がフランス軍艦の水兵を殺傷する堺事件起こる。堺（大阪府堺市）に入港したフランス軍艦の水兵が上陸し、周辺住民に乱暴を働いたため、警備の土佐藩兵がフランス水兵11名を殺傷した。新政府はフランス側の要求を認め、同月23日、土佐藩関係者11名が自刃した*。
2月23日	彰義隊*が結成される。徳川慶喜への追討令に激昂した旧幕臣らは、同志を集める目的で陸軍諸隊などへ檄文を回していたが、慶喜の上野・大慈院（東京都台東区）蟄居でその憤懣は大きくなり、会合を重ねてこの日、浅草・本願寺（東京都台東区）で彰義隊を結成する。当初、彰義隊80余名の頭取には渋沢成一郎、副頭取には天野八郎が任命された。
2月30日	イギリス公使パークス*一行が、明治天皇に謁見するため京都の宿舎であった知恩院（京都市東山区）を出て御所へ向かう途中、朱雀操と三枝蓊の2人に襲撃される事件が起こる。このため参内は中止。3月3日に参内した。護衛の薩摩藩士中井弘蔵と土佐藩士後藤象二郎が応戦したため、朱雀は斬殺され、三枝も警備兵に重傷を負わされて捕縛され、のち同年3月4日に斬首刑となった。
3月3日	赤報隊の一番隊相楽総三ら、信濃・下諏訪（長野県諏訪市）で処刑される。
3月5日	旗本の山岡鉄舟が、勝海舟と会見する。旗本の高橋泥舟より推薦された鉄舟は、徳川慶喜に謁見後、海舟に相談をし、静岡（府中宿）の新政府軍へ談判に向かうこととなる。鉄舟は、このとき初めて海舟と会った*。
3月6日	新政府軍、江戸城総攻撃の日を3月15日とする。
同日	新政府の東山道軍と旧幕府の甲陽鎮撫隊、甲州柏尾（山梨県甲州市）で戦闘になる（甲州勝沼戦争）。旧幕府から甲州鎮撫を命じられた新選組が甲陽鎮撫隊を名乗り、江戸から甲州街道を甲府城に向かうが、東山道軍は、前日に甲府城を接収。この日、柏尾で戦うが、甲陽鎮撫隊は敗走した。
3月7日	桑名藩主松平定敬と抗戦派藩士、江戸より海路、越後・柏崎（新潟県柏崎市）へ向かう。
3月9日	旗本の山岡鉄舟、東征大総督府西郷隆盛と会談する。静岡・伝馬町

慶応4

堺事件で自刃した土佐藩士の墓
（大阪府堺市・宝珠院）
堺事件で切腹した土佐藩士たちは、土佐十一烈士として宝珠院に葬られた。フランス兵を殺害した犯人として20名の土佐藩士が切腹することになっていたが、11名が行ったところで中止となり、残りの9名は罪人として土佐に返されたという。

パークス（国際日本文化研究センター蔵）
1828～1885。慶応元年（1865）、オールコックの後任として赴任したイギリスの駐日公使で、フランスのロッシュが幕府の援助をしたのに対抗して、薩摩藩・長州藩を援助。慶応4年（1868）、他の列強に先駆けて明治新政府を承認した。

> **幕末の三舟**
> 旗本の勝海舟、高橋泥舟、山岡鉄舟は、江戸城無血開城に尽力し、彼らの号に「舟」という字が使われていることから、3人をまとめて「幕末の三舟」ともいう。高橋泥舟は槍術で有名な旗本山岡家に生まれたが、旗本高橋家に養子に行った。その後、生家山岡家を継ぐ者がいなくなり、弟子の鉄舟に山岡家へ入ってもらったという。

補足 彰義隊
徳川慶喜の警護を名目に旧幕臣を中心に結成され、多い時には3,000人に上ったという。慶喜が水戸へ去った後も上野寛永寺に立てこもったが上野戦争で壊滅状態となり、生き残った者の一部が榎本武揚率いる旧幕府軍に加わった。

1868

	（静岡市葵区）の松崎屋源兵衛宅にいる新政府の下参謀西郷のもとに旧幕府側の鉄舟が訪れ、旧幕府陸軍総裁勝海舟の書を呈し、徳川慶喜の処遇、江戸城の明け渡しや幕府の軍艦・武器などの引き渡しについて話し合い、合意がなされる。
3月13日	新政府の下参謀西郷隆盛と、旧幕府陸軍総裁勝海舟*が会談を行う。江戸・高輪（東京都港区）の薩摩藩蔵屋敷（下屋敷という説もあり）において会談が行われ、山岡鉄舟も同席する*。
3月14日	西郷隆盛と勝海舟との会談が再び行われる（江戸開城の合意なる）。会談は、芝・田町（東京都港区）の薩摩藩蔵屋敷において行われ、江戸城の無血開城が決定する。これにより、新政府軍の江戸城総攻撃も中止となる。
同日	明治天皇、5カ条からなる御誓文を宣布する（五箇条の誓文*）。明治新政府の基本方針になり、新政府の参与（福井藩士）由利公正が原案を起草した。五榜の掲示（太政官布告の五つの高札）が出された。これは旧幕府の高札をすべて廃止し、新たに太政官名で記した五札を掲示するよう命じたものである。五札のうち、「定」は永年掲示を命じる第一・第二・第三札で、「覚」は時々の布令であり、のちに取り除かれる第四・第五札である。
3月21日	明治天皇、大坂に行幸する（23日大坂着）。
3月22日	新政府軍の奥羽鎮撫総督九条道孝、下参謀の薩摩藩士大山綱吉、長州藩士世良修蔵を従え、仙台に入る。仙台藩は、1月に会津討伐を命ぜられていたが、東北を戦火から守るためにも会津藩に謝罪するよう説得を試みる。
3月23日	朝廷、会津藩に対する追討令を下す。戊辰戦争のうち、会津戦争と呼ばれる戦いの始まりとなった（東北戦争）。
3月28日	新政府・太政官、神仏分離令（神仏判然令）を発し、神仏習合を禁止する。同年1月17日に神祇科が設置され、次いで神祇事務局が置かれ、さらに神祇官が再興された。祭政一致の実現を目指す新政府は、3月13日には、すべての神社が神祇官の附属となることを定めた。そして、28日、「権現」などの仏教語を神号とする神社の調査、また仏像を神体とすることや、神社に「鰐口・梵鐘」その他の仏具を置くことなどの禁止を全国に布告した。以後、全国に神仏分離の意図を超えて寺院の仏堂・仏像・仏具などを破壊・撤去する廃仏毀釈運動が起こるに至る。

慶応4

西郷・勝会見の地（東京都港区）
JR田町駅近くにあるビルの一角に碑が立っている。ここには薩摩藩の蔵屋敷があったという。

五箇条の誓文

一、広ク会議ヲ興シ万機公論ニ決スベシ

一、上下心ヲ一ニシテ盛ニ経綸ヲ行フベシ

一、官武一途庶民ニ至ル迄各其志ヲ遂ゲ人心ヲシテ倦ザラシメン事ヲ要ス

一、旧来ノ陋習ヲ破リ天地ノ公道ニ基クベシ

一、智識ヲ世界ニ求メ大ニ皇基ヲ振起スベシ

五箇条の誓文
明治天皇が神々に誓うという形で発布。福井藩士の由利公正や土佐藩士の福岡孝弟が起案したものに、木戸孝允が修正を加えたといわれている。古い因習の打破や知識を広く世界に求める開明思想も盛り込まれており、のちの自由民権運動に影響を与えた。

勝海舟（福井市立郷土歴史資料館蔵）
1823～1899。幕臣の子として生まれる。安政2年（1855）、長崎海軍伝習所に入り、安政6年（1859）、軍艦操練所教授方頭取、万延元年（1860）、咸臨丸艦長、文久2年（1862）には軍艦奉行並など幕府の海軍関係の要職を歴任する。明治になっても海軍大輔など海軍関係の役に就いた。

1868

4月 3日	下総・流山（千葉県流山市）に滞陣していた新選組の局長近藤勇、新政府軍に包囲され、出頭要請に応じ、越谷（埼玉県越谷市）へ連行される。甲州からの敗走後、新選組は江戸、五兵衛新田（東京都足立区）を経て、流山へ転陣し、洋式訓練などを行っていたが、これを春日部（埼玉県春日部市）進出の新政府軍に知られ、本陣を取り囲まれた。大久保大和を名乗っていた局長・近藤は、取り調べに応じる。同月5日には新政府軍本営のある板橋宿（東京都板橋区）に移された。
4月 4日	新政府の勅使として東海道先鋒総督橋本実梁、副総督柳原前光が江戸城に入城する。新政府の西郷隆盛もわずかな供連れで勅使とともに入城した。
4月11日	新政府軍、江戸城を接収し、徳川慶喜は上野・寛永寺大慈院より水戸へ向かう（江戸無血開城）。江戸城は尾張藩が管理することになり、尾張藩兵も入城する。しかし、旧幕府軍内では抗戦派の幕臣や脱走兵が、翌日には下総・国府台（千葉県市川市）に集結することになる。
4月15日	徳川慶喜、水戸に到着する。
4月16日・17日	小山戦争（第1次〜第3次）で、旧幕府軍、新政府軍に連勝する。このころ、ほかにも南関東で戦いが起こる。
4月19〜23日	宇都宮城を攻略する戦いが、旧幕府軍と新政府軍との間で起こる（宇都宮戦争*）。宇都宮城は旧幕府軍の攻撃を受け、19日に開城する。城内に居た宇都宮藩藩主戸田忠恕は館林藩へ逃れた。23日には新政府軍が猛攻撃をかけ、宇都宮の旧幕府軍は撤退を決め、日光（栃木県日光市）へと向かった。
4月25日	新選組の局長近藤勇、板橋で処刑される。近藤は、大久保大和と名乗っていたが、護送された板橋宿の新政府軍本営で、元御陵衛士の加納鷲雄らによって身分を看破された。その後、取り調べを受けて、死罪とされ、板橋宿郊外で斬首。首は京都・三条河原（京都市中京区）で晒された。
4月26日	箱根・山崎の戦い。旧幕府軍の遊撃隊と新政府軍が箱根山崎村（神奈川県箱根山）で戦闘を展開。翌日の未明には遊撃隊は撤退を決め、奥州に転戦していく。遊撃隊の第2軍隊長伊庭八郎は、箱根・早川に架かる三枚橋で左腕を失う重傷を負うが、その後、旧幕府軍に合流し、箱館戦争にも参戦する。
閏 4月 3日	福沢諭吉、私塾の英学塾を芝新銭座（東京都港区）に移転し、年号にちなんで慶応義塾と命名。授業料制度のある新しい学塾とした。

慶応4

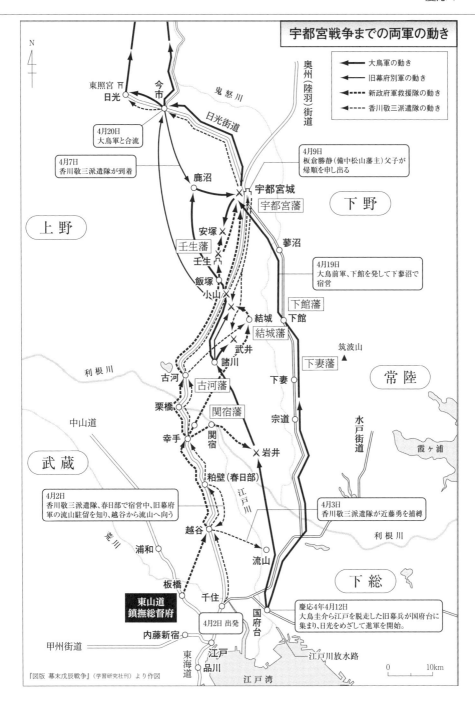

1868

| 閏4月6日 | 旗本の小栗忠順、斬首される。小栗は勘定奉行や陸軍奉行を務めていたが、鳥羽・伏見の戦いで旧幕府軍が敗れ、江戸帰還になると、抗戦論を主張。これを徳川慶喜に退けられ、役職も罷免となり、3月、家族とともに知行所の上野・権田村（群馬県高崎市）に移った。しかし、新政府軍に捕らえられ、取り調べのないままに、家臣3名とともに烏川の河原（群馬県高崎市）で斬首された。また、翌日には養継嗣の小栗又一も、高崎城内で家臣3名とともに斬首となった。 |

閏4月12日　仙台・米沢の両藩が連名で、新政府軍奥羽鎮撫総督九条道孝*へ会津藩寛典処分の嘆願書を提出する。しかし、これは却下された。

閏4月17日　会津への討ち入りを命じる。

閏4月20日　奥羽鎮撫総督府参謀の世良修蔵、仙台藩士に斬殺される。世良が薩摩の下参謀大山綱良に奥羽皆敵とする密書を送ろうとしていたことが発覚し、これに会津藩への恭順説得にあたっていた仙台藩士は激昂。この日早朝、福島城下の宿にいた世良を襲撃して殺害した。

閏4月21日　新政府、政体書を制定する（七官両局の制）。政体書は、「五箇条の誓文」に基づき、政府の目的や組織原理、官制などを定めた法令のことで、参与の福岡孝弟と副島種臣がアメリカの制度や、福沢諭吉の『西洋事情』などを参考に起草したとされる。形式的な三権分立制や官吏公選制を取り入れることを規定していたが、実際には有名無実であった。

同日　大鳥圭介*らの旧幕府兵と会津藩兵の連合軍が、日光・今市の攻略に失敗する。この閏4月後半以降、旧幕府軍と新政府軍は、会津周辺地域の各所で戦闘を展開する。

閏4月27日　桑名藩の立見尚文率いる雷神隊ら、越後・鯨波（新潟県柏崎市）の戦いで新政府軍を撃退する。桑名藩主松平定敬と同藩の抗戦を主張した佐幕派家臣団は越後・柏崎を拠点に戦う。鯨波の戦いでは、薩摩・長州藩兵を、立見ら桑名藩兵が撤退させ、その後、藩主定敬を擁する桑名藩兵は会津方面へ転戦していく。

閏4月29日　新政府軍大総督府、御三卿田安家の嫡子田安亀之助に、徳川宗家を相続させ、徳川家達*と改名させる。

5月2日　越後・小千谷（新潟県小千谷市）で長岡藩の家老河井継之助と新政府東山道軍の軍監岩村高俊（土佐藩）が会談するが、決裂する（小千谷会談）。小千谷の慈眼寺で行われた会談では、河井が会津藩との和議の仲介を提案したが、新政府側はこれを拒否し、長岡藩と新政府軍と

慶応4

大鳥圭介（函館市中央図書館蔵）
1833〜1911。播磨国赤穂（兵庫県赤穂市）に生まれ、閑谷学校や適々斎塾などで学ぶ。慶応2年（1866）、幕臣に取り立てられ、幕府の西洋式調練にあたる。江戸開城後は、旧幕府軍に参加して会津などを転戦、箱館の五稜郭で降伏した。その後投獄されたが、明治5年（1872）に出獄し、工部大学校長、学習院長、華族女学校長など役職に就く。また、日清戦争の開戦外交を指揮した。

九条道孝（福井市立郷土歴史博物館蔵）
1839〜1906。公家の九条家に生まれ、幕府との協調路線を主張したため、王政復古の後には参内停止を申し付けられた。明治新政府軍の奥羽鎮撫総督を命じられ、東北を転戦。のちに明治天皇の相談役を務めた。

徳川家達　幼少期（福井市立郷土歴史博物館蔵）
1863〜1940。徳川御三卿の一つ田安家の徳川慶頼の3男として生まれ、将軍徳川慶喜の養継嗣となる。慶応4年（1868）駿府藩主、版籍奉還後は静岡藩知事を務める。のちイギリスに留学。帰国後、貴族院議長、日本赤十字社社長などの要職を歴任した。

	の戦端が開かれることになった（北越戦争）。
5月3日	奥羽列藩同盟成立する。仙台藩主伊達慶邦と米沢藩を盟主とする25藩から成る奥羽列藩同盟の調印が行われる。その後、越後6藩（新発田・長岡・村上・村松・三根山・黒川藩）が加盟する盟約書が（16日以後に）提出されて、奥羽越列藩同盟が成立した*。
5月10日	長岡藩兵ら三国街道を進撃し、開戦となる。前日の9日、長岡藩家老で軍事総督河井継之助は長岡城へ入り、軍議が行われた。城中には、会津藩の越後口総督一ノ瀬要人や佐川官兵衛、桑名藩の家老山脇十左衛門や立見尚文、衝鋒隊の古屋佐久左衛門らが集まっていた。10日、三国街道の榎峠を占領する新政府軍を攻撃し、峠を奪取して、勝利した。しかし、翌日から新政府軍と朝日山の争奪戦が始まる。
5月15日	上野戦争、起こる。新政府軍は、この日未明、雨のなかを上野山内（東京都台東区）に屯集する彰義隊追討に進軍を開始、激しい銃砲戦になる。やがて、佐賀藩のアームストロング砲が威力を発揮、午後2時ごろには彰義隊は撤収、敗走した。隊長の旗本天野八郎は、その後の7月13日に捕縛され、11月8日、獄死した。
同日	公現親王（北白川宮能久親王）、上野を落ち、平潟（茨城県北茨城市）へ逃れる。
同日	新政府、太政官札を発行する。太政官札は明治新政府が発行した最初の紙幣で、金札ともいう。十両・五両・一両・一分・一朱の5種からなり、全国通用の政府紙幣であったが、政権が不安定であり、流通には困難を極める。
5月19日	長岡城、落城する。新政府軍が信濃川を渡る奇襲作戦に出て、長岡藩兵は応戦するが、長岡城内では藩主牧野忠訓の退城、城の奪回を決意し、藩兵や家族らの城下脱出、敗走が続き、落城する。摂田屋村（新潟県長岡市）の本陣の河井継之助は救援に赴き、自らガトリング砲を撃ったが、敵の小銃弾を左肩に受け、撤退することになった。
5月24日	徳川宗家を相続した徳川家達、駿府（静岡県）に封ぜられ、駿河国府中70万石の藩主となる*。
6月22日	江戸鎮台府、近隣諸藩に農民一揆の鎮圧を命じる。慶応2年（1866）に激化してきた各地の農民一揆は、以降も全国各地で勃発する。
6月29日	新政府、大坂に舎密局を設置する。舎密とは理・化学を意味し、舎密局は、理化学研究教育機関になる。徳川幕府は開成所に理化学校を建設する予定だったが瓦解による混乱で実現できずにいた。これを薩摩

慶応4

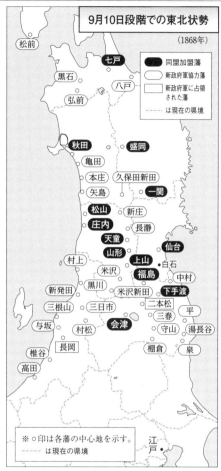

『図解　幕末戊辰西南戦争』（学習研究社刊）より作図

駿府藩設立で変化したこと

駿府藩設立によって、現在の静岡県にあった藩は押し出される形で現在の千葉県へと移動し、名称を変えた。

駿河国沼津藩（沼津市）　→　菊間藩（市原市）	遠江国掛川藩（掛川市）　→　松尾藩（山武市）
遠江国浜松藩（浜松市）　→　鶴舞藩（市原市）	遠江国横須賀藩（掛川市）　→　花房藩（鴨川市）
駿河国小島藩（静岡市）　→　桜井藩（君津市）	駿河国田中藩（藤枝市）　→　長尾藩（南房総市）
遠江国相良藩（牧之原市）→　小久保藩（富津市）	

1868

	藩の小松帯刀や土佐藩の後藤象二郎が建言し、大坂に設立することになった。
7月13日	公現親王（北白川宮能久親王*）、奥羽越列藩同盟の軍事総督となる。
7月15日	大坂港、開港される。諸国物産の集積地でもあった大坂港は、諸外国からも開港を要求されて開港場となった。
7月17日	江戸を東京と改称する。
7月24日	長岡藩総督河井継之助*ら、長岡城奪還に出る。この夜、河井の指揮のもと、長岡藩兵らは長岡城の東北に位置する沼・八丁沖を渡る奇襲に出て、城下を囲み、25日早暁、長岡城を新政府軍から奪還した。
7月29日	長岡城、再度の落城となる。25日朝の長岡城奪還後も各所で戦闘は続き、城下新町口の戦いで河井継之助が敵弾を左足の膝下に受けると、長岡藩兵の士気は低下した。この日、長岡藩兵を撃破した新政府軍が長岡城内に火を放ち、長岡城は再落城となった。
同日	二本松城*、落城する。二本松藩主丹羽長国は、前日に米沢へ逃れたが、主戦論を主張した家老丹羽一学以下藩士は新政府軍と交戦、一学は城内において自刃し、城は落城した。また、二本松藩では、砲術師範の木村銃太郎率いる少年兵も、この日、大壇口（福島県二本松市）に出陣。引き上げてのちも郭内で戦い、多くが戦死した。
8月16日	長岡藩の河井継之助、会津藩領塩沢（福島県只見町）で没する。陥落した長岡から河井は担架で八十里越え（新潟県三条市と福島県只見町を結ぶルート）をし、8月5日、会津領只見村（福島県只見町）へ入った。12日に会津若松へ向け出発し、塩沢村の医師矢沢宗益宅に止宿する。しかし、傷は悪化しており、この地で没した。享年42。
8月19日	旧幕府艦隊、品川から脱走する。旧幕府海軍は8隻の軍艦を有しており、これらは江戸城明け渡しと同時に新政府へ引き渡されることになっていた。しかし、海軍副総裁となっていた榎本武揚はこれを拒み、勝海舟の提案を受け入れ、4隻（富士山丸・朝陽丸・観光丸・翔鶴丸）を手放すことにし、新政府側もこれに合意した。その後、旧幕臣の救済に蝦夷地開拓を計画した榎本は、徳川家の存続と駿府移封、徳川家達以下の幕臣の移住が済むと、北上を準備した。旧幕府艦隊は、開陽丸、回天丸、蟠龍丸、千代田形丸の4隻の軍艦に、長鯨丸、美加保丸、神速丸、咸臨丸の4隻の輸送船が加えられた8隻で、旧幕府海軍兵や彰義隊、砲兵隊ら陸軍の兵が乗船し、19日夜、品川沖を出航した。ところが、21日夜、房総半島を通過するさい、暴風が襲い、美加保丸

慶応4

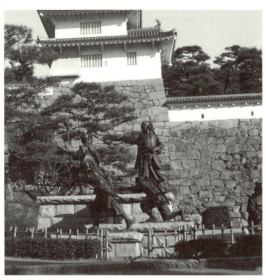

二本松城（二本松市提供）
周囲の藩とともに奥羽越列藩同盟に参加。列藩同盟の白河城が落城した後、列藩同盟の諸藩や旧幕府軍は白河城を奪還しようとしたが、その間に棚倉藩、磐城平藩、湯長谷藩、三春藩が降伏する。しかし、新政府軍が会津に攻め込むには二本松を落さなければならなかった。守る側の二本松では、白河奪還のために人を出しており、数えで13歳になる少年たちも戦いに参加することになった。この戦いに62名の少年たちが出陣し、内14名が戦死、のちに二本松少年隊と呼ばれるようになった。

北白川宮能久親王（福井市立郷土歴史資料館蔵）
1847～1895。伏見宮邦家親王の第9王子。仁孝天皇の猶子でもあるため、明治天皇の義理の叔父にあたる。慶応3年（1867）、輪王寺宮に収まる。戊辰戦争では、彰義隊に担ぎ出され、奥羽列藩同盟の盟主となった。のちに伏見宮に戻り、弟の北白川宮智成が亡くなったため北白川宮家を継ぐ。日清戦争に従軍し、戦後の平定のために出向いた台湾で病没。なお、戊辰戦争で奥羽征討総督に就任した仁和寺宮嘉彰親王（のちの小松宮嘉彰親王）はすぐ上の兄にあたる。

河井継之助
1827～1868。長岡藩の家老。若い頃には江戸で佐久間象山などに学び、長崎に遊学、備中国松山で山田方谷に教えを請い、藩財政改革に努めた。第二次長州戦争に反対し、不参加。戊辰戦争ではあくまでも中立の立場を貫こうとしたが、新政府軍には受け入れられず、抗戦することになる。陥落した長岡城を奪還するが、この時に負った傷が元で亡くなった。

	と咸臨丸が遭難。26日に座礁し、美加保丸の乗員は脱出するが、13名が水死した。美加保丸には遊撃隊長伊庭八郎*も乗っており、その後、伊庭はまた合流の機会を待つ。一方、咸臨丸は漂流後、9月2日清水港に流れ着いたが、新政府軍に拿捕され、乗員は死傷した。
8月21日	会津・母成峠（福島県猪苗代町・郡山市）の戦いが起こる。二本松の落城後、奪還に向かった旧幕府軍は敗れ、守備兵が母成峠に集結した。しかし、この戦いでも敗れ、峠は新政府軍に占領される。
8月22日	会津藩の前藩主松平容保、白虎二番士中隊（白虎隊）*を従えて、滝沢本陣（福島県会津若松市）へ出馬する。容保は、母成口の敗報、猪苗代湖方面での劣勢に際し、軍を督励すべく会津若松城下北東、滝沢村の本陣へ入った。その後、白虎二番士中隊の少年たちは戸ノ口原へ出陣した。
8月23日	新政府軍、会津城下へ侵攻する。甲賀町口を突破した新政府軍は会津城下へと進軍し、城外にいた会津藩兵も城下へ帰還、入城する。滝沢本陣の前藩主松平容保も会津若松城に戻り、その後、会津は周辺での戦闘を行いながら、籠城戦に入る。しかし、この日朝、城下では新政府軍の侵攻とともに多くの会津藩婦女子が自刃した。
同日	会津藩・白虎二番士中隊、飯盛山に自刃する。戸ノ口原の戦いに敗れた白虎隊士のうち、最終的に飯盛山にたどりついた少年たちは、会津若松城方面から上がる火の手に落城しつつあると見た（実は城下の火災であった）。隊士らは城下の敵兵と戦うか否かの話し合いの結果、生け捕りにされることを恥とする意見が大勢を占めたことで自刃し、飯沼貞吉1名が蘇生した*。
8月25日	会津藩の中野竹子ら戦死を遂げる。中野竹子は、会津藩勘定役中野忠順の長女で、23日に母らと入城しようとしたができず、その後、竹子は男装し、坂下へ前藩主松平容保の義姉・照姫の護衛に向かう。途中、同僚の女性たちと合流したが照姫はおらず、古屋佐久左衛門の衝鉾隊に加わった。この日、衝鉾隊と城下に向かい、柳橋で新政府軍と戦闘になり、敵弾を受けて戦死した。
8月26日	旧幕府海軍の旗艦開陽丸、石巻港（宮城県石巻市）に入る。旧幕府艦隊は品川出航後、美加保丸・咸臨丸の2艦を失い、その後、各艦が別々になりながら、8月24日から9月5日にかけて仙台湾に集結した。
8月27日	明治天皇、即位する。京都・御所の紫宸殿において、即位の大礼が執り行われる。

慶応4

「名誉新談　伊庭八郎」（東京都立中央図書館特別文庫室蔵）

1843〜1869。実父は伊庭秀業という著名な剣術家で、幕府講武所剣術師範役伊庭秀俊の養子に入る。元治元年（1864）、部屋住みから御書院番入りし、慶応4年（1868）、鳥羽・伏見の戦いに参加、箱根戦争、上野戦争で戦い、箱館五稜郭に籠るがそこで戦死した。

会津の隊

会津の隊は、年齢別になっていた。50歳から56歳までが玄武隊、36歳から49歳までが青龍隊、18歳から35歳までが朱雀隊、16歳から17歳の白虎隊、それ以下の幼年隊もあった。玄武隊は予備隊、青龍隊は国境警備隊、朱雀隊は実戦部隊とされた。

「飯盛山遥かに若松城を俯瞰するに兵火炎々煙焔天に漲る以て城既に陥れりと為し城に向て拝礼し従容禍刺して死す」（函館市中央図書館蔵）

白虎隊が飯盛山より会津若松城から煙が上っているのを見て、自決する場面を描いている。

9月3日	仙台城で旧幕府側と奥羽列藩の会議が開かれる。仙台城内の軍議には、仙台に上陸していた旧幕府海軍の榎本武揚や、元幕府陸軍軍事顧問団のフランス軍人のうち、陸軍砲兵士官ブリュネら2名も参加していた。ブリュネらは幕府の陸軍軍事顧問団の教官として慶応2年（1866）12月に来日。戊辰戦争が始まり、顧問団は解散となったが、これを不服として榎本の艦隊に合流しており、のちに5名が旧幕府軍に加わる。
9月8日	明治と改元。一世一元の制を定める。

明治元年 (1868)

9月12日	桑名藩主松平定敬（さだあき）ら、仙台で旧幕府軍と合流する。
9月14日	新政府軍、会津若松城に総攻撃をかける*。朝から激しい新政府軍の砲撃が会津若松城に加えられ、17日には城は完全に包囲され、18日、高田方面の会津軍も撤退し、会津平野での戦闘が終結した。
9月15日	仙台藩が恭順降伏する。奥羽越列藩同盟の盟主仙台藩が降伏に決し、仙台に集結していた旧幕府海軍・陸軍は、蝦夷地（えぞち）を目指すことになる。
9月20日	明治天皇、京都を発駕。東京へ行幸する。
9月22日	会津藩、降伏開城する。会津藩は北追手前に白旗を立て、新政府側は使者に各陣地へ発砲の中止を伝えた。降伏式には、会津側からは陣将の内藤介右衛門（すけえもん）らが裃（かみしも）姿で臨み、新政府側は軍監桐野利秋（きりのとしあき）らが出た。その後、式場には前藩主松平容保（かたもり）と、藩主の松平喜徳（のぶより）が到着。麻裃に小刀を帯び、草履をはき、大刀は袋に入れ、侍臣が持っていた。容保らは降伏謝罪の書を総督府に差し出し、使いの手を経て軍監桐野が受理した。
9月24日	南部藩降伏。
9月25日	長岡藩、降伏を決定する。
9月27日	庄内藩降伏。
9月28日	米沢藩降伏。
10月12日	旧幕府艦隊、蝦夷地へ向けて折浜（おりはま）（宮城県石巻市）を出港する。松島湾と寒風沢（さぶさわ）（宮城県塩竈市）に投錨していた旧幕府艦隊は、10月9日から10日にかけて折浜へ移動した。艦隊には、幕府が仙台藩に貸与していた大江丸と鳳凰丸の2艦が加わり（全7艦）、この日、折浜を出航して、途中、宮古湾で燃料などを補給し、全艦隊が蝦夷地に向けて本格出航したのは18日で、乗員は3,000余名とされる。

慶応4/明治元

会津若松城（鶴ヶ城）天守閣（会津若松市蔵）
明治初年に撮影された会津若松城天守閣。会津戦争で受けた砲撃の後が生々しく残っている。明治7年（1874）天守は解体され、昭和40年（1965）に再建された。

会津戦争
戊辰戦争で東北地方最後で最大の戦い。新政府からの会津討伐令に反発して奥羽越列藩同盟に参加していた藩は次々と新政府側についた。新政府軍は、母成峠で会津軍を破り、8月23日に城下に入る。対抗して会津側は籠城するも、9月22日に降伏した。

会津若松城の惣構えは長大で強固であった。

1868

10月13日	明治天皇、東京に到着*。江戸城を皇居とし、東京城と改称する。
10月19日	夜、旧幕府艦隊の回天丸が箱館の北方約40キロ地点にある内浦湾の鷲ノ木沖（北海道鷲ノ木町）に到着し、翌20日、30名ほどが上陸し、村人に会所へ案内をさせた。旧幕府艦隊の全艦が鷲ノ木に集結するのは、23日になった。
10月21日	鷲ノ木浜に上陸していた旧幕府軍遊撃隊隊長人見勝太郎*と本多幸四郎が、遊撃隊士約30名と箱館府知事への嘆願書を携え、鷲ノ木を出発する。知事庁舎は、旧幕府の箱館奉行所が使われており、亀田（北海道函館市）の五稜郭にあった。府知事は清水谷公考が務めていた。
10月22日	旧幕府軍、五稜郭へ向け進軍を開始する。総督大鳥圭介率いる伝習士官隊・同歩兵隊・遊撃隊・新選組・砲兵隊が本道を出立。また、総督土方歳三率いる額兵隊・陸軍隊は、川汲峠（北海道函館市）を越える間道から箱館を目指す。深夜、本道の峠下村（北海道七飯町）で、人見らと、箱館府守備兵や津軽・松前藩兵らの戦いが勃発するが、府兵側が敗走する。その後、本道では大野村や七重村、間道では川汲峠で戦闘が行われたが、いずれも旧幕府軍が勝利し、突破した。
10月25日	旧幕府軍、五稜郭を占領。箱館府知事清水谷公考ら、津軽に逃げる。
10月26日	旧幕府軍の本道軍・間道軍、ともに五稜郭に無血入城する。前日には旧幕府海軍（艦隊）の回天丸・蟠龍丸2艦も箱館に回航され、上陸を果たす。また、旧幕府軍は運上所や弁天台場に日章旗を掲げて箱館占拠を宣言した。さらに、箱館に来た秋田藩の軍艦・高雄丸を捕獲し、艦隊に加えている。
10月27日	明治新政府、開成所を開成学校として復興。
10月28日	明治新政府、藩治職制を布達する。藩治職制は新政府が制定した職制で、諸藩で異なっていた職制を、藩主、執政、参政、公議人などに統一、規制した。
11月2日	明治新政府、築地（東京都中央区）に海軍局を設置する。
11月5日	箱館の旧幕府軍、松前城*を攻撃する。松前藩は蝦夷地唯一の藩であり、これを制圧して蝦夷地平定がなるところから、10月28日に、土方歳三が松前攻略軍を率いて五稜郭を出陣。知内（北海道知内町）や福島（北海道福島町）などで諸隊が松前藩兵と戦い、この日、松前城攻めに成功する。
11月15日	江差沖に回航してきた旧幕府艦隊の旗艦・開陽丸、暴風激浪のため江差沖で座礁する。これを救援に神速丸・回天丸の2艦が来たが、荒天

明治元

「其二　東京府京橋之図」(東京都立中央図書館特別文庫室蔵)
明治元年9月〜10月の行幸を描いたものとされる。天皇が儀式などの際に使う鳳輦という乗り物(輿)に乗って京橋を通過している。

人見勝太郎 (函館市中央図書館蔵)
1834〜1922。御家人の家に生まれ、慶応3年(1867)に遊撃隊に入隊し、鳥羽・伏見の戦いで敗れた後、江戸での徹底抗戦を主張。関東や東北各地を転戦し、蝦夷地に渡り箱館戦争に参戦。新政府軍に降伏後は、静岡学問所や群馬県官営工場所などに関わった。

松前城天守 (函館市中央図書館蔵)
嘉永2年(1849)に築城された天守のある最後の日本式城郭だとされている。軍学の粋を結集して造られたとされていたが、箱館戦争で、搦め手から土方歳三に攻められてあっけなく落城した。昭和24年(1949)失火により、焼失。昭和35年(1960)に鉄筋コンクリートで再建された。

	に回天丸は箱館へ帰る。神速丸も機関が故障し、22日に座礁。その後、開陽丸・神速丸ともに沈没した。
12月 1日	旧幕府軍、フランス・イギリスなど外国公使を通じて新政府へ蝦夷地開拓の許可を求める嘆願書を託す。
12月 7日	奥羽越の諸藩処分。陸奥を磐城、岩代、陸前、陸中、陸奥の5国に、出羽を羽前、羽後の2国に分け、藩主たちを永禁錮とする。
12月 8日	明治天皇、京都へ還幸。東京を出発する。
12月15日	榎本武揚ら箱館の旧幕府軍、五稜郭本営で蝦夷地平定の祝賀会を開く。この日、松前より土方歳三らが箱館に戻った。箱館港の旧幕府艦や砲台からは全島平定を賀し、101発の祝砲が放たれ、祝賀会が行われた。また同日および後日（22日、28日）、閣僚を選ぶ入れ札（選挙）が行われ、総裁に榎本武揚、副総裁に松平太郎、海軍奉行に荒井郁之助、陸軍奉行に大鳥圭介が就任し、箱館政府*を発足させる。
12月22日	明治天皇、京都着。
12月28日	アメリカ・イギリス・フランス・オランダ・イタリア・北ドイツ連邦6カ国公使、局外中立の解除を布告する。
同日	明治新政府、軍艦ストーンウォール号を入手する。ストーンウォール号は、南北戦争中のアメリカ南軍がフランスに発注して建造された装甲艦だが、アメリカに渡った時には南北戦争が終了しており、これを徳川幕府が購入する契約をした。しかし、ストーンウォール号が横浜に入港したのは、幕府が瓦解した慶応4年（1868）4月2日のことで、新政府軍が購入を決めたが、アメリカをはじめ諸外国は局外中立を宣言しており、譲渡されなかった。新政府は局外中立の解除を交渉し、ようやくこの日、入手が決まった。その後、翌年1月6日にストーンウォール号譲渡の契約が交わされる。
同日	一条忠香の娘、入内して皇后となる（昭憲皇太后）。
12月	徳川家兵学校、開設される。沼津兵学校*の前身で、徳川家と家臣団の駿府（静岡県）移封に伴い、旧幕臣が洋学・兵学教育機関を沼津城内に設立し、付属小学校も置かれた。翌年1月に開校。明治3年（1870）に沼津兵学校と改称。校長には矢田堀景蔵、頭取に西周*らがいた。

箱館政府

榎本武揚率いる旧幕府軍が蝦夷地で築いた政権で、役職を決めるにあたって公選入札を行った。これは現在の選挙にあたる。箱館政府は正式なものではなかったが、諸外国からは認められていたという。

沼津兵学校の主な関係者

江原素六（えばらそろく）	（のちに麻布中学・麻布高校も創立）
大築尚志	（佐倉藩士大築尚忠の長男。麹町学園創立者大築佛郎の父）
西周（にしあまね）	（初代 校長）
乙骨太郎乙（おつこつたろうおつ）	（開成所教授）
赤松則良	（森鷗外の最初の妻の父）
田口卯吉	（衆議院議員）
島田三郎	（衆議院議員）

西周（国立国会図書館蔵）

1829〜1897。津和野藩医の子として生まれる。明治の陸軍軍医で文豪の森鷗外の親戚にあたる。安政4年（1857）、幕府の蕃書調所に出仕、文久2年（1862）、幕府の留学生としてオランダに留学。明治になってからは、沼津兵学校長、東京学士会院会長などを務めた。

沼津兵学校の碑（静岡県沼津市）

明治元年（1868）12月、沼津に設立された兵学校で、沼津城二の丸御殿が校舎として使用された。碑は、現在のJR沼津駅前の沼津城跡に立っている。

明治2年 (1869)

1月1日	三浦半島の観音埼（神奈川県横須賀市）に設置された日本最初の洋式灯台が初点灯する（初代の観音埼灯台）。観音埼灯台は、横須賀製鉄所の首長を務めたフランス人技師ヴェルニーが設計したもので、四角形のレンガ造りの洋館の上に灯塔を乗せた形をしており、レンガも横須賀製鉄所で焼かれた。建築は明治新政府により、明治元年（1868）9月17日に着工された。この日は新暦に直すと11月1日になり、昭和23年（1948）、11月1日が灯台記念日に制定された。
1月5日	熊本の横井小楠、暗殺される。小楠は新政府の参与に任じられ、出仕していた。この日、参内の帰途、京都の寺町丸太町（京都市中京区）で十津川郷士ら6名に襲われ、殺害された。享年61。
1月10日	明治新政府、北ドイツ連邦と通商条約を調印する。
1月20日	薩摩藩主島津忠義、長州藩主毛利元徳*、土佐藩主山内豊範、佐賀藩主鍋島直正の4藩主が、連名で土地（版目）と人民（戸籍）を朝廷に返納する版籍奉還の願書を太政官に提出する。
同日	諸道の関門（関所）が廃止され大蔵省所属となる。
1月23日	版籍奉還、公表。以後諸藩もこれに倣う。
2月5日	貨幣司を廃止して太政官中に貨幣の鋳造などを行う造幣局が設けられた。同年7月には造幣寮と改称され大蔵省所属となる。
2月8日	明治新政府、新聞紙刊行を公許する*。
2月24日	天皇の東京滞在中は太政官を東京に移転することが布告される。
2月28日	議定岩倉具視*、条約改定を建議する。
3月7日	明治天皇、京都を発駕（3月28日に東京着）。
同日	新政府、公議所を開く。公議所は明治新政府の立法諮問機関で、各藩から1名ずつ選出された公議人により構成され、国事が審議された。
3月12日	明治新政府、旧幕府時代から引き継いだ目安箱に代わり、建白書の受理機関として待詔局を設置する。
3月20日	蝦夷地の旧幕府艦隊、明治新政府の甲鉄艦（ストーンウォール号）奪取のため、箱館を出港する。同月15日、箱館に新政府艦隊北上の報が届き、開陽丸を失っていた旧幕府軍では甲鉄艦への接舷奪取作戦が計画された。そして、20日、旧幕府艦隊の回天丸・蟠龍丸・高雄丸が箱館港を出航した。

毛利元徳（福井市立郷土歴史博物館蔵）
1839～1896。徳山藩主毛利広鎮の子として生まれたが、長州藩主毛利慶親の養子になる。孝明天皇の賀茂、石清水行幸に供奉するが、八月十八日の政変によって京都から追い出される。慶応3年（1867）10月に討幕の密勅を受け、三田尻で薩摩藩主島津忠義と会見、12月に入京を許され、慶応4年（1868）正月に上洛。明治2年（1869）6月に父の跡を継いで知藩事となった。廃藩置県後は、第十五国立銀行頭取、同銀行取締役に就任した。

岩倉具視（福井市立郷土歴史博物館蔵）
1825～1883。下級公家堀河康親の子として生まれ、公家の岩倉家に養子に入る。安政5年（1858）の条約問題に反対、和宮降嫁を画策したため、尊攘派の反発を受け朝廷から遠ざけられ岩倉村（京都市左京区）で蟄居。慶応3年（1867）、王政復古実現のために働き、明治新政府では参与、議定などを歴任、明治4年～6年（1871～73）に特命全権大使として欧米を訪問した。

日本における新聞の歴史
江戸時代には瓦版があったが、逐次刊行物としては『官板バタビヤ新聞』が最初だといわれている。最初の日刊紙は明治3年（1870）12月8日の『横浜毎日新聞』であり、現在、横浜の中華街に記念の碑が立っている。

『横浜毎日新聞』第1号
（明治3年12月8日横浜活版社発行、国立国会図書館蔵）
明治2年に新聞紙刊行が許され、明治3年になり日本人による初の日刊紙として誕生した。

1869

3月25日	宮古湾海戦、起こる。早暁、宮古湾に新政府艦隊が停泊中、旧幕府艦の回天丸が甲鉄艦に近づき、接舷奪取を敢行する。本来、この作戦は甲鉄艦の甲板の高さに合わせた蟠龍丸によってなされるはずだったが、決行までに旧幕府艦隊を暴風雨が襲い、3艦は散り散りになる。その後、回天丸と高雄丸は合流したが、高雄丸も故障で速度が出ず、回天丸単独の突入となった。回天丸は甲板が高く、おまけに外輪船で平行の接舷はできず、旧幕府兵は甲鉄に飛び移っての戦いともなり、戦闘はわずか30分余りで新政府側の勝利に終わり、回天丸は宮古湾を去った。この戦いでは、回天丸艦長・甲賀源吾が被弾し戦死している。
3月28日	明治天皇、東京に到着。事実上の東京遷都*とされる。
4月8日	明治新政府、民部官を置き、府県の事務を総管させる。また、府県の私兵編成を禁じる。
4月9日	新政府軍、蝦夷地・乙部（北海道乙部町）に上陸する。北上した新政府艦隊が江差沖に現れ、この日朝、乙部に上陸を開始した。新政府軍は、ここから海岸線を進む松前口、内陸を進む二股口の2方向に分かれて進み、そのあとにも上陸兵が続いた。
4月13日	蝦夷地・二股口で、旧幕府軍が新政府軍を迎撃し、撤退させる。
同日	桑名藩主松平定敬、アメリカ船で箱館港を脱する。北越や東北に家臣と転戦した桑名藩主の松平定敬*は、旧幕府軍と行動をともにし、蝦夷地に渡航した。桑名藩士のなかには乗船人数の都合から17名が新選組に入隊し、蝦夷地に渡った。ただ、定敬をこのまま箱館に置くわけにはいかず、脱出させた。
4月17日	新政府軍、総軍進撃が命ぜられ、海陸の攻撃により松前を奪還する。
4月20日	旧幕府軍、木古内（北海道木古内町）から撤退する。木古内ではこの日も激しい戦闘になり、海陸両面からの新政府軍の攻撃に、旧幕府軍は木古内の守りを捨てることになった。各隊多くの死傷者が出て、伊庭八郎も銃創を負い、5月12日に服毒死したとされる。
4月23日	備中国松山藩主板倉勝静、唐津藩養継嗣小笠原長行、外国船で箱館を出る。
4月24日	新政府艦隊、箱館湾に襲来し、海戦となる*。
4月29日	旧幕府軍、二股口より撤収する。旧幕府軍は二股口の戦いに連勝し、死守していたが、新政府軍の進撃に、五稜郭と二股との兵の分断が懸念され、榎本武揚は撤退を命じた。
5月1日	大阪舎密局、開校する。明治新政府は旧幕府に代わって、江戸の開成

奠都と遷都

奠都は、都を定めることそのものを指す。遷都は、都を別の所に移すこと。天皇が遷都の詔を発布して正式な遷都となるが、明治に天皇が京都から東京に都に移した際には遷都の詔を出していない。そのため、現在も日本の都は京都で、天皇はご出張されたままで京都に戻っていないだけだ、という人もいる。

松平定敬
(福井市立郷土歴史博物館蔵)

1846～1908。14代尾張藩主徳川慶勝、15代尾張藩主徳川茂徳、会津藩主松平容保の実弟。桑名藩主が早死にしたため養子に入る。京都所司代となり、京都守護職である兄松平容保とともに京都の治安維持に努めた。戊辰戦争では、主戦論を唱え、箱館まで行くが決戦を前に、離脱。尾張藩にお預けとなった。

「皇国一新見聞誌　函館の戦争」(東京都立中央図書館特別文庫室蔵)
箱館戦争を描いた錦絵の1つ。

1869

	所で教えていたオランダ人のハラタマと雇用契約を継続し、大阪に転任させて大阪舎密局の教頭とした。ハラタマは数学・自然科学博士および医学博士で、日本で初めて物理学と化学を教えた人物である。慶応2年（1866）に長崎養成所のオランダ軍医ボードインの招きで来日し、長崎の分析窮理所の所長として教え、その後、分析窮理所が江戸の開成所に移されると慶応3年（1867）に江戸に赴任した。この大阪舎密局の開校にあたり、ハラタマの記念講演が行われ、その講演は『舎密局開講之説』として出版された。ハラタマの教え子のなかには後年アドレナリンとタカジアスターゼを発見する高峰譲吉がいる。
5月2日	フランス人教官ブリュネら10名、フランス船で箱館より退去する。ブリュネらは横浜に向かい、その後、本国へ送還されることになる*。
5月7日	箱館湾で海戦となる。この海戦で旧幕府艦の回天丸は被弾し、浮き砲台として利用するしかなかった。先の宮古湾海戦後で高雄丸は座礁して投降し、4月29日海戦で、千代田形丸も座礁し、捕獲されており、残る旧幕府艦は蟠龍丸のみであった。
5月11日	新政府軍、箱館総攻撃を行う。この日の本格的な戦闘をもって、箱館戦争の開始とする説もある。箱館総攻撃は、五稜郭方面と箱館市中攻撃が同時に開始された。海戦では新政府軍の朝陽丸が、旧幕府艦の蟠龍丸からの砲撃で爆発沈没した。その後、旧幕府艦の甲鉄艦などが反撃し、機関を損傷、蟠龍丸は海岸に乗り上げ旧幕府海軍は全滅した。また、五稜郭方面の諸隊も敗走することになり、一本木浜（北海道函館市）へ上陸した新政府軍との交戦では、一本木関門付近で旧幕府軍の陸軍奉行並土方歳三*が銃弾により戦死を遂げた。
5月13日	明治新政府、議政官を廃止し、上局・行政官を置き、このうち輔相・議定・参与を三等官以上の官吏に公選させる。
同日	蝦夷地・箱館の新政府軍参謀黒田清隆、五稜郭と弁天台場に使者を派遣し、降伏を勧告する。これにより、翌日、弁天台場では降伏を決し、15日には籠城兵らが降伏した。
5月16日	千代ヶ岡陣屋（津軽陣屋）、壊滅する。千代ヶ岡（北海道函館市）にある元津軽藩の陣屋を守備していた箱館奉行並中島三郎助父子と浦賀奉行組の同志らは、恭順勧告も五稜郭への退去の勧めも拒み、新政府軍と激しい戦闘を行い、壮絶な最期を遂げた。三郎助（享年49）、長男・恒太郎（享年22）、次男・英次郎（享年19）。
5月18日	戊辰戦争・箱館戦争の終結。箱館政府の総裁榎本武揚*と大鳥圭介、

フランス軍士官と旧幕府脱走軍士官（函館市中央図書館蔵）
前列左側から2番目がジュール・ブリュネで、その右隣が箱館政府副総裁の松平太郎。ブリュネは江戸幕府の要請を受けて日本にやって来た軍事使節団の1人。来日して1年もたたないうちに鳥羽・伏見の戦いが始まったが、本国からの命令により、中立の立場をとる。しかし、帰国命令が出ると、それを無視して、開陽丸に乗り込み、箱館に入った。箱館では旧幕府軍の榎本らを支援したが、五稜郭陥落前に脱出。命令違反について、本国では軍事裁判にかけられることはなかった。

榎本武揚（福井市立郷土歴史博物館蔵）
1836～1908。幕臣の子として生まれ、中浜万次郎の塾や長崎海軍伝習所などで学び、幕府の留学生としてオランダへ行き、兵制、器械学、化学、国際法などを習得した。

榎本武揚の活躍

榎本は帰国後、幕府海軍副総裁に就任。江戸開城後、幕府の艦隊を率いて蝦夷地へ行き、箱館政府を樹立し総裁に就くが、箱館戦争で負け降伏した。このさい、薩摩の黒田清隆が榎本の延命を明治新政府に懇願した。明治5年（1872）の出獄後、ロシア公使として樺太・千島交換条約を締結させる。その他、外務大輔、海軍卿、清公使、逓信大臣、文部大臣、外務大臣、農商務大臣などを歴任。東京農業大学の前身である育英黌（いくえいこう）を設立した。

土方歳三（函館市中央図書館蔵）
1835～1869。武蔵多摩（東京都）の豪農の子として生まれ、天然理心流で剣術を学ぶ。文久3年（1863）、同門の仲間たちと浪士組に参加し、京都へ行き、新選組の結成に関わり、のちに新選組の副長を務めた。慶応3年（1867）、幕臣に取り立てられる。戊辰戦争では各地を転戦し、箱館戦争で戦死した。

1869

	松平太郎、荒井郁之助は五稜郭を出て、亀田村(北海道函館市)の陣屋に赴き、新政府軍の参謀山田顕義(あきよし)らと面接し、箱館へ護送された。箱館政府が持っていた武器が押収され、諸隊の兵も護送、寺などへ収容された。箱館戦争が終わり、戊辰戦争が終結し、五稜郭は新政府に明け渡された。
5月21日	この日、行政官らが出席して皇道の興隆、知藩事の否任、蝦夷地開拓のことが話し合われた。
5月22日	明治新政府、太政官制下に設置された警察機関である弾正台(だんじょうだい)を置く。東京に本台を設置し、京都には支台が置かれた。
5月	京都府、全国に先駆け、5月から12月にかけて、町組編成の番組に64の番組小学校*を創設する。この番組小学校には、会所の機能のほか、戸籍届けを受けつける役所や、見廻り組(警察)の屯所、消防団の休憩所が置かれ、予防接種も行われた。また望火楼・太鼓楼も建物に設置された。
6月1日	東京為替会社が開業する。
6月15日	幕府の教育機関昌平学校(しょうへい)を大学校とする。また、開成学校・医学校兵学校を分局とする。開成学校は幕府の開成所(洋学研究機関)を明治新政府が復興したものであった。
6月17日	薩長土肥以下の諸藩主に版籍奉還を許可し、知藩事に任命する。この年1月の薩摩・長州・土佐・佐賀藩主の版籍奉還以後、諸藩の奉還が続く。また、25日には知藩事に禄制改革が達せられた。
同日	公卿諸侯を華族*と改称する。
6月25日	武士を士族や卒と称し、農工商を平民などとする。
6月29日	東京招魂社*が東京・九段に建立される。
同日	長州藩の山県有朋(やまがたありとも)、薩摩藩の西郷従道(さいごうじゅうどう)*らは、ヨーロッパ諸国の軍制を研究視察するため、渡欧する。
7月8日	職員令が制定され、官制改革がなされる。太政官制が改革され、2官6省の制とする。2官(神祇官・太政官)6省(民部(みんぶ)・大蔵・兵部・宮内・外務・刑部)、(待詔局より改められた)待詔院(たいしょういん)、(公議所に代わる)集議院、開拓使などを設置する。
同日	明治新政府、箱館府を廃して開拓使庁を設置する。
7月17日	明治新政府、東京・京都・大阪以外の府を、県に改める。
8月9日	イギリス公使パークス、外務大輔(たいふ)の寺島宗則(むねのり)と会見し、樺太(サハリン)問題を討議する。日露和親条約以降、樺太は日本とロシアの両国民が雑居する

東京九段坂上招魂社定燈之晴景（東京都立中央図書館特別文庫室蔵）
招魂場は文久3年（1863）、高杉晋作の発議より、下関の桜山神社に作られたのが最初。東京招魂社は、その東京版で、国のために亡くなった人々が祀られている。しかし、旧幕府軍や西郷隆盛などは祀られていない。

補足　華族

華族は明治2年（1869）から昭和22年（1947）まであった身分制度。当初は427家だったが、薩長土肥の勲功華族が増加した。大日本帝国憲法制定後は、貴族院議員の特権も加わる。

補足　番組小学校

京都にもともとあった住民自治の単位が、明治になって再編され、66の「番組」というまとまりになり、そのまとまりごとに小学校がつくられたが、中には2つの番組で1つの小学校としたところがあったので、結果的には64の番組小学校ができた。番組は、上京〇番、下京×番というように番号で呼ばれていたため、当初小学校もその番号で呼ばれていたが、その後地域の歴史や中国の古典に基づくものに改名された。

西郷従道（福井市立郷土歴史博物館蔵）
1843〜1902。薩摩の下級武士の子として生まれる。西郷隆盛の実弟。寺田屋事件、薩英戦争、禁門の変、戊辰戦争に出動。明治以後、陸軍大輔、参議などを歴任、参議兼海軍卿となった後は海軍育成に力を入れた。陸軍中将、海軍大将、元帥になった。

1869

	地となっていたが、パークスは樺太の帰属を決めずに放置するのはロシアが領地化すると主張し、ロシアに売却するか代地と交換するかが良策として、蝦夷地開拓に専念するよう勧めた。
8月10日	大阪為替会社が設立される。
8月11日	明治新政府、民部・大蔵の両省を合併する。
8月15日	蝦夷地が北海道と改称される。松浦武四郎が命名した。
9月4日	兵部大輔大村益次郎(ますじろう)、刺客に襲撃される。大村は、戊辰戦争における新政府軍の作戦を指揮するなど軍事で名をあげ、7月に新設された明治新政府の兵部省の兵部大輔となって軍制の大改革を推進していた。しかし、国民皆兵への徴兵制などを主張したため、武士の特権を剥奪するものとして士族の反発を受け、関西巡視中、京都の旅宿を長州の不平士族8名に襲撃され、重傷を負った。その後、10月に大阪で手術を受けたが、11月5日、敗血症となり、死亡した。享年46。
9月10日	明治新政府、藩政改革を布告する。
9月14日	明治新政府、オーストリア＝ハンガリー帝国と修好通商航海条約を調印する。
9月17日	明治新政府、紙幣発行（民部省札*）を布告。すでに太政官札が発行されていたが、一両以下の紙幣の発行が少なく、民間の取引には不便であったため、少額紙幣を発行することになった。民部省の通商司が布告し発行したので民部省札と呼ばれた。しかし、太政官札同様、まだ新政府の信用度が低く、流通も困難なものとなった。
9月28日	徳川慶喜(よしのぶ)、謹慎を解かれる。戊辰戦争終結により、謹慎を免ぜられたが、その後も慶喜は静岡に居住し、写真や囲碁、謡曲、狩猟など趣味を楽しみ、明治30年（1897）に東京へ移った。
同日	公現親王(こうげん)（北白川宮能久親王(きたしらかわのみやよしひさ)）、謹慎を解かれ伏見宮家に復帰する。
11月27日	山口藩*（長州藩）、奇兵隊などの諸隊を精選し、隊員の一部を常備軍に編成して、大半の隊員に帰郷を命じる。これに不満が噴出して12月以降には諸隊の多くが反乱を起こした（脱退騒動）。
12月2日	明治新政府、禄制を定め、藩士の俸禄を削減する。士族および卒(そつ)*の称を定める。
12月17日	明治新政府、大学校を大学とし、開成学校を大学南校(なんこう)、医学校を大学東校(とうこう)と改称する*。
12月25日	東京・横浜間に電信が開通する。明治新政府は、電信局を設置し、通信規制や料金を定めて公衆の電報の取り扱いを始める。

明治2

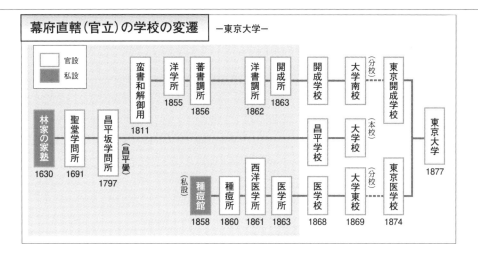

補足　山口藩

文久3年（1863）、長州藩が幕府の許可を得ずに藩政庁を萩から山口に移した。日本海に面した萩から、京都などに行きやすく、また支藩とも連絡のとりやすい場所として選ばれたという。藩主が萩から山口に移動した後に、幕府へ館の新築と移住を幕府に届け出て受理された。これ以降、長州藩を山口藩と呼ぶこともある。

補足　卒

明治になってできた身分制度。江戸時代に足軽などと呼ばれていた最下級の武士たちは、明治3年（1870）にできた新しい身分制度では士族ではなく、卒という身分にされた。しかし、これに対して卒に分類された人々の反発が激しく、2年後には廃止され、一代限りであった者は平民に、それ以外は士族に組み入れられた。

民部省札
（日本銀行金融研究所貨幣博物館蔵）
明治新政府設立後、江戸幕府の通貨の代わりとして作られた。二分・一分・二朱・一朱の4種があった。

分と朱
江戸時代の貨幣制度は、四進法が基本であった。計算しやすいように1両を8万円（諸説あるが、1両を8万円から10万円くらいからとすることが多い）とすると、その下の単位である1分は2万円、さらに下の朱は5千円となる。

明治3年 (1870)

1月3日 大教宣布の 詔 が出る。明治新政府がとった神道による国民教化政策で、祭政一致のスローガンのもと、明治元年(1868)に神祇官が再興され、明治2年(1869)には宣教使が設けられたが、その後、成果があがらず、明治5年(1872)に廃止。

2月2日 兵部省に造兵司(大阪)が設置される。

2月11日 山口藩(長州藩)、諸隊の反乱が鎮圧される。

2月13日 樺太(サハリン)開拓使を設置する。明治政府はロシア人の南下に備え、北海道開拓の目的のもと、太政官の管轄下に樺太開拓事業を担当する官庁を置いた。5月には、薩摩藩の黒田清隆が開拓使次官に任命され、久春古丹(クシュンコタン)に庁舎が置かれる。

2月20日 兵部省、各藩に対し、常備編隊規則を布達する。これは、部隊の編制の仕方を指示するもので、歩兵は60名をもって1小隊などと定められた。

2月22日 明治政府、府藩県に外債起債の禁止を布達する。

同月 明治政府、給与不足のため卒および士族の帰農商出願者へ賜金制を設ける。

4月8日 島津製糸所(堺紡績所)が開業する。大阪府の堺に設立された日本で2番目の洋式機械紡績所で、薩摩藩主だった島津斉彬が最初に作った鹿児島紡績所の分工場として前年に建設され、明治政府の殖産興業政策*の一つとして、この年、試運転し、開業した。

5月26日 舎密局を理学所と改称する。慶応4年(1868)6月に設立された大阪舎密局*は、この年の4月に大学(文部省の前身)に移管され、大阪理学所(理学校)と改称された。また同年、京都でも近代的・勧業的政策として、3月に下賜された産業基立金10万円の使用金の一つとして、府立の舎密局を12月に開設している。

5月28日 明治政府の集議院、開会する(9月10日まで)。

6月 前橋藩営の前橋製糸所が開設される。前橋藩士の速水堅曹と深沢雄象が、スイス人技師ミュラーらの指導で設立した日本初の機械製糸場となる前橋製糸所が、前橋・細ヶ沢(群馬県前橋市)の民家を借り上げて開設された。しかし、民家の転用では不便であったため、3カ月後には新工場が岩神村観民(群馬県前橋市)に建設され、本格的に生糸

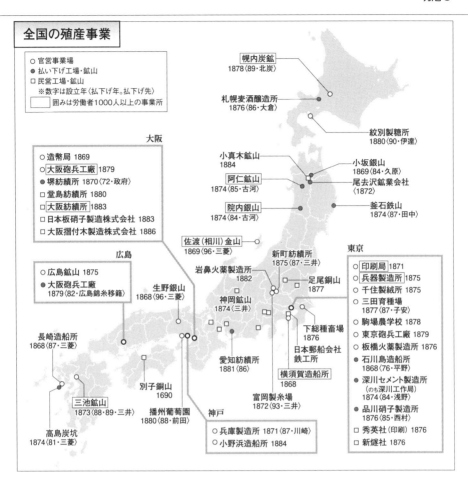

大阪舎密局跡の碑（大阪市中央区）
舎密はオランダ語で化学を意味する chemi に漢字を当てはめたもの。大阪府の管理から文部省に移管、その後京都へ移り、第三高等学校、京都帝国大学（現京都大学）へと変遷した。

1870

	製造が開始された。また県内外からの伝習生も受け入れられた。なお、速見は、明治12年（1879）に官営の富岡製糸場長となった。
7月10日	明治政府は、民部・大蔵両省を分離する。
7月28日	明治政府、普仏戦争*（プロイセン＝フランス戦争）に関し、局外中立を宣言。ドイツ統一をめざすプロイセンとフランスとの間で行われた戦争が普仏戦争で、スペインの王位継承問題をきっかけに、1870年7月19日、フランスがプロシアに宣戦布告した（1871年5月終結）。
8月2日	欧州より帰国した山県有朋*、軍制改革に着手する。前年6月にヨーロッパ諸国の兵制を研究視察するため渡欧した長州の山県と薩摩の西郷従道は、この年7月末、横浜港に帰国。山県は大村益次郎亡き後を継ぎ、この直後、兵部省の兵部少輔になるが、すぐに兵部大輔の前原一誠が辞任し、実質上、軍部の最高首脳となり兵制改革に取り組む。
8月20日	大阪・神戸間に電信が開通する。
9月4日	太政官、脱籍無産者復籍規則を布告し、制定する。これにより、脱籍者は原則、士民ともに原籍地へ逓送、引き渡しとし、その費用も家族・親族・町村の負担とした。
9月10日	明治政府、藩制改革を布告。
9月19日	明治政府、平民に苗字許可令を定める。これにより、農民や町民が姓（苗字）を名乗ることが許された。
10月2日	兵制統一が布告される。海軍はイギリス式、陸軍はフランス式の兵制がとられた。
10月17日	明治政府の外務卿沢宣嘉*、イギリスとフランスの公使に横浜に駐屯する両国軍隊の撤退を要求する。文久2年（1862）の生麦事件を契機に、翌年から外国人居留地防衛を名目として英仏軍隊が山手（横浜市中区）に駐屯した。この年、明治政府が正式に英仏両国に撤退を申し入れ、交渉を開始するが拒絶され、明治8年（1875）、ようやく同時撤退が決定した。
10月24日	大阪洋学校が大阪開成所と改称し、大阪理学校（理学所）は大阪開成所分局となる。
10月	土佐出身の岩崎弥太郎*が、藩営の大阪土佐商会から分離して九十九商会（のち三菱商会と改称）を立ち上げる。
閏10月20日	明治政府、工部省を置く。鉱山、製鉄、鉄道、灯台、電信の5掛を民部省より移管し、殖産興業を推進するために設置された。
11月4日	東京・築地の海軍操練所を海軍兵学寮と改称。また、慶応4年（1868）

山県有朋（福井市立郷土歴史博物館蔵）
1838～1922。松下村塾に学び、奇兵隊軍監として第2次長州戦争などで活躍、戊辰戦争では参謀を務めた。明治新政府では陸軍卿、参議、参謀本部長などの役職に就き軍制改革を行う。佐賀の乱、西南戦争、日清戦争、日露戦争などにも従事する。また、政治家としても内務大臣、元老、内閣総理大臣などの要職を歴任した。

沢宣嘉（福井市立郷土歴史博物館蔵）
1835～1873。姉小路公遂の3男として生まれ、沢為量の養子となる。八月十八日の政変で京都から追われた七卿の1人で周防国三田尻（山口県防府市）へ行くが、ここで他のメンバーと別れて平野国臣らと但馬国生野（兵庫県朝来市）の代官所を襲撃した（生野の変）。慶応3年（1867）、王政復古で復権し、明治新政府で参与、長崎府知事などの役に就いた。

補足　普仏戦争

1870年7月から1871年2月まで行われた戦争で、ビスマルク率いるプロイセンとナポレオン3世のフランスとの間で戦われた。戦争の途中ナポレオンが捕虜となったため、ナポレオンの戦争ではなく、フランス国民の戦争となった。結果としてプロイセンが勝利を収め、仮講和条約がフランスのヴェルサイユで結ばれた。

岩崎弥太郎（国立国会図書館蔵）
1834～1885。土佐出身で、土佐藩の長崎商会、大坂商会の責任者となって経営の手腕を磨き、大坂商会が回漕業の九十九商会へと変化するとその指導者に収まり、三川商会を経て三菱商会という岩崎の個人会社になった。現在の三菱グループの始まりである。佐賀の乱、西南戦争といった戦乱時に明治政府の軍需品の輸送を引き受けるなどして会社の規模を拡大していった。

1870-1871

	8月、京都に開校された陸軍兵学校が、この年9月、大阪に移転し、大阪兵学寮となって、陸軍兵学寮と改称された。
12月8日	日本で最初の日本語日刊新聞である『横浜毎日新聞』が創刊される。
12月20日	明治政府、刑法典である新律綱領*を布告する。新律綱領は明治政府のもとで最初に各府藩県宛に頒布された刑法典で、全6巻8図14律192カ条より成る。
12月22日	各藩、常備兵編制定則を制定する。
12月26日	米沢藩士雲井龍雄*、政府転覆の罪で処刑される。戊辰戦争中の慶応4年(1868)6月、討薩の檄文を起草し、これを奥羽越列藩同盟軍政総督府の名で発し、同盟軍の奮起を促した。戦争終結後には禁固となるが、これが解けると推されて明治新政府の集議院議員となる。しかし、辞任すると、東京・芝の上行寺と高輪の円真寺に帰順部曲点検所*を設置するが、これが明治政府から反政府活動とみなされ、米沢藩江戸屋敷に謹慎させられた上、米沢に護送、自宅幽閉となった。8月にはまた東京に護送され、小伝馬町(東京都中央区)の獄舎で斬首された。享年27。

明治4年 (1871)

1月5日	太政官、寺社領上地(上知)令を布告する。境内地を除く、寺院や神社の領地が国に没収されることになった。
1月9日	参議広沢真臣、暗殺される。長州・萩出身の広沢は、慶応3年(1867)10月倒幕の密勅を受け、長州へ届けた人物で、新政府の参与となり、維新後も民部大輔を経て参議を務めていたが、東京・麹町の私宅で就寝中、何者かに暗殺された。享年39。
2月13日	明治政府、薩長土3藩より徴収して親兵を編成する。前年12月、軍制改革にあたっていた山県有朋が、西郷隆盛に薩長土3藩の献兵による親兵創設を説いて、薩摩藩歩兵4大隊・砲隊4隊、長州藩歩兵3大隊、土佐藩歩兵2大隊・砲隊2隊・騎兵2隊の献兵による親兵設置が命ぜられた。明治新政府最初の直属軍隊で、御親兵と呼ばれる。総兵力は約8,000名であった。
2月14日	華族を東京府貫属とする。
3月1日	郵便規則が制定される*。前年、前島密により建議されていた国営の

明治3－明治4

『幼年立志編』に描かれた雲井龍雄
（国立国会図書館蔵）
1844～1870。米沢藩士の子として生まれ、江戸に出て学問に励み、幕命を受けて公武合体のために奔走する。慶応4年（1868）、藩の推薦で明治新政府で働くが、討幕軍が出発すると辞し、戊辰戦争に参加。米沢藩降伏後は謹慎処分を受けた。明治3年（1670）政府転覆を図ったとして捕らえられて、処刑された。

補足 新律綱領
明治新政府が定めた刑法典で、中国の明・清の律を基本に、養老律などを参考にして作り上げたもので、それまでの秘密主義から一転して罪を犯したらどんな罰を受けるのかを示したもの。明治15年（1882）の旧刑法施行まで使用された。

補足 帰順部曲点検所
明治新政府軍に抵抗し心を入れ替えて帰順したという者が、ここにやってきて雲井が帰順の度合いを点検するところという意味があるという。

「東京名所　郵便局　江戸橋図」（東京都立中央図書館特別文庫室蔵）
画面左側二階建ての洋館が郵便局である。日本橋郵便局は現在もこの地にあり、「郵便の父」といわれた前島密のプレートが飾られている。

1871

	新式郵便が発足した。最初は東京・京都・大阪間で取扱いが始まり、徐々に延長されていった。
3月7日	華族の外山光輔ら逮捕される（二卿事件）。外山光輔は維新後の京都衰退を嘆き、攘夷主義に立って有志と明治天皇の再び京都への還幸を画策していた。政府転覆計画の中心人物として全国各地から旧尊攘派が結集したが、この日、京都で密議中を逮捕された。同月14日には、同じく華族の愛宕通旭も東京で逮捕され、同年12月3日、切腹を命ぜられて外山は愛宕らとともに自刃した。外山は29歳、愛宕は26歳であった。
4月4日	戸籍法が布告される。壬申戸籍と呼ばれるもので、明治新政府が作った最初の全国戸籍になり、翌明治5年（壬申の年）2月1日より実施された。
同日	大阪造幣寮、開業。造幣機械はイギリスから輸入した。
4月9日	明治政府、長崎にある長崎製鉄所を長崎造船所*と改称し、工部省に移管する。
4月23日	明治政府、東山道・西海道の2道に鎮台*を置く。鎮台は明治新政府の陸軍軍事機構で、その地方の警護にあたった。このさいは、畿内から出羽・陸奥の山間部を結ぶ7道の一つ・東山道の石巻、九州地方の西海道・小倉に設けられた。
5月10日	明治政府、新貨条例を定める。従来の両・分・朱から、円・銭・厘を単位とした。
5月13日	明治政府、外務卿副島種臣をロシアに派遣し、樺太国境問題について交渉、協議させる。また、各国公使に条約改正の意向を通告した。
5月14日	明治政府、神社社格を定める。社格は、神社の格式であり、維新後、この太政官布告により、これまでの神社を大・中・小の官幣社、および別格官幣社、大・中・小の国幣社、府県社・郷社・村社・無格社に分けて位置づけた。
5月24日	一般農民の米販売が許される。
7月4日	明治政府、ハワイと修好通商条約（日布修好通商条約）を調印する。
7月9日	刑部省、弾正台を廃止し、司法省を置く。
7月14日	廃藩置県の詔勅が出る。全国の藩を廃して県を置く、廃藩置県を断行する合意が薩摩の西郷隆盛や長州の木戸孝允らとの間に成立し、三条実美、岩倉具視らも同意してこの日、在京知藩事を招集し、詔が発せられた（3府302県）。また、在国知藩事たちは東京へ移住すること

長崎造船所　「長崎市中写真」（長崎歴史文化博物館蔵）
安政2年（1855）、幕府がオランダから船舶の造修とその技術伝習のための施設として計画、万延元年（1860）に棟上式が行われた。ここでは、オランダ人技師や職工により、日本人に西洋式の技術が伝授される。明治4年（1871）からは工部省の事業となり、三菱に貸し渡された後、払い下げられ、第2次世界大戦時には戦艦武蔵などが造船された。現在も三菱重工長崎造船所として稼動中。

大阪鎮台（長崎大学附属図書館蔵）
小倉と石巻に置かれた鎮台は、翌年廃止され、替わりに、東京、大阪、鎮西（のち熊本）、東北（のち仙台）に設置。明治になって城は無用の長物となり、各地で城が取り壊されるようになった。大阪城は明治2年（1869）に兵部省に管轄が移り、明治4年（1971）8月に大阪鎮台となった。以後、大阪城には陸軍の施設が置かれるが、昭和6年（1931）に天守台の上に天守（現在の大阪城天守閣）が築かれると同時に敷地の一部を大阪城公園として整備し公開された。

	になり、新たに知事が任命され、ここに明治政府による中央集権的統一国家が確立された。
7月18日	明治政府、大学を廃止し、文部省を置く。
7月27日	民部省が廃止される。
7月28日	陸軍条例が制定される。兵部省に陸軍部、海軍部を置く。
7月29日	太政官制が改められ、正院・左院・右院が置かれる。重要な案件を総判する正院、議院・諸立法の事を議する左院、各省の長官・次官が会合し行政事務を審議する右院が置かれて、太政大臣・納言・参議などを設置。太政官三院制が成立した。
同日	日清修好条規が調印される。日本側全権の伊達宗城と、清側の李鴻章との間で結ばれた対等条約で、同時に通商章程、海関税則も調印された。
8月7日	樺太開拓使が北海道開拓使に合併される。
8月8日	明治政府、神祇官を神祇省とする。
8月9日	散髪廃刀が許可される。
8月18日	明治政府、東山道と西海道の2鎮台を廃止し、東京・大阪・鎮西（のち熊本）・東北（のち仙台）の4鎮台を置く。4カ所の鎮台兵は、付近の旧藩兵によって編成された。
8月23日	華士族と平民間の婚姻が許可される。
9月7日	田畑勝手作の禁令が廃止される。
9月8日	海軍条例が制定される。
10月8日	明治政府、岩倉具視ら（通称・岩倉使節団）を欧米へ派遣することを決定する*。岩倉使節団は、右大臣岩倉具視を特命全権大使とし、参議木戸孝允、大蔵卿大久保利通、工部大輔伊藤博文、外務少輔山口尚芳を副使とする欧米回覧の使節団で、目的は、幕末に条約を結んだ国への明治新政府による国書の奉呈、領事裁判権・関税自主権獲得に向けた条約改正の予備交渉、欧米各国の近代的制度の調査・研究などであった。
10月23日	明治政府、東京府に邏卒3,000名を置く。邏卒はポリスの訳語で、巡邏（見回り）する卒（兵卒）のこと。この邏卒制度が新たに導入され、旧薩摩藩士などから3,000名の邏卒が採用され、東京の治安維持にあたった。
11月2日	県知事を県令とし、参事を府県に置く。
11月3日	津田梅子ら5名の少女がアメリカ留学を命ぜられる。津田梅子・山川

明治4

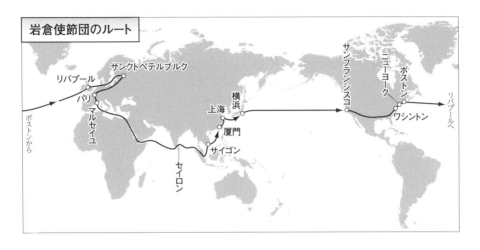

岩倉使節団のルート

特命全権岩倉使節一行（山口県文書館蔵）
岩倉具視を大使に、木戸孝允、山口尚芳、伊藤博文、大久保利通を副使として派遣された使節団。写真左より木戸孝允、山口尚芳、岩倉具視、伊藤博文、大久保利通。条約改正の予備交渉をするために、アメリカやヨーロッパを巡ったが、予備交渉を行えずに、視察のみで終わってしまった。

1871−1872

	（大山）捨松・永井（瓜生）繁子・吉益亮子・上田悌子の5名は、北海道開拓使派遣女子留学生募集に応募し、岩倉具視の視察団とともに渡米することとなる。このとき梅子は満年齢6歳の最年少であった。
11月11日	東京・長崎間に郵便が設置される。
11月12日	岩倉使節団、横浜を出発する。総勢107名の使節は、太平洋郵船会社のアメリカ号に乗船し、横浜を出航。約1年10カ月かけてアメリカ・ヨーロッパ12カ国を歴訪することになる。また、岩倉使節団には、団琢磨や津田梅子らの留学生も随行していた*。アメリカでは、初等・中等教育を受け、その後も津田・山川・永井はハイスクール、カレッジと進むが、吉益と上田はともに健康を害し、翌5年（1872）10月に帰国している。
11月22日	国内の府県が3府72県となる。廃藩置県の直後には県は302を数えたが、府県の廃合が進み、東京・大阪・京都の3府と72県に統合された。
11月27日	明治政府、県治条例を定め、府県奉職規則を廃止する。県治条例では各官の職制、県庁内の分課、職員定数などが定められた。統合後の72県には、政府が任命した地方長官が赴任、県治条例により、県の長官は令または権令と称された。
12月6日	岩倉使節団一行を乗せたアメリカ号、アメリカ・サンフランシスコに入港する。
12月18日	明治政府、在官者以外で華士卒の職業の自由を許可する。
12月27日	明治政府、新紙幣発行と旧紙幣兌換（正貨との引き換え）を布告する。また、東京府下に地券発行・地租課税を布告する。

明治5年 (1872)

1月21日	岩倉使節団の正使岩倉具視ら首都ワシントンに到着する。
1月25日	使節団の正使岩倉具視ら使節10名、ホワイトハウスにおいてグラント大統領に謁見し、国書を奉呈する。
1月29日	卒の身分を廃止し、皇族・華族・士族・平民とする。明治3年（1870）9月、士族のうち、下級武士を区別して卒としたが、これをなくした。
2月1日	壬申戸籍が実施される。
2月3日	岩倉使節団、条約改正への予備交渉のため国務長官フィッシュとの第1回日米会談を行う。5日に第2回、8日に第3回、10日に第4回が

(左から)大山捨松、津田梅子、団琢磨（国立国会図書館蔵）
捨松の兄は、山川浩と山川健次郎。捨松は帰国後、西郷隆盛の従兄弟で陸軍卿であった大山 巌と結婚した。津田梅子は、女子英学塾（現津田塾大学）を設立。捨松もこれを援助した。団琢磨は、三井財閥の総裁となった。作曲家の団伊玖磨は孫にあたる。

> **岩倉使節団の留学生たち**
> 総勢100名を超える岩倉使節団には留学生たちも含まれていた。留学生は以下の通り。
> 中江兆民、鍋島直大（元佐賀藩主）、百武 兼行（画家）、前田利嗣（前田家当主）、毛利元敏（元長府藩主）、前田利同（元富山藩主）、金子堅太郎、団琢磨、牧野伸顕（大久保利通の子）、黒田長知（元福岡藩主）、鳥居忠文（元壬生藩主）、津田梅子、山川（大山）捨松、永井（瓜生）繁子、上田悌子、吉益亮子、吉川重吉、木戸孝正（木戸孝允の甥）、日下義雄、山脇正勝（元新選組）、高木貞作（元新選組）、三岡丈夫、平田東助、武者小路実世、清水谷公考（元箱館府知事）、万里小路正秀。

清水谷公考（北海道大学附属図書館編『明治大正期の北海道（写真編）』より）
1845〜1882。戊辰戦争が起きると箱館裁判所総督、箱館府知事となるが、箱館戦争が勃発すると青森へ脱出。箱館戦争終結後、箱館府知事として戦後処理にあたった。

1872

	行われた。
2月12日	岩倉使節団はアメリカからの交渉手続上の指摘を受け、条約改正交渉の全権委任状を取りに、急ぎ日本へ副使の大久保と伊藤を帰国させる*。
2月15日	太政官、田畑永代売買解除を布告する。寛永20年（1643）以来の田畑永代売買の禁止が解除され、土地の自由な売買が許可される。
2月28日	兵部省が廃止され、陸軍省・海軍省の2省が設置される。兵部省が分離され、兵部省陸軍部・兵部省海軍部からそれぞれが独立した。
2月	福沢諭吉の『学問のすゝめ』第1編刊行される。
3月4日	陸海軍刑律（全204条）が頒布される。陸海軍刑律は、同年2月18日に制定された、御親兵など士族編成軍隊の規律維持をめざした特別な刑罰法である。
3月9日	親兵（御親兵）を改称し、近衛兵として、これまでと同様、天皇の護衛や皇居の警備にあたった。この月、江戸城西の丸を中心とする旧内郭が皇居と定められた。
3月12日	鎮台条例が定められる。東京鎮台条例のほか、大阪・鎮西・東北鎮台条例が定められていった。
3月14日	神祇省が廃止され、教部省が設置される。これまで祭政一致の理念に基づき、神道国教化政策がとられてきたが、成果が上がらず、江藤新平らが修正を図った。また廃仏毀釈などの打撃を受けていた仏教界も、維新後の新しい宗教の状況に対応するため、仏教を所管する中央官庁の設置を政府に要望し、教部省が置かれることになった。教部省は神道・仏教の教義・教派、社寺の廃立、神官・僧侶の任命・昇叙などの事務一切を司った。
3月27日	明治政府、鉱山条規を制定し、鉱物は全て政府の所有とし、開採権の政府占有を決定。
4月9日	庄屋*・名主・年寄などが廃止され、戸長・副戸長などが設置される。戸長は、前年に発布された戸籍法の戸籍吏として置かれ、この年、大区・小区制による地方制度改革により、小区ごとの長として置かれた役人。江戸時代後も庄屋・名主などを務めていた者から選ばれ、旧来の事務のほか、土地住民に関する事務を担当した。
4月22日	東京・横浜間に加え、京都・大阪間の電信が開通する。
4月25日	明治政府、教導職を置き、教部省の所管とする。教導職は、一般国民を教え導くために設けられた職名で、神官や僧侶が任命された。
4月29日	陸軍省兵学寮・軍医寮は日曜日を休暇とする。日曜休暇の始まり*。

> **岩倉使節団と西郷留守政府**
> 岩倉使節団には、岩倉具視をはじめ、大久保利通、木戸孝允など明治政府の首脳陣が参加した。彼らの外遊中の留守を守るために、三条実美を筆頭に西郷隆盛、大隈重信、板垣退助、江藤新平らによる俗にいう「留守政府」が作られた。帰国後、欧米を見てきた者と、そうでなかった者たちとの間に考え方の違いが生じ、西郷らが下野するきっかけとなった。

補足　庄屋

庄屋は主に西国で使われていた言葉で、東国では名主と呼ばれていた。村の長として、年貢の徴収など領主が村を治めるための実務を担った。当時は村請制度といい、村の責任で年貢を納め、領主から命じられた役目を果たなければならなかった。そのため、誰かが年貢を払うことができないとその分を庄屋が立て替えなければならない。立て替えが多くなると庄屋が負担しきれずに、つぶれてしまうことや、逃げてしまうこともあった。庄屋の負担が増えるにつれて、成り手が不足し、輪番にしたり、入れ札（選挙）にしたりすることも行われていたという。

日曜休暇が始まる以前の休暇

武士の場合

江戸時代、武士は人数に対して圧倒的にポストが少なく、1つの役職を複数で受け持つことが当たり前だった。これには、権力が1人に集中することを防ぐという意味合いもあったという。このため、一般的な武士は月の半分以上が休みだった。

商家の奉公人の場合

商家の正月一日は基本休み。そのほか、1月16日と8月16日は藪入りといい、住み込みで働いていても親元に帰ることができた。

農家の場合

日本の場合、農家は米を作るのが基本。雨などで農作業ができない日は基本休みだが、商業が発達するにつれて、家の中で機織などをすることが盛んになった。また、米を収穫したのちの秋から冬にかけて休みを取り、湯治や豊作祈願をするために寺社詣でをすることもあった。

1872

	官庁は明治 9 年（1878）より実施。
4月	明治政府、堺紡績所を買収し、大蔵省勧農寮の所管とする。明治 3 年（1870）に島津製糸所の名で開業したが、営業が思わしくなく、官有とされ、堺紡績所と改称、官営模範工場の 1 つとされた。
5月14日	明新政府、岩倉使節団の正使岩倉具視らに条約改正交渉の全権委任状を交付する。
5月17日	岩倉使節団の副使大久保利通と伊藤博文、再びアメリカへ向け、横浜を出航する。アメリカのワシントンに滞在していた副使の大久保と伊藤は、条約改正交渉に必要な全権委任状を取りに、同年 3 月24日に一旦東京へ戻っており、この日、再びアメリカへ向けて出発した。しかし、岩倉使節団のアメリカとの条約に関する目的は、条約改正への予備交渉であり、条約改正そのものの交渉を続けようとする使節団に対し、西郷隆盛率いる東京の留守政府は強硬に反対した。
5月23日	明治天皇、近畿・中国・九州巡幸に出発する*。この日、浜離宮より端船で品川沖の軍艦龍驤(りゅうじょう)に乗船。25日、三重県久志本村(くしもと)（三重県伊勢市）に上陸し、翌日、伊勢神宮に参拝後、西国地域を視察、行幸した。帰途は、7 月10日に海路、神戸を発し、12日に横浜に上陸、野毛山下より汽車で品川に到着、皇居還幸となった。
5月29日	官立の師範学校が東京に創設される。同年 8 月の学制公布に先立ち、文部省は 5 月、近代教育を指導・教授する教員育成のための小学教師教導場設立を正院に願い、これが許可されて師範学校を東京府下に設立することが決定され、教員になるための生徒募集が始まった。
5月30日	大蔵大輔井上馨(かおる)、琉球国の版籍併合を建議する。廃藩置県後、琉球王国の領土は鹿児島県の管轄となったが、この年 9 月、外務省管轄の琉球藩が設置されることになる。
6月 7日	イギリス代理公使ワトソン、ペルー船マリア・ルース号から逃亡した清国人クーリー（苦力）の訴えにより、日本政府へペルー船の非人道的扱いを取調べるように外務卿副島種臣(そえじまたねおみ)に申し入れる（マリア・ルース号事件）。マカオから南米ペルーに向かっていたマリア・ルース号が嵐に遭い、6 月 4 日に修理のため横浜港に寄港したが、同船から逃亡した清国人クーリーのうち 1 名が、近くに停泊中のイギリス軍艦に救助を求めて証言したことにより、マリア・ルース号の船内には南米での労働に従事するために清国人クーリー 230名が監禁されていることが発覚する。クーリーとは、中国やインドの下層労働者の呼称であ

世界文化遺産となった幕末〜明治の産業遺産

富岡製糸場と絹産業遺産群（群馬県）2014年6月登録
[富岡市] 富岡製糸場　　　[伊勢崎市] 田島弥平旧宅
[藤岡市] 高山社跡　　　　[下仁田町] 荒船風穴

明治日本の産業革命遺産　製鉄・製鋼、造船、石炭産業
（福岡県、佐賀県、長崎県、熊本県、鹿児島県、山口県、岩手県、静岡県）2015年6月登録

[山口県萩市]　萩反射炉、恵美須ヶ鼻造船所跡、大板山たたら製鉄遺跡、萩城下町、松下村塾
[鹿児島県鹿児島市]　旧集成館、寺山炭窯跡、関吉の疎水溝
[静岡県伊豆の国市]　韮山反射炉
[岩手県釜石市]　橋野鉄鉱山・高炉跡
[佐賀県佐賀市]　三重津海軍所跡
[長崎県長崎市]　小菅修船場跡、三菱長崎造船所第三船渠、三菱長崎造船所ジャイアント・カンチレバークレーン、三菱長崎造船所 旧木型場、三菱造船所占勝閣、高島炭坑、端島炭坑、旧グラバー住宅
[福岡県大牟田市・熊本県荒尾市]　三池炭坑（宮原坑、万田坑）、三池港
[熊本県宇城市]　三角西（旧）港
[福岡県北九州市]　官営八幡製鐵所（旧本事務所、修繕工場など）
[福岡県中間市]　遠賀川水源地ポンプ室

外国との貿易を始めた日本にとって最大の輸出品は生糸であった。質の高い生糸の大量生産を急いだ政府は、外国人指導者のもと洋式の製糸技術を導入し、官営の模範器械製糸場として富岡製糸場を設立した。また、幕末〜明治期は造船、製鉄・製鋼、石炭と重工業において、西洋からの技術の取り入れに成功し、その後の産業国家発展の基礎を急速に整備した時期でもある。これらの産業の今日的な意義の大きさから、近年、世界文化遺産へ登録された。

明治天皇の巡幸には、江戸幕府から明治政府にかわったことをアピールする目的があったといわれる。

	る。明治政府の司法卿江藤新平や神奈川県令陸奥宗光（むつむねみつ）は、ペルーが日本との条約未締結国であるなどを理由に、外交問題に発展することを懸念して反対した。しかし、外務省は日本に法権があると解し、外務卿副島種臣は太政大臣三条実美（さねとみ）＊の裁定を得て、事件処理の全権を委任され、外務省管下の裁判とすることを決定して大江卓（おおえたく）＊を神奈川県令（のち権令）に任命、特命裁判長とし、裁判を行うことになる。
6月17日	岩倉使節団の副使大久保利通・伊藤博文、全権委任状を携行して、この日朝、アメリカ・ワシントンに到着する。同日、岩倉使節団は条約改正交渉の第11回日米会談を行うが、不調に終わる。日本側は、新条約への調印はヨーロッパの１地点で各国合同会議を開き、その際、日本政府の方針を改めて述べる旨を伝えたが、アメリカ側はこの提案を受け容れず、この日で会談は終わった。
6月19日	岩倉使節団の正使岩倉具視が条約改正交渉の中止を米国務長官フィッシュに通告する。
6月21日	山内豊信（とよしげ）（容堂（ようどう））、没する＊。維新の新政府で議定、内国事務総督などを歴任した元土佐藩主容堂は、明治２年（1869）７月に辞職、隠退し、東京・橋場（東京都台東区）の別邸で病没した。享年46。
7月１日	全国に郵便が施行される。
同日	外務卿副島種臣、ペルー国船マリア・ルース号の清国人クーリーに関し、特命裁判長大江卓に取り調べを命じる。同船内の確認作業が進められ、監禁状態にあるクーリー230名が発見された。
7月４日	壬申（じんしん）地券交付される。同年２月、土地売買の禁が解かれ、売買譲渡される土地の地券発行が始まり、この日、大蔵省の達しにより、地券の発行の対象が全国の一般私有地に拡大された。明治５年が壬申の年だったことにより壬申地券と呼ばれる。地券は、土地所有権は納税義務を伴うことを表示し、所有者、所在、地目、代価などが記載された。また、同月25日、大蔵省租税寮内に地租改正局が置かれる。
同日	マリア・ルース号事件の第１回審理が開始される。神奈川県令大江卓は、神奈川県庁内に特別法廷を開き、審理が開始された。ペルー側のマリア・ルース号船長のヘレイラと、清国人クーリーへの尋問が行われる。マリア・ルース号は横浜出航停止となっており、これに抗議をしてきたポルトガル（マカオを事実上の法権下におく）領事など、各国領事が傍聴する。
7月25日	明治政府、集議院建白規則を制定する。

三条実美（福井市立郷土歴史博物館蔵）
1837〜1891。内大臣三条 実万の四男。文久3年（1863）、孝明天皇の石清水八幡宮への行幸を実現させるなど尊攘活動を積極的に行うが、八月十八日の政変で京都から長州へ落ちのびる。王政復古後京都へ帰り、議定、内大臣、太政大臣などの要職に就いた。

大江卓（国立国会図書館蔵）
1847〜1921。土佐出身で、陸援隊に参加。明治5年（1872）に神奈川県令としてマリア・ルース号事件の調査にあたり、人身売買禁止・芸昌妓開放布告のきっかけを作った。西南戦争の時に挙兵を企てて入獄、大正2年（1913）に出家して部落問題解決に尽力した。

山内豊信（容堂）の墓
（東京都品川区）
遺言によって山内家の墓所ではなく、大井村（東京都品川区）の土佐山と呼ばれていた場所に葬られた。現在の京浜急行新馬場駅のすぐ近くに位置する。土佐藩の下屋敷は、同じ京浜急行の3駅先の立会川駅付近にあり、中学校の敷地に説明版が立っている。この下屋敷には坂本龍馬が住んでいたことがあり、立会川駅前には坂本龍馬の像が近年建てられた。

1872

7月27日	マリア・ルース号の裁判（第1次裁判）、ヘレイラ船長に清国人クーリー虐待の罪で有罪判決が下される（ただし罰は免除）。ヘレイラは、清国人がマリア・ルース号に戻るかは彼ら自身に決めさせるという判決に納得せず、クーリー全員に対してマカオで交わした契約履行請求の訴訟を8月1日起した。このため8月16日から再審理が始まることになった。
8月3日	文部省、学制を公布する*。日本の近代的学校制度に関する最初の法令で、前年12月に、箕作麟祥ら西洋学者が学制取調掛に任命され、欧米の学制を参考に起草し、明治5年3月、太政官に上申された。全国を8つの大学区に分け、1つの大学区を32中学区、1つの中学区を210小学区に区分する学区制がとられ、国民皆学を目指して就学が奨励された。しかし学校の建設費用などの負担、庶民生活とは異なる欧米を参考にした教科書内容などに対して、学制への反対も起きた。明治12年（1879）、教育令の制定により廃止となる。
8月10日	帝国郵便蒸気船会社、創立する。明治政府は廃藩置県のさい、諸藩が所有していた船舶を官収。為替会社の役員に勧めて郵便蒸気船会社を設立させる。同社は官収船舶から払い下げを受けて政府の補助または為替会社からの融資により郵便物や貢米の輸送を主要業務とした。主要航路は東京・大阪であったが、その後、東京・宮古・函館の不定期航路も開始された。しかし同社は明治8年（1875）6月に解散となる。
8月18日	明治政府、外務大丞花房義質を朝鮮に派遣する。花房は、朝鮮国との貿易交渉にあたった。しかし、朝鮮は文書の文字に非礼があると国交（通交）を拒絶する。
8月25日	マリア＝ルース号事件第2回裁判。
9月1日	船長は上告せず、マリア＝ルース号を放棄する。
9月13日	新橋・横浜間に鉄道が開業する*。
同日	マリア・ルース号事件における清国人クーリー229名が清国特使に引き渡される。再審理ののち、同年8月25日の第2回裁判の判決により、マカオでの清国人クーリーらの契約は無効とされ、船を残して上海に逃亡したヘレイラに連れ去られた1名を除く229名が解放された。このことで清国政府は謝意を示し、横浜中華会館の人々から副島種臣と大江卓の2名は大旆（大旗）が贈られている。一方ペルー側は、本国ペルーが判決を不服とし、翌年、日本政府へ抗議してくることになる。
9月14日	第1次琉球処分。琉球王国の正使尚建が参朝する。明治政府、外務

明治5

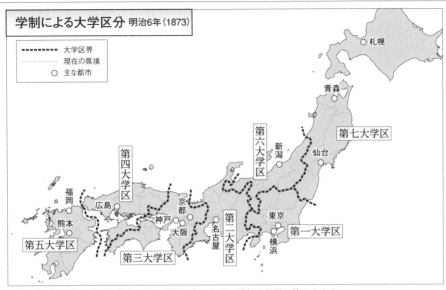

学制による大学区分 明治6年（1873）

- ------- 大学区界
- ------ 現在の県境
- ○ 主な都市

明治5年（1872）に出されたものは8学区であったが、翌年7学区に改められた

「新橋鉄道館之図」（国立国会図書館蔵）
新橋・横浜間で鉄道が開業したが、両駅とも現在の駅とは若干ずれている。現在のJR新橋駅の南側に当時の駅舎が復元されており、そこが、開業当時に新橋駅があった場所だという。

	省が管轄する琉球藩を設置し、国王尚泰を琉球藩主として華族に列する。
10月4日	富岡製糸場*が開業。明治政府が群馬県富岡（群馬県富岡市）に設立した日本初の本格的な器械製糸による官営模範工場である。フランス人技師のブリュナが建設地を調査し、ブリュナの依頼を受けたフランス人技師のバスチャンが横須賀製鉄所と兼務しつつ富岡製糸場の設計を行った。初代場長には建設当初から関わった尾高惇忠が就いた。しかし、工女は当初、群馬のほか埼玉・入間・栃木・長野の5県で募集したが、応募者が少なかったので、尾高の長女（13歳）を郷里の入間（埼玉県入間市）から入場させるなどした。その後、工女の募集も全国に広げた。
10月25日	明治政府、教部省を文部省に合併する。
11月9日	明治政府、太陽暦の採用を布告する。これまでの太陰太陽暦から太陽暦（グレゴリオ暦）を採用し、12月3日から明治6年と改暦することが発表された。
11月15日	明治政府、国立銀行条例を定める。
同日	神武天皇即位の年を紀元とし、即位日（1月29日、のち2月11日に改定）を祝日とすることを決定する。
11月28日	全国徴兵の詔勅が出る。陸軍大輔山県有朋の主導のもと、国民に兵役義務を課す徴兵制が採用されて、明治天皇による徴兵の詔と徴兵告諭が出される。
12月3日	太陽暦（グレゴリオ暦）に改暦。この日を明治6年1月1日とし、昼夜12時を24時に改める*。

明治6年
(1873)

1月4日	神武天皇の即位日である天長節を祝日とし、五節句を廃止する。
1月9日	明治政府、名古屋、広島に鎮台を設置し、従来の東京・大阪・熊本・仙台の4鎮台に、この2つを加えた6鎮台の管轄を定めた。
1月10日	明治政府、徴兵令を布告する。全国徴兵の詔に基づき、徴兵編成並概則が布告された。この法令により近代的常備軍が編成されることとなり、6鎮台には14営所が設けられ、各営所に歩兵1連隊が置かれることになる。

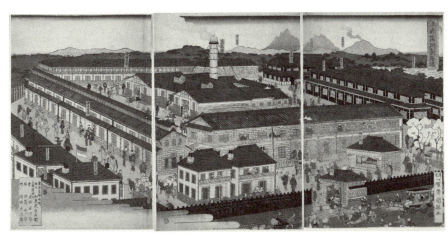

「上州富岡製糸場」（国立国会図書館蔵）
1872年10月開業。昭和13年（1938）に片倉製糸の経営となり、昭和57年（1982）に操業を停止した。

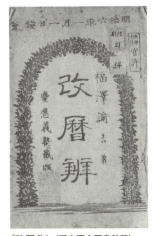

『改暦弁』（国立国会図書館蔵）
明治6年（1873）刊。福沢諭吉が、なぜそれまでの太陰太陽暦（旧暦）から太陽暦（新暦）に替えなければいけないのかを詳しく説いた本。

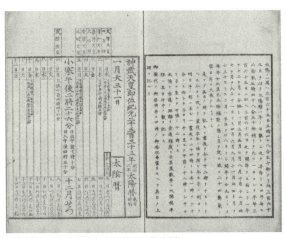

太陽暦（文部省暦局編、国立国会図書館蔵）
日本で最初に作られた太陽暦の暦。突然暦が改まったために全国にいきわたらなかった。

1873

2月24日	明治政府、全国にあるキリスト教禁制の高札を撤廃する。
2月27日	ペルー政府に派遣された外交使節団のガルシア海軍大佐（公使）ら、横浜に到着する。
2月	明治政府、大教院を設置する。前年、明治政府は神道による国民思想の統一をめざし、大教宣布運動の高揚を図るために教部省を設置し、さらにその下に、大教宣布と神仏合同の教導職の研修道場として、東京・芝の増上寺（東京都港区）に大教院が設けられた。また、その分院として各府県には中教院、各地に小教院が置かれた。しかし、大教院に神殿が設けられたことにより、神仏教導職に対立が起こり、ことに浄土真宗本願寺（西本願寺）派僧侶らの反対で、明治8年（1875）5月に大教院は解散することとなる。
3月7日	神武天皇即位日を紀元節と改称する。
3月20日	明治天皇が断髪したことを発表*。
3月30日	明治政府、官省札回収のため、金札引換公債証書を定める。
3月31日	ペルーより来日中のガルシア海軍大佐、マリア＝ルース号事件に対する損害賠償を求める。
5月2日	太政官制が改定される。
5月26日	岩倉使節団の全権副使大久保利通、欧州より帰国する。
6月8日	石高の称を廃し、反別（段別）とする。反別は田畑を1反ごとに区別し、これを単位として課税する。
6月13日	明治新政府、改定律令を布告する。
6月24日	集議院、廃止される。集議院は、政府が提出した議案の審議を行うだけの機能しかもたされず、廃藩置県後には藩を単位とした議会の存在理由がなくなり、廃止が決定された。
6月25日	明治政府の外務卿代理上野景範*、マリア・ルース号事件に関してロシア皇帝に仲裁裁判を依頼する。
6月	アメリカから帰国した森有礼*が、福沢諭吉や西周らとともに明六社*を結成。翌明治7年（1874）からは機関誌『明六雑誌』を発行する。
7月10日	明治政府、改定律令を実施する。
7月18日	明治政府、ロシア皇帝アレクサンドル2世より、マリア・ルース号事件に関して、日本とペルー両国より正式な依頼があれば仲裁を承諾する、との通達を受ける。
7月20日	日本坑法が定められる。日本坑法は、日本で最初の体系的鉱業法で、鉱物はすべて政府が所有し、また採掘権も政府のみにあり、私人は借

明治6

断髪後の明治天皇（福井市立郷土歴史博物館蔵）
1852〜1912。孝明天皇の第2皇子で、母親は中山忠能の娘慶子。万延元年（1860）、親王宣下、慶応3年（1867）に践祚して皇位を継ぐ。同年12月に王政復古、慶応4年（1868）9月に元号を明治に改めた。明治2年（1869）に京都から東京に移り、ヨーロッパ的な君主としての教育を受ける。明治22年（1889）、大日本帝国憲法が発布され、明治天皇は日本初の立憲君主となった。

上野景範
（『大日本名家肖像集』国立国会図書館蔵）
1845〜1888。薩摩出身、長崎で蘭学を学び、その後英学に転じ、上海に密留学する。帰国してからは英語教師として働き、灯台の設置や鉄道敷設工事などに関わる。そのほか外国との折衝や特命全権公使として、イギリスやオーストリアなどに勤務した。

明六社のメンバー

福沢諭吉	前島 密	勝海舟
西 周	早矢仕有的 （丸善創立者）	菊地大麓
加藤弘之		津田仙 （津田梅子の父）
中村正直	福地源一郎	
津田真道	高橋是清	など
箕作麟祥	植木枝盛	

森有礼（国立国会図書館蔵）
1847〜1889。元薩摩藩士。慶応元年（1865）、藩命によりイギリスに留学、その後アメリカに渡る。帰国後は明治新政府に出仕するが、急激な改革案を出したため、保守派の反発を受け、辞任。のちに駐米公使や、駐英公使などを歴任する一方で明六社を設立。『明六雑誌』を発刊し、啓蒙思想活動を展開した。文部大臣として近代的な学校教育の確立に努めるが、開明的であったことが誤解されて非難を浴び、大日本帝国憲法発布式典の日に刺され、翌日死去した。

区により15年の期間で鉱物の採掘を許可することが定められたもので、鉱物およびその採掘権は国家が独占するものとなった。

7月23日 岩倉使節団の全権副使木戸孝允、帰国する。

7月28日 明治政府、地租改正条例を布告する。土地所有権の確定、土地面積の測量・地価の算定・新地券交付を行って、税率を地価の3パーセントの金納と定めた。

8月1日 第一国立銀行*、開業となる。

8月17日 西郷隆盛の朝鮮派遣が閣議決定される。岩倉使節団が欧米視察中、太政大臣三条実美を筆頭に、参議の西郷隆盛、大隈重信、板垣退助、江藤新平、大蔵大輔井上馨らが留守政府を組織し、学制の公布や地租改正などに着手した。一方、朝鮮との通商交渉には何度も使者を送ったが拒絶され、朝鮮の居留民保護のため派兵を主張した板垣に対し、西郷は自らが使節になる（遣韓使節）とした。

8月21日 明治政府、ペルーとの和親貿易航海仮条約（友好通商航海条約）に調印する。即日施行。ペルーはラテンアメリカ諸国で最初に条約を結んだ国に。マリア・ルース号事件を契機として、この条約が結ばれることとなり、領事関係も結ばれた。のちの明治8年（1875）5月17日、批准書が交換された。

9月13日 岩倉使節団一行、帰国する。

10月9日 開成学校*の開業式が行われる。

10月24日 右大臣岩倉具視の奏議により、遣韓使節を取りやめ、無期延期とする。先に帰国した参議大久保利通や木戸孝允をはじめ、岩倉らは留守政府の朝鮮への対応に驚き、大久保が西郷に反論し、同月14日には征韓論争が起こる。ただ、征韓論は以前から何度も議論されてきた問題で、それを大久保は政治的に利用し、国内改革の優先を論じた。この論争に敗れた西郷は23日、辞表を提出した。

10月25日 参議の西郷隆盛、板垣退助、後藤象二郎、江藤新平、副島種臣ら、参議を辞職する。板垣以下、前日に辞表を提出し、受理された。西郷には陸軍裁判所長の桐野利秋も従い、官を辞すと、西郷に同行して横浜から海路、鹿児島へ帰った。

11月10日 内務省が設置される。

12月27日 明治政府、家禄税を創設し、また、家禄・賞典禄還納の制を定める。華族・士族に与えられた家禄に家禄税を課し、これを陸海軍費に充てることとした。また維新功労者に付与された賞典禄を奉還させる法を

第一国立銀行(『清親畫帖』、国立国会図書館蔵)
第一国立銀行は、最初に創られた国立銀行のうち、東京に設置されたもの。当初は三井単独の私立銀行を画策していたが、渋沢栄一の働きかけで、三井と小野の共同出資での設立となった。その後さまざまな変遷を経て、現在のみずほ銀行となる。

「東京第一大学区開成学校開業式之図」(国立国会図書館蔵)
幕府の洋学学校であった開成所は、明治になって開成学校として開校。1874年東京開成学校に改称された。

定めた。

明治7年（1874）

1月12日 板垣退助ら、愛国公党を創立。征韓論争に敗れて下野した板垣退助、前参議の副島種臣、後藤象二郎、江藤新平と、ヨーロッパから帰国した由利公正らは、日本最初の政党である愛国公党を東京で結成した。

1月14日 右大臣岩倉具視、赤坂・喰違坂（東京都千代田区）で襲撃される（喰違の変）。岩倉が赤坂離宮（前年の火災により仮皇居となっていた）から馬車での帰途、喰違坂で、もと外務省に出仕していた武市熊吉ら高知県士族9名に襲われて負傷するが、一命を取り留める。彼らは板垣退助や西郷隆盛の辞職に従い、自らも職を辞していた。

1月15日 東京警視庁が設置される。明治4年（1871）10月23日、東京府のもとに、新たに邏卒3,000名（うち鹿児島県下より2,000名を徴募）による取締組が編成された。この日、内務省の下部組織として、警察事務の一切を管理する東京警視庁が創設され、初代警視長の大警視には川路利良*が任命された。川路は、明治5年（1872）、各国の警察制度視察のため渡欧し、帰国後、司法権と警察権の分離を主張。司法省から警保寮を内務省に移管することを建議し、創設に至った。

1月17日 板垣退助、副島種臣ら愛国公党、民撰議院設立建白書を左院に提出する。愛国公党は、「人間は生まれながらにして自由・平等で、幸福を追求する権利がある」とする天賦人権論や自由思想を唱えて、自由民権運動をはじめる。士族および豪農・豪商の者の代表者から成る議会の設立を主張して建白書を出した。

同日 喰違の変の襲撃者・武市熊吉ら逮捕される。その後、7月9日に東京・伝馬町牢屋敷（東京都中央区）で処刑された。

2月3日 宮内省四等出仕加藤弘之*、民撰議院設立尚早論を『日新真事誌』に掲載する。加藤は前年秋に結成された啓蒙思想団体・明六社の同人でもある。以後、論争が続いた。

同日 佐賀県下の不平士族が中心となり、明治政府に対する反乱（佐賀の乱*）が起こった。首領となったのは、山県有朋や井上馨の汚職を摘発し征韓論に与して下野した征韓党の江藤新平であった。4日、政府は熊本鎮台司令長官谷干城に、佐賀の反乱士族鎮圧を命令した。

明治6－明治7

川路利良 （福井市立郷土歴史博物館蔵）
1836〜1879。元薩摩藩士で戊辰戦争に参加。明治4年(1871)、東京府大属として羅卒(ポリス)の制度整備に関わり、ヨーロッパを視察して、大久保利通の下で警察制度改革に貢献。明治7年(1874)に東京警視庁が創られると大警視(長官)として、中央集権的な警察の確立を目標とした。

加藤弘之 （福井市立郷土歴史博物館蔵）
1836〜1916。元但馬国出石藩士。洋学者として立憲政治や天賦人権説などの知識を書物に著し広く紹介する啓蒙思想家して活動する。東京大学初代総理、帝国大学総長を歴任。のちに天賦人権説を否定し、国権論を展開した。

「皇国一新見聞誌　佐賀の事件」（東京都立中央図書館特別文庫室蔵）
佐賀の乱に関して描かれた錦絵の一つ。

1874

2月6日 明治政府、台湾出兵を決定する。台湾に漂着した琉球の漁民が殺害されたのを理由に清国台湾征討軍を派遣することを決めた(征台の役*)。

2月10日 大久保利通、佐賀の乱鎮定のため、佐賀行きを命じられる。

3月1日 佐賀の乱、平定となる。2月20日には内務卿でありながら佐賀での三権全権の委任を受けた大久保利通が佐賀に到着、江藤新平*らの佐賀不平士族は、大久保の指令する政府軍に各地で敗れた。江藤は鹿児島の西郷隆盛を訪れ、決起を呼びかけるが拒否される。また、この日、大久保率いる政府軍は佐賀城に入城した。

3月13日 文部卿木戸孝允、東京に女子師範学校(現お茶の水女子大学)を設立することを布達。東京女子師範学校は御茶ノ水に創設された女性教員を養成するための官立師範学校*で、女子師範学校は各府県に設置された。

3月23日 日本政府が派遣した代理公使の花房義質がロシア・サンクトペテルブルクに着任する。花房は、ペルーとの仲裁裁判を依頼したロシアへ、日本側の特命全権公使が決定して派遣されるまでの代理として、現地で日本公使館を開設した。

3月28日 秩禄公債証書発行条例を定める。

4月4日 台湾征討の台湾蕃地事務都督に、陸軍中将西郷従道が任命される。その後、駐日イギリス・アメリカ両公使からの出兵反対を受けて政府は中止を決めたが、西郷従道は兵3,600名を率いて4月9日、強行出兵し、政府もこれをやむなく認めた。

4月6日 ロシアにおいて日本とペルーとの論戦が開始される。ロシア皇帝より、マリア・ルース号事件による日本での裁判結果を不服とするペルーとの仲裁裁判の依頼を正式に受けることが通達され、論戦が始まった。

4月10日 高知で立志社の発会式が挙行される。高知に帰郷した板垣退助は、片岡健吉や林有造らと自由民権運動の中心となる政治結社・立志社を結成する。社長には片岡が就任し、当初は立志学舎や法律研究所などを併設して民権思想の普及を図り、社員の子弟教育や士族救済を目的とした。

4月13日 江藤新平、処刑される。江藤は、西郷隆盛の支援拒絶後、高知の林有造を訪ねるも不調に終わり、3月高知で逮捕された。佐賀裁判所で裁かれ、判決当日のこの日、梟首となった。享年41。

5月2日 地方官会議開催の詔勅を発し、議院憲法を定める。太政官の計画による地方行政を円滑に行うための地方官会議を毎年1回開くという

台湾出兵（『大日本歴史錦繪』、国立国会図書館蔵）
台湾に漂着した琉球船の乗員が先住民に殺されたことに端を発した明治政府の初出兵事件。大久保利通、大隈重信が「台湾蕃地処分要略」を立案、西郷従道が指揮した。征韓論を逸らす目的があったとも言われるが、日本の琉球併合や台湾支配を促すと同時に、台湾や琉球に対する支配権を失った清と対立する一因となった。

補足　師範学校
教員を養成する学校のこと。卒業後は教職に就くことを前提にしており、授業料は無料であったため、優秀でも家計にゆとりのない家庭への救済的な教育機関としての役目を果たした。

江藤新平（国立国会図書館蔵）
1834～1874。元佐賀藩士。尊攘運動に参加して、国許で永蟄居となるが、のちに許され、東京遷都を主張する。佐賀藩権大参事、文部大輔などを経て司法卿として司法制度の整備や民法仮法則などを行うが、長州閥と度々対立、明治6年（1873）の政変で下野、明治7年（1874）に佐賀の乱の首領に推されて敗れ、刑死した。

	詔(みことのり)が下された。また同時に、議院憲法および規則が制定された。
5月11日	大阪・神戸間に鉄道が開通する。
5月12日	左院に国憲編纂掛を置く。
5月22日	台湾征討軍、台湾社寮港に全軍集結し、上陸する。6月3日には台湾住民の地区をほぼ制圧した。
6月10日	ロシア特命全権公使の榎本武揚(えのもとたけあき)、ロシアとの樺太の国境交渉とマリア・ルース号事件の仲裁裁判における日本側の代表としてサンクトペテルブルク(サハリン)に到着する。
6月23日	北海道に屯田兵(とんでんへい)制度を設ける。明治初年、北海道には対露問題がありながら、警備兵の配置は箱館のみであったので、開拓使は政府に常備兵の配置を要求していたが、財政的に困難な状態だった。そこで、平時は農耕に従事し、有事の際には軍隊として組織して参戦できる、開拓と警備を目的とする土着兵である屯田兵*の制度が提案された。前年11月に開拓次官黒田清隆(くろだきよたか)*が屯田兵設置の建議を政府に提出して、これが認められることとなった。
7月29日	印税規則が定められる。
7月31日	イギリス・アメリカ・フランス・オランダの4カ国へ文久3年(1863)下関砲撃事件の賠償金の全額支払いが完了する。300万ドルの賠償金のうち、徳川幕府が150万ドルを支払っており、維新後、残りを明治政府が分割で支払っていた。
8月 1日	参議大久保利通、台湾征討問題の全権弁理大臣に任命され、清(しん)に派遣される。清側は日本に対して抗議・撤兵を要求してきたので、大久保は清に渡り、交渉に入った。
9月22日	電信条例が制定される。
10月13日	株式取引所条例が定められ、取引所が東京・大阪に置かれる*。
10月27日	陸軍士官学校条例が制定される。
10月31日	日本と清との日清両国互換条款が調印される。台湾問題で、清は日本の出兵を認め、遭難民に見舞金を支払うことを条件に、日本は撤兵に同意することが決まる。
11月16日	大久保、台湾に立寄り、西郷と会って撤兵を決定する。
11月29日	東京女子師範学校が開校する。皇后臨席のもとに開校式が行われた。
12月 3日	台湾征討軍、撤兵を開始する。

黒田清隆
（北海道大学附属図書館蔵）

薩摩藩士として戊辰戦争に参加、五稜郭陥落に際して榎本武揚の延命活動を行う。その後、開拓次官、参議兼開拓長官として北海道開発に携わる。大久保利通の死後は薩摩閥の長老として活躍し、北海道の官有物払い下げに反対する。大日本帝国憲法発布時の内閣総理大臣を務め、元老、逓信大臣なども務めた。

太田屯田兵の一家族
（北海道庁所蔵　函館市中央図書館提供）

明治6年（1873）、当時開拓次官であった黒田清隆の提案で設置された。普段は農業を営みながら、有事の時には軍務に就く。明治37年（1904）に廃止されるまで約4万人が屯田兵となった。

東京株式取引所（写真提供：中央区立京橋図書館）
兜町（東京都中央区）に置かれた東京株式取引所。橋のたもとにある二階建ての建物がそれである。

明治8年 (1875)

1月8日	天然痘予防規則が定められる。
1月27日	イギリス・フランス両公使、横浜に駐屯する兵の引き揚げを通告する。明治政府が撤退交渉していた英仏両軍が同時に撤退した。
2月11日	大久保利通、木戸孝允、板垣退助ら、大阪で会談する（大阪会議）。参議大久保と、征韓論争などをきっかけに辞職し、対立していた木戸・板垣が、参議伊藤博文、井上馨*の周旋により、同年1月から2月にかけて大阪で政治改革について会談を行った。最終的には立憲体制への漸次的移行で意見が一致し、元老院・大審院・地方官会議などが設置され、木戸・板垣の復帰が決まった。
2月20日	旧幕府が制定した諸雑税を廃止し、車税・酒税・煙草税などの規則が制定される。
2月22日	大阪に愛国社が結成される。高知の立志社が中心となって呼びかけ、この日、各地の民権政社が結集し、大阪で大会が開かれた。この大会で、愛国社が結成され、本部を東京に置くことが決まった。しかし、中心人物である板垣退助が参議に復職することとなり、愛国社としての活動はほとんど行われず、自然消滅していく*。
3月18日	正院内に政体取調局が設置される。
3月24日	内務・大蔵両省が管轄する地租改正事務局が設置される。
3月25日	東京・青森間、津軽海峡・北海道の電信線ができる。
4月14日	「漸次立憲政体樹立の詔」が下される。これにより、太政官左院に代わる立法機関の元老院、右院に代わる大審院が設置され、残された正院とともに三権分立となる。また地方長官を集めて開催する地方官会議の設置も決まった。
5月7日	ロシアと樺太・千島交換条約が調印される。前年1月に駐露公使に任命された榎本武揚がロシア側と交渉を重ね、この日、ロシアの首都ペテルブルクにおいて、ロシアの外相ゴルチャコフとの間で調印が行われた。国境確定の条約で、樺太（サハリン）全島をロシア領とし、千島列島全島を日本領とした。
5月29日	政府、琉球藩に清への施設派遣・冊封*などの廃止を命令する。
同日	マリア・ルース号事件*において、日本政府に賠償責任がない旨の判決が下される。

明治8

政社の結成

明治23年（1890）までにつくられた結社数。自由民権運動が盛んだった高知は突出して多い。

補足 ▶ 冊封
称号や印などを通じて天子とその周辺諸国の国王や民族の長が結ぶ君臣関係のこと。琉球は、独自に清と冊封関係を結んでいた。

> **マリア・ルース号事件の意義**
> この事件で日本は初めて外国との国際裁判の当事者になり、欧米諸国と対等に渡り合った。また、奴隷などの人権問題に向き合い、これに関係する形で、国内の芸娼妓のことについても目が向けられた。

井上馨（山口県立山口博物館蔵）
1835〜1915。長州藩士の子として生まれる。イギリス公使館焼き討ち事件に参加、ロンドンに留学し、下関砲撃事件のことを知って伊藤博文と日本に帰ってくる。明治政府では留守政府と対立して離れていたときもあったが、外交関係で活躍。伊藤博文内閣で内務大臣、大蔵大臣などを務めたが、第4次伊藤博文内閣後、組閣に失敗したため、内閣総理大臣にはならなかった。

6月20日	第1回地方官会議、東京の浅草・東本願寺で開催される。木戸孝允が議長を務めた。7月17日、閉会となる。
6月25日	新貨条例が、貨幣条例と改称される。
6月28日	讒謗律*・新聞紙条例が定められる。
7月5日	元老院会議が初めて開かれる。
7月14日	政府、家禄・賞典禄奉還制を停止する。
9月3日	出版条例が改正され、罰則も附加される。
9月7日	家禄・賞典禄の米給をやめて、金禄に改められる。
9月20日	江華島事件が起こる。日本の軍艦雲揚が、朝鮮半島の江華島付近の水域に入ったとき、江華島の草芝鎮砲台から砲撃を受けたことにより応戦し、砲台を撃破した。雲揚号は同月28日、長崎に帰港したが、政府はこれを機に、朝鮮に開国を要求し、翌年、日朝修好条規（江華条約）が結ばれることになる。
10月27日	左大臣島津久光と参議板垣退助、辞任する。島津久光は、明治6年（1873）、内閣顧問とされ、前年には左大臣に迎えられたが、政府に対する不信を募らせ、辞任する。以後は鹿児島で隠居生活を送り、史書編纂などに専念する。参議に復帰した板垣も政府方針に合わず、不満を持ち、辞任した。
11月1日	三菱会社、郵便汽船三菱商船学校を設立。
11月4日	徴兵令が改正される。
11月29日	京都で同志社英学校が開校する。旧高松保実邸の半分を借り、仮校舎とした。教員は新島襄とアメリカ人宣教師で教育者のデイヴィスで、生徒は8名。新島は初代社長に就任する*。
11月30日	府県職制章程が定められ、県治条例が廃止される。

明治9年
（1876）

1月	海老名弾正、徳富蘇峰ら熊本洋学校の生徒35名が、キリスト教（プロテスタント）信教を盟約する。熊本洋学校のアメリカ人教師ジェーンズにより、キリスト教に入信した海老名ら35名が、熊本郊外の花岡山（熊本市）に集まり、信仰を守り広めて、キリスト教によって祖国を救おうとする奉教趣意書に誓約した。のちに徳富蘇峰・徳冨蘆花の兄弟など彼らの多くが京都の同志社英学校に移り、熊本のプロテスタン

この頃までにできた主な学校 (左から学校名、創立年、創立者)

学校名	創立年	創立者
札幌農学校（現北海道大学）	明治9年（1876）	官立
医塾順天堂（現順天堂大学）	天保14年（1843）	佐藤泰然
郵便汽船三菱商船学校（現東京海洋大学）	明治8年（1875）	岩崎弥太郎
商法講習所（現一橋大学）	明治8年（1875）	森有礼
東京大学（現東京大学）	明治10年（1877）	官立
ヘボン塾（現明治学院大学）	文久3年（1863）	ヘボン
東京師範学校（現筑波大学）	明治5年（1872）	官立
小学校教員講習所（現東京学芸大学）	明治6年（1873）	官立
東京女子師範学校（現お茶の水女子大学）	明治8年（1875）	官立
跡見学校（現跡見学園女子大学）	明治8年（1875）	跡見花蹊（かけい）
慶應義塾（現慶應義塾大学）	安政4年（1858）	福沢諭吉
立教学校（現立教大学）	明治7年（1874）	ウィリアムズ
女子小学校（現青山学院大学）	明治7年（1874）	スクリーンメーカー
工部大学校（現東京工業大学）	明治11年（1878）	官立
フェリス・セミナリー（現フェリス女学院大学）	明治3年（1870）	キダー（校名は明治8年に名付けられた）
同志社英学校（現同志社大学）	明治8年（1875）	新島襄
私塾立命館（現立命館大学）	明治2年（1869）	西園寺公望（きんもち）
適々斎塾（現大阪大学）	天保9年（1839）	緒方洪庵
舎密局（せいみ）（現京都大学）	明治2年（1869）	後藤象二郎と小松帯刀（たてわき）
神戸ホーム（現神戸女子学院大学）	明治8年（1875）	ダッドレーとタルカット
賛生館（さんせい）（現九州大学）	慶応3年（1867）	福岡藩
小島養生所（現長崎大学）	文久2年（1861）	ポンペ
攻玉塾（こうぎょく）（現攻玉社中学・高等学校）	明治2年（1869）	近藤真琴
共立学校（現開成中学・高等学校）	明治4年（1871）	佐野鼎（かなえ）

補足　讒謗律（ざんぼうりつ）

著作物を通じて他人を毀損することを罰した法律。取り扱ったものが事実であってもなくても関係がなかった。

1876

2月22日	ト・クリスチャン・グループを意味する熊本バンドと呼ばれた。代言人*規則が定められる。
2月26日	日朝修好条規（江華条約）が調印される。朝鮮の江華府において、日本全権の黒田清隆、井上馨と、朝鮮側の尹滋承（いんじしょう）らによって調印された。朝鮮が自主独立国であることが宣言されている。
3月28日	木戸孝允、参議を辞任する。再度、参議に復帰した木戸であったが、大久保利通主導の体制を不満として辞職する。
同日	太政官、廃刀令を布告する。これまでも明治3年（1870）に庶民の帯刀が禁止され、翌年には散髪脱刀令（髷を切り、帯刀しない自由を認める）が出されていたが、今回は士族の帯刀を禁じる法令で、大礼服着用時および軍人、警察官、官吏の制服着用のとき以外の帯刀は禁止となった。その後、不平士族による反乱が起こるが、それには帯刀という特権が奪われたことへの不満もあった。
6月2日	明治天皇、東北へ巡幸する。東京・赤坂仮皇居を出発し、東北を視察。7月21日、東京に戻る。
7月29日	東京府、三井物産会社の設立を許可する。
8月1日	国立銀行条例が改正される。銀行紙幣の金貨兌換をやめて通貨兌換に改める。
8月5日	明治政府、華士族の家禄・賞典禄を廃止し、金禄公債証書発行条例を定める。
8月10日	内務省に授産局*を設置する。
8月14日	札幌学校、開校式が催される。
8月24日	日朝修好条規付録および貿易規則が調印される。ソウルにおいて8月5日より交渉が持たれ、朝鮮開港場での日本人の自国の貨幣の使用許可や、また、開港地での米や雑穀の輸出入の認可などが決められた。
8月31日	海軍提督府が廃止され、鎮守府を東海・西海の2カ所に仮設する。前年、日本周辺を東西の2海面に分け、東西両指揮官のもと鎮守府を設置することとなった。東海鎮守府は横浜に仮設され、その後、横須賀へ移転することになる。他方、西海鎮守府は開設されなかった。
9月6日	元老院に憲法起草が命ぜられる。以後、政府の欽定憲法制定の動きが進むが、民間でも憲法制定について論争が起こる。
9月8日	札幌学校、札幌農学校*と改称。クラーク*、教頭として赴任。
9月13日	府県裁判所を、地方裁判所と改組する。
10月17日	小笠原諸島の日本管治を各国に通告する。関係諸外国の承認を得て、

明治9

開校式当日の札幌農学校全景（複写）（北海道大学附属図書館蔵）
北海道開拓使が明治3年（1872）に東京で開設した開拓使学校が、札幌市に移転し札幌学校と改称して開校した。大農方式の農業を中心に動物学、植物学、化学、土木学など総合的な科学教育を行っていたという。内村鑑三や新渡戸稲造らが学ぶ。現在の北海道大学の前身。

補足 代言人
代言人とは、本人に代わって意見などを述べる人のことを指す。現在の弁護士のような職業であった。

補足 授産局
授産とは失業者などに仕事を与えて、生計が立つようにすること。しかし、この授産局はそれまでの俸禄を貰うことができなくなった士族に対して仕事を与えるためにもうけられたものであった。

札幌農学校教頭 W.S. クラーク博士
（北海道大学附属図書館蔵）
1826～1886。札幌農学校の教頭になるため、アメリカから赴任。キリスト教に基づく全人教育と科学的な農業教育を行い、明治9年（1876）9月から明治10年（1877）4月までの間に人々に絶大な影響を与えた。

10月24日	小笠原諸島が初めて明確に日本の領土となった。
	熊本・神風連の乱が起こる。熊本の太田黒伴雄は、明治政府の欧化政策を批判、敬神思想による復古政治をめざして敬神党（神風連）を結成、首領となる。この年、政府による廃刀令や散髪令が出たことに反対し、同日夜、決起。自ら本隊の士族170名を率いて熊本鎮台砲兵営を襲撃したが、重傷を負い、熊本城内法華坂で自刃した。翌日、鎮台兵によって乱は鎮圧された*。
10月27日	秋月の乱起こる。政府の対韓政策を批判し、攘夷主義を掲げて福岡の旧秋月藩士宮崎車之助ら二百数十名が、熊本・神風連の挙兵を機に蜂起。萩の前原一誠と連携し、豊津（福岡県朝倉市）に進撃、旧小倉の士族に参加を呼びかけ、萩の乱の前原軍（10月28日挙兵）と合流しようとしたが、11月3日、小倉鎮台の兵に鎮圧された。宮崎ら首謀者は自害し、多くが捕らえられた。
10月28日	萩の乱起こる。近代化を進める明治政府の方針と合わず、辞職して郷里・萩に帰っていた前原一誠が不平士族らに擁立されて、神風連の乱などに呼応し、萩の旧藩校・明倫館に200余名を集めて蜂起する。広島鎮台兵ら政府軍により鎮圧される。
10月29日	旧会津藩士永岡久茂らが千葉県庁襲撃を企て、東京・思案橋付近（東京都中央区）で捕らえられ、未遂に終わる（思案橋事件*）。永岡は会津戦争後の謹慎を経て新政府に出仕。上京の際、前原一誠と通じるようになり、不平士族の反乱で前原の蜂起に呼応し、十数名と千葉県庁襲撃を計画する。しかし、日本橋の小網町思案橋から船に乗船しようとしたのを官憲に知られ、乱闘のすえ鎮定され、事件は未遂に終わった。捕縛された永岡は、翌年1月12日、獄中で病死した。
11月5日	萩の乱首領の前原一誠、捕縛される。前原は島根県で捕らえられ、12月3日、山口の萩で斬首刑に処された。享年43。

明治10年 (1877)

1月4日	地租を減ずる詔書が出され、地租が100分の2.5へ軽減される。
1月11日	教部省、東京警視庁が廃止され、その事務は内務省へ移管される。警視庁は、内務省警視局に吸収されて東京警視本署となったが、その後、明治14年（1881）にはまた警視庁として再設置されることになる。

明治9－明治10

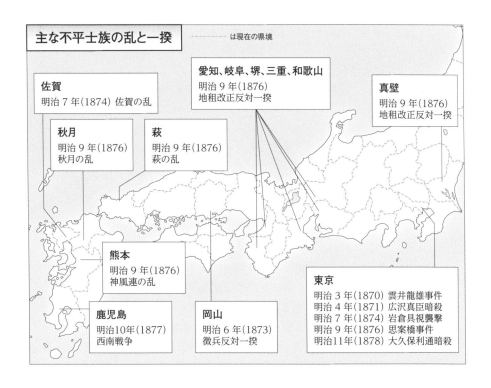

主な不平士族の乱と一揆　------は現在の県境

佐賀
明治7年(1874) 佐賀の乱

秋月
明治9年(1876)
秋月の乱

萩
明治9年(1876)
萩の乱

愛知、岐阜、堺、三重、和歌山
明治9年(1876)
地租改正反対一揆

真壁
明治9年(1876)
地租改正反対一揆

熊本
明治9年(1876)
神風連の乱

鹿児島
明治10年(1877)
西南戦争

岡山
明治6年(1873)
徴兵反対一揆

東京
明治3年(1870) 雲井龍雄事件
明治4年(1871) 広沢真臣暗殺
明治7年(1874) 岩倉具視襲撃
明治9年(1876) 思案橋事件
明治11年(1878) 大久保利通暗殺

東京日々新聞　思案橋の暴徒事件（写真提供：中央区立京橋図書館）
思案橋事件を描いた錦絵。東京日々新聞は、現在の毎日新聞の前身で、新聞錦絵が人気だった。

1877

1月18日	太政官官制が改正され、正院および修史局が廃止される。修史局は、官立の国史編纂所であり、明治2年（1869）、旧和学講談所内に史料編輯国史校正局ができたのが始まりとなる。国史編輯局、太政官歴史課を経て、同8年（1875）に修史局と改称し、この年、修史館となった。その後もまた名称変更し、東京帝国大学へ移管されることとなる。現在の東京大学史料編纂所の前身である。
1月22日	『太政官日誌』が廃刊。現在の官報のようなものであった。
1月24日	明治天皇、京都・奈良・大阪行幸。東京の仮皇居を出発し、関西視察に出る。1月30日、京都で孝明天皇（崩御後）10年式年祭に出席。そのほか、京都の中学校、女紅場、牧畜場、勧業場、舎密局など、近代的・勧業的、また教育政策の「京都策」の成果を視察し、上下加茂社に参拝。奈良から堺の紡績場ほか大阪を視察し、再び京都へ戻る。
1月30日	政府、朝鮮と釜山港居留地借入約書を調印する。
同日	鹿児島の私学校生が、草牟田（鹿児島市）の陸軍火薬庫を襲う。明治6年（1873）に下野した西郷隆盛は、明治7年（1874）6月、鹿児島城内旧厩跡に、鹿児島士族を中心とする私学校を創設した。私学校には、篠原国幹が監督する銃隊学校（旧近衛歩兵600名余り）と、村田新八が監督する砲隊学校（旧近衛砲兵200名余り）があり、県下にも分校があった。この日、政府はひそかに、陸軍省の命令の下、鹿児島の草牟田に置かれていた兵器火薬庫を、大阪に移そうとした。これに私学校生は憤激、火薬庫を襲撃して弾薬を奪った。
2月5日	京都・大阪間の鉄道が全通し、京都・大阪間の鉄道開業式が行われる。
2月15日	西南戦争始まる*。西郷隆盛ら、兵を率いて鹿児島を発し、北上を開始する。鹿児島の西郷らの挙兵に呼応して、九州各地の不平士族（反政府士族）も決起する。
2月19日	明治天皇、京都で鹿児島暴徒征伐を布告する。征討総督には有栖川宮熾仁親王、陸軍中将山県有朋と海軍中将川村純義が参軍に任命されて、それぞれが部隊を率いて征討軍が派遣される。明治天皇はその後、京都より大阪、淀周辺、石清水八幡宮へ参拝し、京都へ戻る。
2月23日	西郷隆盛軍、熊本城*（熊本鎮台）を襲撃、包囲する。西郷軍は、熊本城を強攻するが、熊本鎮台司令長官谷干城*らの守兵はこれを防御。西郷軍は包囲戦に転じた。その後、谷以下の兵は、50日にわたって西郷軍の猛攻を防ぐ。
3月8日	勅使柳原前光、鹿児島へ派遣される。柳原は黒田清隆とともに鹿児

明治10

西南戦争（『大日本歴史錦絵』、国立国会図書館蔵）
征韓論で敗れ下野した西郷隆盛が、地元鹿児島（薩摩）の私学校の関係者に担ぎ出されて起こした最大の不平士族の反乱。明治新政府が、草牟田にあった弾薬庫から弾薬を運び出そうとしたり、密偵を送ったりするなど挑発行為を行ったことに対して、私学校の関係者を中心に蜂起したが、敗北。西郷らは城山で自決した。

熊本城（長崎歴史文化博物館蔵）
加藤清正が築いた天下の名城の天守は、西南戦争の際に焼失。地元では天守の脇に植えられた銀杏が天守と同じ高さになった時異変が起こるだろうと清正が言い残したという言い伝えがあった。奇しくも西南戦争のときには銀杏が同じ高さになっていたという。

谷干城（福井市立郷土歴史博物館蔵）
1837～1911。土佐藩士で、戊辰戦争で名を上げ、熊本鎮台指令長官として佐賀の乱を鎮圧、続く西南戦争でも熊本城に2カ月にわたって籠り、城を守る。その後、陸軍中将、陸軍士官学校長、学習院長、華族女学校長、貴族院議員などを務めた。

1877

	島へ向かい、中立の立場にあった島津久光と忠義父子に自重を論し、忠義は両軍の休戦を図るが失敗した。
3月20日	政府軍、西郷軍を破る（田原坂の戦い）。熊本城の北方に位置する田原坂（熊本県熊本市）では3月4日からほぼ1カ月におよぶ戦闘が繰り広げられた。田原坂は西郷軍が死守していたが、この日、政府軍は最大の兵力を送り、1日で32万発もの弾丸を降り注ぐ大激戦を展開、西郷軍は敗走することとなる*。
3月28日	福岡県士族越智彦四郎ら反乱を起こす。熊本城を包囲した西郷隆盛軍に呼応し、武部小四郎ら70余名と軍を編成して隊長となり、福岡城を攻撃するが敗れた。その後、日向の西郷軍に合流しようとして政府軍に捕えられ、同年5月1日、越智は福岡で斬刑となった。
4月12日	開成学校と医学校を併せ、東京大学が開設される。
4月15日	政府軍、熊本城の西郷軍の包囲を崩す。熊本城での攻防戦が続いていたが、政府軍が西郷軍を撤退させ、熊本城に入城する。
5月 1日	博愛社（のちの日本赤十字社）が創立する。西南戦争に際し、佐野常民、大給恒が中心となり、官賊軍の区別なく、傷病者救護を目的とした博愛社が設立された。その後も慈善事業団体として存続し、明治19年（1886）、日本が国際赤十字条約に加盟したことにより、翌20年（1887）、日本赤十字社と改称する。
5月19日	京都行幸中の明治天皇、病臥する木戸孝允を見舞い、花瓶一対、盆栽3鉢が下賜される。
5月26日	木戸孝允、京都の別邸で病死する。享年45。
5月29日	政府、西南戦争に際し、臨時に巡査を徴募し、陸軍省に付して新撰旅団を編成させる。司令長官には陸軍少将小松宮彰仁親王（仁和寺宮嘉彰親王）が任じられた。
6月 1日	政府、万国連合郵便条約に加入し日本の郵便制度を公式に国際化する。
6月10日	立志社の片岡健吉ら、国会開設建白書を京都行在所へ提出する。しかし、12日には却下される。
7月28日	明治天皇、京都御所を出発し、汽車で神戸へ移動。神戸港より船で横浜へ向かう。7月30日、横浜に上陸し、東京に還幸となる。
8月 8日	立志社の林有造ら、西南戦争の勃発に呼応し、挙兵を企図して武器調達に奔走するが、事前に発覚して逮捕される。翌年8月には禁獄10年の判決が出され、岩手監獄に投獄される。
8月21日	第1回内国勧業博覧会*が東京・上野公園で開かれる。明治政府の殖

西南戦争関係地図

西郷隆盛（国立国会図書館蔵）
1827〜1877。薩摩の下級武士の子として生まれる。当時藩主であった島津斉彬（なりあきら）に登用され、徳川慶喜を将軍に就けるために動くが、安政の大獄が始まり、仲間の月照（げっしょう）と薩摩に戻る。しかし、斉彬没後の薩摩では居場所がなく、月照とともに入水するが、一人一命を取り留める。薩長同盟、第2次長州戦争、王政復古、戊辰戦争、廃藩置県などで活躍したが、征韓論で対立して下野。西南戦争で敗れ自刃した。

内国勧業博覧会開場御式の図（国立国会図書館蔵）
殖産興業政策の一環として国が開いた展示博覧会。その後の博覧会や展示会などのモデルとなった。

8月28日	産興業政策の1つとして、内国物産、美術・工芸品が出品・展示された。以後、第3回までは東京、第4回が京都、第5回が大阪で開かれる。侍補の制が制定される。侍補は、天皇を補佐し、また輔導することを目的として宮内省内に設置された役職で、明治天皇の侍講を務めた漢学者の元田永孚らは侍補として天皇親政の実現を目指した。しかし、元田らの天皇親政への運動は、伊藤博文らと衝突するなど失敗に終わり、この制度は明治12年（1879）10月13日に廃止された。
9月1日	西郷軍、政府軍守備隊を突破して鹿児島に入り、城山に拠る。熊本城を落とせなかった西郷軍の総指揮は、その後、4番大隊長だった桐野利秋が事実上、執ることとなったが、政府軍に鹿児島を占領され、各地の西郷軍も苦戦し、退却していった。そして、西郷隆盛を擁した一部の兵とともに、鹿児島に帰り、城山に籠もる。
9月24日	西郷隆盛が自刃する。早朝、政府軍の総攻撃が開始され、西郷は籠もっていた城山の洞窟から出て、桐野利秋ら40余名の薩摩兵士とともに、政府軍に向かい、下り進んだが、西郷が被弾した。西郷は、別府晋介の介錯で自刃するなど諸説あり。享年51。別府も切腹し、桐野らは政府軍へ突撃し、戦死した。西郷の死で西南戦争は終結するに至った*。
10月17日	私立華族学校、開校する。開校式に臨席した明治天皇から学習院の称号が与えられる。
10月	コレラが全国に流行したため、政府は東京神田に下水道を建設する。
12月27日	政府、予備紙幣2,700万円を発行して西南戦争の費用を補う。

明治11年（1878）

1月24日	東京駒場農学校、創立する（のちの東京大学農学部）。
4月10日	第2回地方官会議が開かれる。
4月	板垣退助*ら、愛国社の再興を図る。
5月1日	日本、第3回パリ万国博覧会に参加。フランスの首都・パリで5月21日から11月10日まで開催された。日本も会場のシャン・ド・マルスに日本館を建て、もう一つのトロカデロ会場でも古物館に出品し、茶室や日本庭園をもつ日本家屋を建築するなどして参加した。
同日	起業公債発行条例が制定される。
5月14日	参議兼内務卿大久保利通*、暗殺される（紀尾井坂の変）。この日朝、

「鹿児嶋征討記之内　西郷星出現之図」（国立国会図書館蔵）
西南戦争が行われた明治10年（1877）は、火星が地球に大接近した年でもあった。西南戦争が終わりかけていた8月頃から、東方に現れた赤い火星の中に大礼服を着て馬に乗った西郷隆盛の姿が見えると話題になった。

板垣退助（国立国会図書館蔵）
1837〜1919。土佐藩士の子として生まれる。元は、乾と名乗っていたが戊辰戦争中に「板垣退助」と改名し、各地で勝利を収めた。明治新政府で参議の職に就いていたが、征韓論で敗れて参議を辞任。明治7年（1874）、民撰議院設立建白書を提出して、自由民権運動の主導者となり、内務大臣などを務めた。

大久保利通（福井市立郷土歴史博物館蔵）
1830〜1878。薩摩の下級武士の子として生まれる。当時の藩主であった島津斉彬に登用され、島津久光の下で藩政改革などに従事する。慶応3年（1870）、王政復古を実現させ、版籍奉還、廃藩置県に尽力した。明治4年（1871）から明治6年（1873）、岩倉使節団の副使として、欧米各地を歴訪。征韓論で西郷隆盛に反対して、西郷らが下野するきっかけを作った。西南戦争を鎮圧したが、明治11年（1878）、不平士族に襲われて亡くなった。

1878

	大久保は馬車で自邸から赤坂の仮皇居へ登庁する途中、紀尾井坂で待ち伏せていた石川県士族の島田一郎、長連豪(ちょうつらひで)、杉本乙菊(おとぎく)、脇田巧一、杉村文一と、島根県士族の浅井寿篤(としあつ)の6名に襲撃された。特に島田は、西南戦争に呼応、参加しようとして果たせず、彼らは木戸・西郷の亡き後、内務省中心の独裁政治を進める大久保に不満を持つ不平士族だった。事件後、島田らは、民権の抑圧など、大久保ほか政府の失策を記した5カ条の斬奸状(ざんかんじょう)を持って自首した。その後、同年7月27日、6名は死刑判決を受け、斬罪に処された。
5月27日	政府、貿易銀貨を一般通用貨幣とする（金銀複本位制）
6月 1日	東京株式取引所が開業する。
6月10日	元老院議官陸奥宗光、前年の林有造(はやしゆうぞう)らの挙兵に参加の疑いで捕縛される。陸奥は、西南戦争当時の明治10年（1877）8月8日、土佐・立志社の林有造らによる政府転覆計画に荷担したとして逮捕された。その後、免官、投獄され、明治16年（1883）1月に特赦で出獄した。
同日	陸軍士官学校、開校する。
7月15日	工部大学校*、開校する。
7月22日	郡区町村編成法・府県会規則・地方税規則（3新法）が制定される。
7月25日	政府、日米条約の関税改定約書に調印する。しかし発効せずに終わる。
7月	金禄公債証書の発行が開始される。
8月 1日	東京に商法会議所が設立する。その後、商法会議所は大阪、長崎、横浜にも設立される。明治14年（1881）までに、全国で34の商法会議所が組織された。
8月23日	東京・竹橋（千代田区）の近衛兵260余名が反乱を起こす（竹橋事件・竹橋騒動）。23日夜、竹橋門にあった兵営の近衛砲兵第1大隊260余名が、西南戦争の論功行賞や、給料の減俸などを不満として決起。制止する大隊長らを殺害し、大蔵卿の大隈重信*邸を襲撃する。さらに、赤坂の仮皇居に迫り、明治天皇に直訴しようとしたが失敗し、東京鎮台兵によって全員が逮捕されて鎮圧された。同年10月15日に判決が下り、死刑55名のほか、禁固などに処された。
8月	陸軍卿山県有朋(やまがたありとも)、「軍人訓戒」を発表する。
12月 5日	参謀本部条例が制定され、参謀本部が設置される。陸軍省の参謀局が廃止され、陸軍省から独立し、天皇に直属して陸軍軍令を司る参謀本部が設けられた*。
12月13日	監軍本部条例により、陸軍監軍本部が置かれる。

明治11

工部大学校校舎（『旧工部大学校史料』国立国会図書館蔵）
工部大学校は現在の東京大学工学部の前身。明治4年（1871）に工部省所管の学校として開校。明治11年（1878）に工部大学校となり、明治19年（1886）、東京大学に吸収された。現在、日本の工学発祥の地として東京都千代田区霞が関に碑が立てられている。

大隈重信（福井市立郷土歴史博物館蔵）
1838～1922。佐賀藩士の子として生まれ、宣教師フルベッキについて英学を学び、自ら英学塾を開く。明治3年（1870）、参議に就任し、近代産業の育成のために尽力する。国会開設などで伊藤博文と対立し、下野。立憲改進党、東京専門学校（現早稲田大学）を創立。日本初の政党内閣を組織した。

明治政府による陸軍の変遷

明治2年（1869）	兵部省設置
	兵部省大輔大村益次郎襲われ落命
明治3年（1870）	府藩県に常備編隊規則を布達する
明治4年（1871）	薩摩・長州・土佐で御親兵を組織する
	廃藩置県により藩兵解散
	東京・仙台・大阪・熊本に鎮台が置かれる
明治5年（1872）	兵部省を廃止し、陸軍省・海軍省を置く
	御親兵を廃止、近衛兵を設置する
	徴兵告諭発布
明治6年（1873）	名古屋と広島に鎮台を設置する
	徴兵令公布
明治11年（1878）	陸軍の参謀本部を設置する

■参考文献 (50音順)

『会津娘子軍中野竹子伝』宍戸康雄　会津坂下町小竹会
『会津藩庁記録』日本史籍協会編（日本史籍協会叢書）東京大学出版会
『会津戊辰戦史』続日本史籍協会（日本史籍協会叢書）東京大学出版会
『會津戊辰戦争』平石辨蔵　マツノ書店
『朝彦親王日記』日本史籍協会編（日本史籍協会叢書）　東京大学出版会
『朝日日本歴史人物事典』朝日新聞社編　朝日新聞出版
「アヘン戦争後の外圧と琉球問題」（琉球大学教育学部紀要57）西里喜行
『異国船琉球来航史の研究』大熊良一　鹿島研究所出版会
『維新史料綱要』東京大学史料編纂所　東京大学出版会
『維新日乗纂輯』日本史籍協会編（日本史籍協会叢書）　東京大学出版会
『維新日誌』橋本博編　静岡郷土研究会
『一冊でわかるイラストでわかる図解幕末・維新』東京都歴史教育研究会監修　成美堂出版
『岩倉公実記』多田好問編　皇后宮職
『ええじゃないかの不思議　信仰と娯楽のあいだ』名古屋市博物館
『描かれた幕末明治　イラストレイテッド・ロンドン・ニュース　日本通信 1853-1902』金井圓編訳
　　雄松堂出版
『江戸時代 来日外国人人名辞典』岩下哲典編　東京堂出版
『江戸の外国公使館　開国150周年記念資料集』港区立港郷土資料館
『江戸の砲術　砲術書から見たその歴史』板橋区立郷土資料館
『江戸幕府旗本人名事典』1～4　石井良助監修・小川恭一編著　原書房
『江戸幕府役職集成（増補版）』笹間良彦　雄山閣出版株式会社
『江戸湾沿岸警備と忍藩：第30回企画展』行田市郷土博物館
『榎本武揚と明治維新』黒瀧秀久　岩波ジュニア新書
『大村益次郎』大村益次郎先生伝記刊行会編　肇書房
『大久保利通伝』勝田孫彌　マツノ書店
『大久保利通日記』日本史籍協会編（日本史籍協会叢書）　東京大学出版会
『小栗忠順のすべて』村上泰賢編　新人物往来社
『女たちの幕末京都』辻ミチ子　中公新書
『改訂　肥後藩國事史料』細川家編纂所　国書刊行会
『開陽丸ノート 百十一話』石橋藤雄　三和印刷
『鹿児島県史』鹿児島県
『和宮様御下向御用日記留』蕨市編　蕨市
『勝海舟』松浦令　筑摩書房
『角川新版日本史辞典』朝尾直弘、宇野俊一、田中琢編　角川学芸出版
『角川日本地名大辞典』角川書店
『神奈川県史』神奈川県
『河井継之助のすべて』安藤英男　新人物往来社
『官武通紀』日本史籍協会編（続日本史籍協会叢書）　東京大学出版会
『九州の蘭学』W・ミヒェル、鳥井裕美子ほか編　思文閣出版
『旧幕府』マツノ書店（復刻版）
『京都守護職始末』山川浩著・遠山茂樹校注　東洋文庫
『京都大事典』佐和隆研ほか編　淡交社
『京都の歴史』京都市編　京都市史編纂所
『京都見廻組 秘録』菊地明　（歴史新書）洋泉社

参考文献

『桐野利秋日記』栗原智久編著・訳　ＰＨＰ
『近世日本国民史』徳富猪一郎　民友社
『近代日本総合年表』　第二版　岩波書店
『桑名藩戊辰戦記』郡義武　新人物往来社
『遣米使日記』村垣淡路守範正著・川村善二郎訳（非売品）
『公爵山縣有朋伝』徳富猪一郎編　山縣有朋公記念事業会
『国史大辞典』国史大辞典編集委員会編　吉川弘文館
『ゴンチャーロフ日本渡航記』高野明、島田陽訳　講談社学術文庫
『相楽総三関係史料集』信濃教育会諏訪部会　青史社
『薩摩出軍戦状』日本史籍協会編（日本史籍協会叢書）東京大学出版会
『三百藩家臣人名事典』家臣人名事典編纂委員会　新人物往来社
『三百藩藩主人名事典』藩主人名事典編纂委員会　新人物往来社
『三百藩戊辰戦争事典』新人物往来社
『斬奸状』栗原隆一　学芸書林
『シーボルト家の二百年展』シーボルト記念館
『七年史』北原雅長　臨川書店
『品川御台場　幕末期江戸湾防備の拠点：平成23年度特別展』品川区立品川歴史館
『下田の歴史と史跡』肥田喜左衛門著　下田開国博物館
『修訂防長回天史』末松謙澄　柏書房
『修補殉難録稿』宮内省編　吉川弘文館
『シュリーマン旅行記　清国・日本』ハインリッヒ・シュリーマン著　石井和子訳　講談社学術文庫
『詳説日本史　改訂版』山川出版社
『詳説　日本史図録』山川出版社
『史料　京都の歴史』京都市　平凡社
『新・国史大年表』〈第6巻〉一八五三～一八九五　日置英剛編　国書刊行会
『新修神戸市史』新修神戸市史編纂委員会編　神戸市
『新詳日本史』浜島書店
『新修福井市史』福井市史編さん委員会　福井市
『新選組史跡事典』（東日本編・西日本編）新人物往来社編　新人物往来社
『新選組史料大全』菊地明・伊東成郎編　ＫＡＤＯＫＡＷＡ
『新選組日誌』菊地明・伊東成郎・山村竜也編　新人物文庫
『新・歴史群像シリーズ　幕末諸隊』学習研究社
『図説・幕末戊辰西南戦争』学研
『総図解　よくわかる幕末維新』結喜しはや編著　新人物往来社
『増補　幕末明治重職補任　付諸藩一覧』マツノ書店
『続再夢紀事』中根雪江　日本史籍協会編（日本史籍協会叢書）
『続日本史籍協会叢書』日本史籍協会編　東京大学出版会
『大君の都　幕末日本滞在記』オールコック著　山口光朔訳　岩波文庫
『太政官日誌』太政官
『誰でも読める日本近世史年表　ふりがな付き』吉川弘文館編集部編　吉川弘文館
『地図で知る　幕末』武揚堂
『丁卯雑拾録』日本史籍協会編（日本史籍協会叢書）　東京大学出版会
『徳川慶喜公伝』渋沢栄一　東洋文庫

参考文献

『長岡市史』長岡市
『長岡藩戊辰戦争関係史料集』(長岡市史双書) 長岡市史編集委員会・近世史部会編　長岡市
『長崎海軍伝習所』藤井哲博　中公文庫
『長崎海軍伝習所の日々』カッテンディーケ　水田信利訳　東洋文庫
『中島三郎助文書』中島養生編・刊
『中山忠能日記』日本史籍協会編(日本史籍協会叢書)　東京大学出版会
『南柯紀行・北国戦争概略衝鉾隊之記』大鳥圭介、今井信郎　新人物往来社
『日本外交史　第1巻　幕末外交』鹿島守之助　鹿島研究所出版
『日本外交史事典』(新版)外務省外交史料館日本外交史事典纂委員会　山川出版社
『日本史学年次別論文集　近世1-2002年』学術文献刊行会編
『日本史小百科　貨幣』瀧澤武雄、西脇康編　東京堂出版
『日本史籍協会叢書』日本史籍協会編　東京大学出版会
『日本史総合年表』第二版　加藤友康ほか編　吉川弘文館
『日本思想大系』66：『航米日録』玉蟲左太夫著　沼田次郎校注、『仏英行』柴田剛中著　君塚進校注　岩波書店
『日本史年表』歴史学研究会編　岩波書店
『日本史用語集』山川出版社
『日本史用語大辞典』Ⅰ用語編　柏書房
『日本女性人名辞典』芳賀登ほか監修　日本図書センター
『二本松藩史』二本松藩史刊行会編　二本松藩史刊行会
『日本歴史地名大系』平凡社
『馬琴一家の江戸暮らし』高牧実　中公新書
『函館市史』函館市史編さん室　函館市
『箱館戦争史料集』須藤隆仙編　新人物往来社
『箱館戦争始末記』栗賀大介　新人物往来社
『幕末維新史事典』小西四郎監修　神谷次郎、安岡昭男編　新人物往来社
『幕末維新人物事典』歴史群像編集部編　学研
『幕末維新大人名事典』安岡昭男編　新人物往来社
『幕末遣外施設物語』尾佐竹猛　講談社学術文庫
『幕末政治家』福地桜痴　岩波文庫
『幕末ニッポン』たばこと塩の博物館編　角川春樹事務所
『幕末明治　不平士族ものがたり』野口武彦　草思社
『花の男　シーボルト』大場秀章　文春新書
『藩史事典』藤井貞文、林陸朗監修　秋田書店
『藩史大事典』木村礎、藤野保、村上直編　雄山閣
『彦根市史』(復刻版)彦根史編　臨川書店
『ビジュアル幕末維新』学研パブリッシング
『ビジュアルワイド　図説　日本史』東京書籍
『日野鼎哉・葛民伝 日本近代医学の夜明け』志手駒男　葦書房
『百官履歴』内閣修史局日本史籍協会編、(日本史籍協会叢書)東京大学出版会
『白虎隊』中村彰彦　文春新書
『兵庫県史』兵庫県史編集専門委員会　兵庫県
『福井県史』福井県編　福井県
『復古記』東京大学史料編纂所　東京大学出版会

参考文献

『ペリー艦隊日本遠征記』ペリー著　オフィス宮崎翻訳　万来舎
『ペリー来航と横浜』横浜開港資料館
『戊辰戦史』川崎紫山　マツノ書店（復刻版）
『戊辰戦争全史』（上下）菊地明、伊東成郎編　新人物往来社
『補訂　戊辰役戦史』大山柏　時事通信社
『松浦武四郎関係資料』松浦武四郎記念館
『松代藩と黒船来航』長野市教育委員会　文化財課　松代文化施設等管理事務所
『水戸藩の崩壊　天狗党と諸生党』粉川幸男
『水戸藩史料』（下編全）　名越時孝編　吉川弘文館
『明治維新人名辞典』日本歴史学会編　吉川弘文館
『明治維新廃城一覧』森山英一　新人物往来社
『明治史要』東京大学史料編纂所編　東京大学出版会　1966年復刻版
『明治天皇行幸年表』明治天皇聖蹟保存会編　大行堂
『明治天皇　邦を知り国を治める　近代の国見と天皇のまなざし』三の丸尚蔵館展覧会図録
『洋学史事典』日蘭学会編　雄松堂出版
『よこはま史話1 開港場横浜ものがたり』横浜開港資料館
『横浜・歴史の街かど』横浜開港資料館編　神奈川新聞社
『来日西洋人名事典』武内博編著　日外アソシエーツ
『歴代天皇・年号事典』米田雄介編　吉川弘文館
『浪士文久報国記事』永倉新八　新人物文庫

付　録

国割図（改元の頃）

* （　）で示した名称について──
陸奥・陸中・陸前・磐城・岩代は明治元年に陸奥国より分割、羽後・羽前は明治元年に出羽国より分かれたものである。
北海道は明治2年に蝦夷地より改称された。

◆藩名一覧 （改元の頃） ＊アミカケ部に国名、その下に藩名を記す

蝦夷地	水戸	生実	**越前**	掛川	**山城**	柳本	**備後**	**豊前**
松前	笠間	**上総**	勝山	浜松	淀	芝村	福山	小倉
陸奥	下館	一宮	丸岡	**三河**	**丹波**	柳羅	**安芸**	小倉新田
弘前	府中	大多喜	大野	西大平	福知山	小泉	広島	中津
七戸	土浦	久留里	福井	挙母	園部	田原本	広島新田	**肥前**
黒石	下妻	飯野	鯖江	岡崎	山家	郡山	**周防**	蓮池
八戸	牛久	佐貫	敦賀	西尾	綾部	高取	岩国	佐賀
盛岡	麻生	請西	**若狭**	西端	亀山	**紀伊**	徳山	唐津
一関	谷田部	鶴牧	小浜	吉田	篠山	田辺	山口(長州)	小城
仙台	**下野**	**安房**	**信濃**	柏原	新宮	**長門**	鹿島
福島	黒羽	館山	飯山	**河内**	和歌山	長府	大村
相馬	大田原	勝山	須坂	**尾張**	丹南	**因幡・伯耆**	清末	平戸
三春	喜連川	**武蔵**	松代	犬山	狭山	鳥取	**阿波**	平戸新田
平	烏山	金沢	上田	尾張	**和泉**	**因幡**	徳島	五島
湯長谷	宇都宮	岩槻	小諸	**伊勢**	伯太	若桜	**讃岐**	島原
泉	高徳	忍	岩村田	長島	岸和田	鹿野	高松	**対馬**
棚倉	足利	川越	田野口	亀山	**摂津**	**出雲**	丸亀	対馬
二本松	壬生	岡部	諏訪	神戸	麻田	母里	多度津	**肥後**
守山	吹上	**相模**	松本	久居	高槻	広瀬	**伊予**	人吉
会津	佐野	荻野山中	高遠	桑名	尼崎	松江	西条	熊本
出羽	**上野**	小田原	飯田	津	三田	**石見**	小松	熊本新田
秋田	前橋	**越後**	**美濃**		**但馬**	浜田	今治	宇土
秋田新田	沼田	村上	郡上	菰野	出石	津和野	松山	**豊後**
亀田	伊勢崎	黒川	苗木	田丸	豊岡	**美作**	新谷	杵築
矢島	高崎	三日市	高富	**志摩**	村岡	津山	大洲	日出
本荘	館林	新発田	加納	鳥羽	**近江**	**播磨**	吉田	佐伯
松山	吉井	村松	岩村	宮川	姫路	**備前**	宇和島	臼杵
新庄	安中	三根山	大垣	彦根	安志	岡山	**土佐**	府内
天童	小幡	与板	大垣新田	三上	山崎	**備中**	土佐	森
長瀞	七日市	長岡	今尾	山上	三日月	岡山新田	土佐新田	岡
庄内	**下総**	椎谷	高須	西大路	明石	足守	**筑前**	**日向**
山形	古河	糸魚川	**駿河**	水口	小野	庭瀬	福岡	延岡
上山	結城	高田	沼津	膳所	林田	浅尾	秋月	高鍋
米沢	関宿	**越中**	小島	大溝	龍野	岡田	**筑後**	佐土原
米沢新田	小見川	富山	田中	**丹後**	赤穂	松山	久留米	飫肥
常陸	多胡	**加賀**	**遠江**	峰山	三草	新見	柳河	**薩摩・大隅**
松岡	高岡	加賀	相良	田辺	**大和**	鴨方	三池	薩摩
宍戸	佐倉	大聖寺	横須賀	宮津	柳生	成羽		

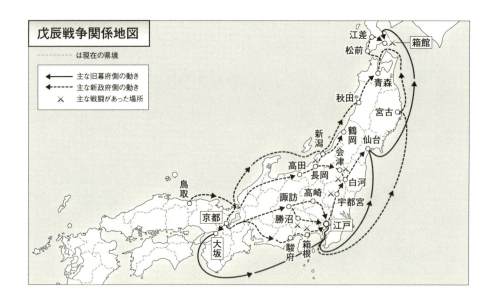

戊辰戦争年表

本表では戊辰戦争にかかわる事項を一覧にまとめた。本文中には掲載のない事項も取り上げている。

慶応4年（1868）

1月3日　鳥羽・伏見の戦いが勃発。戊辰戦争始まる。

1月4日　新政府軍本営（東寺）に錦旗が掲げられ、会津藩など旧幕府側が朝敵とされる。

1月7日　徳川慶喜、会津藩主松平容保らと艦長榎本武揚の留守中開陽丸に乗って江戸へ帰る。

1月19日　新政府軍の奥羽鎮撫使、仙台藩主伊達慶邦に会津征討を命じる。

2月4日　会津藩主松平容保、養子松平喜徳（徳川慶喜の実弟）に家督を譲る。

2月8日　徳川慶喜、会津藩兵の帰国を命じ、容保の江戸城登城を禁止する。

2月13日　会津藩家老神保利孝の長男修理、鳥羽・伏見の戦いおよび徳川慶喜と藩主容保が江戸に帰った責任を取り、江戸・三田の下屋敷で切腹する。

2月16日　前会津藩主松平容保、江戸を発し、会津へ向かう。

2月22日　前会津藩主松平容保、会津に帰国し、延寿寺で謹慎を続ける。

3月6日　勝沼（山梨県甲州市）で旧幕府軍、新政府軍と戦い、敗れる。

3月10日　会津藩が軍制改革を行い、年齢および身分による玄武・青龍・朱雀・白虎の諸隊を編成する。

3月15日　山川浩率いる砲兵隊が日光山警備として会津若松を出発する。

3月23日　朝廷、会津藩の追討令を下す。

4月10日　会津藩、同様に追討令を出された庄内藩と同盟を結ぶ。

4月19日　宇都宮城攻城戦起こる。

4月20日　仙台藩が国境を守備する会津藩兵へ攻撃を開始し、以後しばらく小競り合いが続くも、一方で仙台藩は米沢藩と会津救解に尽力する。

4月26日　箱根で旧幕府軍遊撃隊と新政府軍が衝突。

閏4月2日　仙台藩と国境の石筵・中山・御霊櫃で戦闘。前会津藩主松平容保の城外閉居受諾の嘆

戊辰戦争年表

願書を仙台・米沢両藩に提出して一時休戦となる。しかし、奥羽鎮撫総督府は却下。

閏4月12日　仙台・米沢の両藩、連名で、新政府軍奥羽鎮撫総督九条道孝へ「農時」を理由に戦争中止、会津藩寛典処分の嘆願書を提出するが、却下された。

閏4月17日　総督府、会津への討ち入りを命じる。

閏4月20日　奥羽鎮撫総督府参謀の世良修蔵、参謀大山綱良に「奥羽皆敵」とする密書を送ろうとしたことが発覚して会津藩への恭順説得にあたっていた仙台藩士が激昂。福島の宿で暗殺される。

同日　会津軍、白河城を占領する。

閏4月27日　桑名藩、越後・鯨波で新政府軍を撃退。

5月1日　白河城を新政府軍に奪還される。白河口総督の会津藩家老西郷頼母は会津若松城帰城後に講和を進言したが容れられず、城を退いた。

5月3日　奥羽列藩同盟、調印なる。

同日　越後方面の会津軍、片貝の戦いで大敗。

5月4日　会津藩士の佐川官兵衛、長岡へ出向いて交渉し、長岡藩を友軍につける。

5月6日　長岡藩など越後6藩が奥羽列藩同盟に加盟し、奥羽越列藩同盟成立する。

5月19日　新政府軍により、長岡城、落城する（長岡城は7月24～25日に長岡藩兵により奪還されるも、再び29日、新政府軍に落とされた）。

6月24日　新政府軍により、棚倉城、落城する。

7月12日　新政府軍により、平城が落城する。

7月16日　棚倉城奪還作戦、失敗する。

7月27日　山川浩軍、二本松・越後方面の戦況悪化により、領内の五十里まで兵を引き上げる。

7月28日　新政府軍に新潟港を奪われたため補給路を絶たれた越後方面の会津軍、戦力が衰退する。

7月29日　二本松城、落城する。

8月19日　旧幕府艦隊、品川から脱走する。

8月21日　母成峠の戦い。大鳥圭介率いる旧幕府軍伝習隊・新選組・会津藩田中源之進隊ら敗走。

8月22日　早朝、新政府軍、猪苗代をめざして進軍開始。猪苗代城代高橋権太夫、城に火を放って退却し、猪苗代城落城。猪苗代城前方の十六橋で、進軍を阻むため橋の破壊をしようとする会津兵と薩摩兵が銃撃戦となり、夕刻、新政府軍が橋を占領する。

同日　佐川官兵衛、総督となり、十六橋より3キロメートル会津若松よりの強清水に本営を置く。

同日　前藩主容保、白虎士中二番隊を従えて、軍督励のため、若松城下北東の滝沢本陣へ出馬。新政府軍が十六橋を破るとの報に護衛随行の白虎士中二番隊を戸ノ原へ増援に向かわせた。

8月23日　早朝、新政府軍、会津若松城下に進攻開始。戸ノ原の会津軍、防戦しきれず、撤退する。容保、滝沢本陣より前進するのを家臣に諫められ、城下大手口の甲賀町郭門へ向かい、途中、実弟の桑名藩前藩主松平定敬を米沢藩へ援軍要請に向かわせた。城下北方の蚕飼口の手前で河原善左衛門隊が防戦するも、河原はじめ多数が戦死し、退却する。家老神保内蔵助、六日町口の郭門で新政府軍と攻防戦を展開後、甲賀口郭門を守備していた家老田中土佐とともに自刃。新政府軍の土佐・薩摩・長州兵が甲賀町口から会津若松城北出丸に迫り、砲撃を行う。一方、会津側も帰城してくる兵により、銃撃を行う。会津藩砲術指南役山本覚馬の妹八重もスペンサー銃で奮戦する。新政府軍の進攻に、入城を知らせる鐘が鳴ったが、家老西郷頼母の自邸で家族が自害。ほかにも入城・避難に遅れ、自害する者があった。戸ノ原応援の白虎隊士中二番隊の隊士が分かれて退却し、その後、飯盛山で自刃。以後、会津藩は籠城戦に入り、城外の諸隊も会津若松城内へ戻り始める。

8月24日～9月5日　榎本武揚率いる品川沖脱走の旧幕府艦隊が続々と仙台湾に到着。その後、旧幕府海軍は、会津より敗走してきた旧幕府陸軍や諸隊と合流する。

8月25日　会津藩の衝鋒隊と中野竹子ら娘子隊が城下に向かい、涙橋で新政府軍の長州・大垣藩兵と交戦、竹子は銃弾を受けて戦死する。勢至堂口の守備隊が会津若松城に帰還。

8月26日　新政府軍が小田山に大砲を設置し、会津若松城に砲撃が開始される。

8月29日　会津藩の佐川官兵衛率いる約1000兵が、新政府軍の拠る長命寺へ3方向から進撃するが、隊長らを含む110人の戦死者が出る。

9月1日　大内峠で激戦。

9月2日　本郷関山で激戦となり、4日まで続く。

9月4日　新政府軍が城下西南端の住吉神社まで進攻する。

付　録

9月5日　美濃国郡上藩の援軍が、会津若松城西出丸より入城する。

9月6日　佐川隊、秀長寺近くで新政府軍へ奇襲攻撃を成功させる（秀長寺の戦い）。

明治元年（1868）

9月11日　会津藩家老の萱野権兵衛隊ら、熊倉の戦いで新政府軍を敗走させる。しかし、翌日一ノ堰へ向かう。

9月14日　新政府軍、早朝より会津若松城総攻撃を開始し、激しい砲撃を行う。会津若松城内で死傷者が続出する。旧幕府艦隊の榎本武揚と旧幕府陸軍の大鳥圭介、仙台で面談。仙台藩の恭順降伏により、仙台に集結していた旧幕府海軍・陸軍は合同し、蝦夷地を目指す。

9月15日　仙台藩が新政府軍に恭順降伏。仙台にいた旧幕府軍は蝦夷地へ向う。

9月17日　一ノ堰の会津軍、戦闘後、敗走する。

9月18日　高田（会津平野西南）の佐川隊、新政府軍の攻撃を受け、大内へ転陣する。

9月19日　会津藩の使者が、新政府軍の土佐藩本営を訪れる。

9月20日　会津藩降伏に向けての新政府側との交渉がまとまる。同夜、前会津藩主松平容保、降伏について城内の将兵に下問する。

9月21日　前藩主容保、文書で降伏を布達する。

9月22日　会津、降伏開城する。降伏式には、会津側からは陣将の内藤介右衛門らが裃姿で臨み、新政府側は軍監桐野利秋らが列席するなかを容保・喜徳父子が式場に到着。会津藩、降伏開城となり、容保・喜徳父子は新政府軍に滝沢の妙国寺へ護送されて謹慎した。

9月23日　会津若松城内の将兵、収容先の猪苗代へ向けて出発する。老幼婦女子は喜多方方面へ、傷病者は城南の青木村へ移された。

9月24日　午後、会津若松城の引き渡しが行われる。南部藩降伏。

9月25日　戦闘を続ける会津藩の諸隊に正式な降伏命令が届く。

10月12日　旧幕府軍、蝦夷地へと折浜（宮城県石巻市）を出港。松島湾の東名浜と寒風沢に投錨していた旧幕府艦は、開陽丸・回天丸・蟠龍丸の軍艦3隻と、長鯨丸・神速丸・大江丸・鳳凰丸の輸送船4隻の合計7隻で、ここに旧幕府陸軍2200名が分乗した（旧幕府の隊は、伝習士官隊、伝習歩兵隊、一聯隊、衝鋒隊、彰義隊、陸軍隊、砲兵隊、工兵隊、遊撃隊、会津遊撃隊、新選組、額兵隊、神木隊）。これに旧幕府海軍650余名、またフランス軍人ブリュネとカズヌーヴを加え、乗員は3000余名であった。

10月13日　旧幕府軍、宮古湾鍬ヶ崎港に寄港し、薪水・食料を積み込む。

10月17日　旧幕府軍、宮古湾を出航し蝦夷地へ向かう。

10月19日　旧幕府軍の回天丸、蝦夷地の内浦湾鷲ノ木浜沖へ到着する。

10月20日　回天丸の乗員、上陸を開始する。旧幕府艦隊の開陽・鳳凰丸、次いで大江丸、鷲ノ木浜沖へ到着する。その後、23日に全艦が集結し、順次、上陸する。

10月21日　遊撃隊隊長人見勝太郎と本多幸四郎、遊撃隊士30名ほどと箱館府知事への嘆願書を携え、鷲ノ木を出発し、森村を経て本道を箱館へ向かう。

10月22日　総督大鳥圭介率いる旧幕府軍、五稜郭へ向け進軍を開始する。総督土方歳三率いる額兵隊・陸軍隊は、川汲峠を越える間道から箱館を目指す。

10月23日　早暁、嘆願使節の人見ら、本道の峠下村で、箱館府兵や津軽・松前藩兵らと戦い、府兵側敗走する。

　　　　同日　大鳥率いる本道軍、大野村の戦いに勝利する。

10月24日　人見率いる本道軍、七重での戦いに勝利。土方率いる間道軍、川汲峠での新政府軍斥候兵と戦闘して、突破する。

10月26日　旧幕府軍、五稜郭に無血入城する。箱館府知事清水谷公考らは五稜郭を脱出し、青森へ渡った。

10月27日　箱館に入港した秋田藩の軍艦高雄を捕獲し、艦隊に加える。

10月28日　土方歳三率いる松前攻略軍、五稜郭を出陣する。

11月1日～3日　松前攻略軍、知内や福島で戦闘。

11月1日　蟠龍丸、松前港に進入して松前城を砲撃。その後、また箱館に帰港する。

11月4日　松前攻略軍、福島を出て、吉岡で戦闘。

11月5日　松前攻略軍、松前城を攻撃して勝利。

戊辰戦争年表

11月7日　旧幕府艦隊の回天丸・蟠龍丸、青森に入港し、奥羽列藩へ宛てた松前平定などの布告書を津軽藩へ届ける。

11月11日　五稜郭より松岡四郎次郎の一聯隊、松前藩兵追討のため、江差東方の松前藩・館城に出陣する。

11月14日　松前攻略軍、大滝の戦いで勝利。

11月15日　旧幕府艦隊の旗艦・開陽丸、江差に来航して艦砲射撃を行う。松前攻略軍、江差に至る。

同日　朝、一聯隊、館城攻略に成功する。城主松前修広はすでに城を出て、守備兵のみだった。

同日　夜、暴風激浪のため開陽丸、江差沖で座礁する。22日神速丸・回天丸の2艦が救援に来たが、荒天に回天丸は箱館へ帰り、神速丸も機関が故障して座礁する。のち開陽丸も神速丸も沈没した。

11月16日　松前攻略軍、全軍が江差に着陣する。

11月18日　松前攻略軍、松前へ向かい、帰陣。

11月19日　江差に残留の隊、熊石へ松前藩兵追討のため出陣。藩主松前徳広らの逃亡により、残された松前藩兵は降伏した。

同日　明治新政府、旧幕府軍追討令を下す。

11月22日　松前藩主松前徳広一行、逃亡して津軽の平館に入港する。

12月1日　旧幕府軍、フランス・イギリスなど外国公使に新政府へ蝦夷地開拓の許可を求める嘆願書を託す。

12月15日　土方ら松前攻略軍、箱館に凱旋する。旧幕府軍、五稜郭本営で蝦夷地平定の祝賀会を開く。

同日　箱館の旧幕府軍で閣僚を選ぶ入れ札（選挙）が行われ、総裁に榎本武揚、副総裁に松平太郎、海軍奉行に荒井郁之助、陸軍奉行に大鳥圭介らが就任し箱館政府が発足した。

明治2年（1869）

3月15日ごろ　五稜郭に新政府艦隊北上の報が届き、開陽丸を失っていた旧幕府軍では甲鉄艦（軍艦ストーンウォール）への接舷奪取が計画される。

3月16日〜22日　新政府軍の軍艦5隻と輸送船3隻が宮古湾に順次入港してくる。

3月20日　深夜、旧幕府艦隊の回天丸・蟠龍丸・高雄丸、新政府軍の甲鉄艦（ストーンウォール）奪取のため、箱館を出港する。

3月22日　旧幕府軍の3艦、南部領鮫村沖に至り、寄港して情報を探索後、南下を続けるが、暴風雨に見舞われ、散り散りになる。

3月24日　合流した回天丸・高雄丸、宮古南方の山田湾大沢港に到着。蟠龍丸は落ち合う場所とされていた鮫港へ向かう。甲鉄艦奪取では、外輪船の回天丸は援護につき、蟠龍丸と高雄丸が甲鉄艦に並行接舷する作戦であったが、蟠龍丸の離脱により、回天丸・高雄丸の2艦で決行することとなった。

同日　山田湾出撃後、高雄丸の機関が故障して速度が出ず、回天丸1艦で敢行する。

3月25日　宮古湾海戦起こる。早暁、宮古湾に停泊中の新政府艦隊の甲鉄艦に、回天丸が近づき、接舷奪取を敢行するが、戦闘はわずか30分余りで新政府側の勝利に終わり、回天丸は宮古湾を去った。

3月26日　回天丸・蟠龍丸、箱館に帰港する。高雄は艦長古川節蔵以下乗員が羅賀海岸（岩手県田野畑村）で船に火を放って上陸、山中へ逃げたが、のち盛岡藩へ投降した。

4月6日　新政府軍の艦隊、集結した青森を出港する。

同日　箱館の旧幕府軍、来襲の報を受けて迎撃態勢を取る。

同日　陸軍奉行並の土方歳三、箱館政府総裁榎本武揚の使者として、桑名藩前藩主松平定敬、備中松山藩前藩主板倉勝静、唐津藩世子小笠原長行へ厚岸方面への退去を勧告する。定敬らは家臣とともに東北などを転戦後、帰国を決め、箱館港を脱した。

4月7日　旧幕府軍の諸隊、守備する持ち場が決められる。箱館は伝習士官隊・新選組で、新選組は弁天台場を本営とし、箱館山周辺の守備につく。松前は遊撃隊・陸軍隊、江差は一聯隊、室蘭は開拓方、鷲ノ木から尾札部は衝鋒隊、湯ノ川から石崎は小彰義隊、有川から吉岡は彰義隊・額兵隊・神木隊・会津遊撃隊とした。

4月9日　北上した新政府軍、乙部沖に順次到着し、同日朝、乙部に上陸開始。新政府軍は、海岸線を進む松前口、内陸を進む二股口の2方向に分かれて進み、そのあとにも上陸兵が続いた。旧幕府軍一聯隊、江差より乙部に急行し、山上

付 録

に布陣して銃撃戦となるも、敗走し、江差へ退却する。

4月10日　土方歳三が指揮し、二股・台場山に陣地を築く。

4月11日　松前守備の旧幕府軍、江良で戦い、勝利する。

4月13日　二股の土方軍が新政府軍を迎撃し、夜を徹して交戦。土方らは新政府軍を撤退させる。大鳥圭介率いる額兵隊・伝習隊ら、木古内で新政府軍と交戦し、敗走させる。

4月17日　新政府軍、総軍進撃が命ぜられ、海陸の攻撃により松前を奪還する。

4月20日　旧幕府軍、木古内から撤退する。この日も激戦となり、海陸両面からの新政府軍の攻撃に、旧幕府軍は木古内の守りを捨てることになった。各隊に多くの死傷者が出て、伊庭八郎も銃創を負う。

4月23日　二股の土方軍、新政府軍との再度の激戦を展開し撃退する。翌日には五稜郭より伝習士官隊が加わり、陣地を死守する。

4月24日　新政府軍の艦隊、箱館湾に襲来、海戦となる。

4月29日　土方軍、二股口より撤収する。

5月1日　土方歳三、五稜郭へ帰営後、弁天台場へ赴き、新選組へ有川への夜襲を命じる。

5月2日　フランス人教官ブリュネら、自国船で箱館より退去する。その後、本国へ送還された。

5月3日　大鳥圭介、新選組・彰義隊ら諸隊で七重浜の敵営へ夜襲をかける。

5月4日　旧幕府軍、夜襲を行う。

5月7日　箱館湾で海戦となる。旧幕府艦の回天、被弾して浮き砲台となる。4月29日の海戦で、千代田形も座礁して捕獲され、残る旧幕府艦は蟠龍丸のみとなる。

5月8日　旧幕府軍、大川方面や七重浜へ夜襲を行う。

5月8・9日　箱館湾での海戦が停止される。

5月10日　新政府軍、箱館総攻撃の部署を決める。

同日　旧幕府軍、箱館市中の妓楼・武蔵野楼に集まり、別杯を交わす。

5月11日　新政府軍、箱館総攻撃を決行する。箱館総攻撃は、五稜郭方面と箱館市中攻撃が同時に開始。海戦では新政府軍の朝陽丸が、旧幕府艦蟠龍丸からの砲撃で爆発沈没。その一方で甲鉄艦などに反撃されて機関を損傷、海岸に乗り上げて旧幕府海軍は全滅した。

同日　箱館政府の陸軍奉行大鳥圭介、諸隊を率いて出陣する。旧幕府軍、桔梗野、四稜郭、神山、亀田、七重浜、大森浜等々各地で交戦するが、五稜郭方面の諸隊も敗れる。

同日　土方歳三、額兵隊を率いて五稜郭を出陣し、反撃を命じて新政府軍と交戦するも、一本木関門付近で指揮中、被弾し、戦死。

同日　箱館奉行永井尚志、新選組隊士らと弁天台場に籠城する。

5月12日　新政府軍の攻撃続く。旧幕府軍の拠点は五稜郭、千代ヶ岡陣屋、弁天台場のみとなる。

5月13日　新政府軍、五稜郭と弁天台場に使者を派遣し、降伏を勧告する。

5月14日　弁天台場、降伏を決す。

5月15日　弁天台場の籠城兵ら、降伏する。

5月16日　千代ヶ岡陣屋壊滅する。千代ヶ岡にある元津軽藩の陣屋を守備していた箱館奉行並の中島三郎助父子ら戦死。

同日　新政府軍、薩摩藩軍使を遣わし、五稜郭へ千代ヶ岡陣屋の陥落と、五稜郭への総攻撃を告げる。

同日　榎本武揚、新政府軍へ国際法の専門書『海律全書』を贈る。この本を見た黒田清隆が、榎本の才能を惜しみ新政府に必要な人物だからと延命を訴える。榎本、切腹しようとして止められる。その後榎本は、将兵を集めて降伏することを告げ、新政府軍へ軍使を派遣し、再び翌朝6時までの休戦を申し出る。

5月17日　朝6時過ぎ、箱館政府総裁榎本武揚と副総裁松平太郎、随行の者と五稜郭を出て亀田村三軒屋の会見場に向かい、新政府軍の参謀増田虎之助、黒田清隆らと会談を行い、亀田八幡宮に参詣して降伏を誓願、五稜郭に戻った。

5月18日　五稜郭、降伏する。総裁榎本武揚、副総裁松平太郎、陸軍奉行大鳥圭介、海軍奉行荒井郁之助とともに五稜郭を出て、亀田村の陣屋に赴き、新政府軍の参謀山田顕義らと面接して箱館へ護送され、五稜郭では武器が押収される。これにより箱館戦争は終わり、戊辰戦争が終結した。

索 引

＊索引は主に本文（左ページ）の掲載箇所のみ収録した。なお、すべての登場人物等を網羅してはいない。

【あ】

アーネスト・サトウ･･････････････････････ 120
愛国公党････････････････････････････････ 256
愛国社･･････････････････････････････ 262, 274
赤松小三郎････････････････････････ 182, 186
赤松則良････････････････････････････････ 116
秋月の乱･･･････････････････････････････ 268
明保野邸事件･･････････････････････････ 150
安島帯刀････････････････････････････････ 094
篤姫････････････････････････････････････ 068
油小路事件･･･････････････････････････ 190
阿部正外････････････････････････････････ 168
阿部正弘･･････････ 016, 026, 028, 032, 038, 060, 062, 070
天野八郎･････････････････････････ 200, 208
綾小路俊実･････････････････････････････ 196
有栖川宮熾仁親王･･････････ 104, 192, 198, 270
安政東海地震･････････････････････ 052, 054
安政南海地震････････････････････････････ 052
安政の大地震（安政の大地震）････････････ 062
安政の五カ国条約･･････････････ 086, 102, 108, 168
安政の大獄･･････････ 088, 090, 094, 098, 104, 120, 124
安藤信正････････････････ 102, 110, 114, 116, 126
井伊直弼････････ 044, 062, 072, 080, 088, 094, 096, 098, 102
医学館･･････････････････････････････････ 026
医学校････････････････････････････････ 272
生野の変････････････････････････････････ 140
池田長発･･･････････････ 142, 144, 146, 148, 154
池田屋事件･･･････････････････････ 148, 150
異国船打払令････････････････････････････ 028
シーボルト･･････････････････････････････ 014
伊沢政義････････････････････････ 014, 044, 054
板垣退助･･････････ 184, 254, 256, 258, 262, 264, 274
板倉勝静･･････････ 070, 130, 136, 172, 174, 188, 196, 222
一会桑････････････････････････････････ 148
伊東玄朴･･･････････････････････････････ 080
伊藤博文･･････････ 076, 126, 134, 160, 238, 244, 246, 262
井土ヶ谷事件･･････････････････････････ 140
井戸覚弘･････････････････････････ 044, 054
井戸弘道････････････････････････････････ 036
井上馨･････････････ 126, 134, 244, 254, 262, 266
井上清直･････････ 056, 068, 070, 078, 080, 082, 084, 136
伊能忠敬････････････････････････････････ 012
伊庭八郎･････････････････････････ 204, 212, 222

入江九一････････････････････････････････ 076
いろは丸事件･･････････････････････ 182, 192
岩倉使節団･･････････ 238, 240, 242, 244, 246, 252, 254
岩倉具視･･････････ 112, 122, 192, 236, 240, 244, 246, 254, 256
岩崎弥太郎･････････････････････････････ 232
岩瀬忠震･･････････････････ 076, 078, 080, 082
上野景範････････････････････････････････ 252
上野戦争････････････････････････････････ 208
ヴェルニー･･････････ 158, 160, 168, 174, 220
歌川広重････････････････････････････････ 086
宇都宮戦争･･･････････････････････････ 204
鵜殿鳩翁･･････････････････････ 044, 126, 128
梅田雲浜･･･････････････････････ 016, 088, 094
ええじゃないか･･････････････････････ 186
江川太郎左衛門（英龍）･････ 018, 020, 034, 042, 054, 076, 170
江川太郎左衛門（英敏）･････････････ 076, 112
江藤新平･･････････････････ 242, 246, 254, 256, 258
江戸無血開城････････････････････････････ 204
榎本武揚･･････････ 074, 114, 116, 124, 180, 210, 214, 218, 222, 224, 260, 262
榎本道章････････････････････････････････ 196
奥羽越列藩同盟･････････････････････ 208, 214
奥羽列藩同盟･･･････････････････････････ 208
王政復古･･･････････････････ 114, 190, 192, 198
近江屋････････････････････････････････ 190
大江卓････････････････････････････････ 246
正親町三条実愛･････････････････････････ 188
大久保忠寛････････････････････････････ 018
大久保利通････ 170, 186, 192, 238, 244, 246, 252, 258, 260, 262, 274
大隈重信････････････････････････････････ 254
大阪会議････････････････････････････････ 262
大阪開成所･･･････････････････････････ 232
大沢秉哲･････････････････････････ 040, 042
大島高任････････････････････････････････ 076
大田・絵堂の戦い･････････････････････ 160
大鳥圭介･･････････････････ 178, 206, 216, 218, 224
大原重徳････････････････････････････････ 118
大村益次郎･･････････ 066, 068, 070, 092, 126, 162, 228
大山捨松････････････････････････････････ 240
オールコック･･････ 090, 096, 102, 106, 108, 110, 112, 116, 122, 144, 158

289

索 引

小笠原諸島‥‥‥‥‥‥‥‥‥‥‥‥‥266
小笠原長行‥‥‥‥‥‥134, 136, 138, 172, 176, 222
緒方洪庵‥‥‥‥‥‥‥‥‥‥‥‥‥‥012
小栗忠順‥‥‥‥‥‥094, 096, 098, 100, 110, 156,
　162, 168, 176, 206
男谷精一郎‥‥‥‥‥‥‥‥‥‥‥‥‥066
小千谷会談‥‥‥‥‥‥‥‥‥‥‥‥‥206
音吉‥‥‥‥‥‥‥‥‥‥‥‥‥‥028, 048
小山戦争‥‥‥‥‥‥‥‥‥‥‥‥‥‥204
お由良騒動‥‥‥‥‥‥‥‥‥‥‥028, 032

【か】

海援隊‥‥‥‥‥‥‥‥‥182, 184, 190, 192
海軍操練所‥‥‥‥‥‥‥‥‥‥‥148, 162
海軍伝習所‥‥‥‥‥‥‥‥‥060, 062, 074
開成学校‥‥‥‥‥‥‥‥‥216, 226, 254, 272
開成所‥‥‥‥‥‥‥‥‥‥‥‥‥‥‥140
嘉永朋党事件‥‥‥‥‥‥‥‥‥‥‥‥030
学習院‥‥‥‥‥‥‥‥‥‥‥‥‥130, 274
学制‥‥‥‥‥‥‥‥‥‥‥‥‥‥‥‥248
鹿児島紡績所‥‥‥‥‥‥‥‥‥‥184, 230
和宮‥‥‥‥‥‥‥‥‥102, 104, 110, 112, 114, 122
華族‥‥‥‥‥‥‥‥‥‥‥‥‥‥226, 240
片岡健吉‥‥‥‥‥‥‥‥‥‥‥‥258, 272
勝海舟‥‥‥‥‥‥030, 062, 070, 096, 098, 134, 148,
　162, 176, 200, 202
葛飾北斎‥‥‥‥‥‥‥‥‥‥‥‥‥‥026
カッテンディーケ‥‥‥‥‥‥‥‥072, 094
桂小五郎→木戸孝允
加藤弘之‥‥‥‥‥‥‥‥‥‥‥‥‥‥256
亀山社中‥‥‥‥‥‥‥‥‥‥‥‥‥‥164
賀茂社‥‥‥‥‥‥‥‥‥‥‥‥‥‥‥132
樺太・千島交換条約‥‥‥‥‥‥‥‥‥262
家禄‥‥‥‥‥‥‥‥‥‥‥‥‥‥‥‥254
河井継之助‥‥‥‥‥‥‥‥‥206, 208, 210
川路聖謨‥‥‥‥‥‥‥‥042, 050, 052, 066
川路利良‥‥‥‥‥‥‥‥‥‥‥‥‥‥256
咸宜園‥‥‥‥‥‥‥‥‥‥‥‥‥‥‥068
観音埼灯台‥‥‥‥‥‥‥‥‥‥‥‥‥220
観音崎砲台‥‥‥‥‥‥‥‥‥‥‥‥‥032
咸臨丸‥‥‥‥‥072, 096, 098, 100, 102, 124, 210, 212
紀尾井坂の変‥‥‥‥‥‥‥‥‥‥‥‥274
来島又兵衛‥‥‥‥‥‥‥‥‥‥‥146, 150
議政官‥‥‥‥‥‥‥‥‥‥‥‥‥‥‥226
木戸孝允‥‥‥‥‥‥170, 236, 238, 254, 258, 262, 266, 272
奇兵隊‥‥‥‥‥‥‥‥‥‥136, 156, 160, 228
木村芥舟‥‥‥‥‥‥‥‥‥‥‥‥074, 098
京都守護職‥‥‥‥‥‥120, 122, 126, 132, 144, 146, 148
京都所司代‥‥‥‥‥‥‥‥‥‥‥‥‥148

京都見廻組‥‥‥‥‥‥‥‥‥‥‥‥‥148
清河八郎‥‥‥‥‥‥‥‥‥126, 128, 130, 132
曲亭馬琴‥‥‥‥‥‥‥‥‥‥‥‥‥‥024
桐野利秋‥‥‥‥‥‥‥‥‥188, 214, 254, 274
禁門の変‥‥‥‥‥‥‥‥‥‥‥152, 156, 158
久坂玄瑞‥‥‥‥‥‥‥‥076, 108, 126, 128, 152
九条道孝‥‥‥‥‥‥‥‥‥‥‥‥‥‥198
喰違の変‥‥‥‥‥‥‥‥‥‥‥‥‥‥256
鯨波の戦い‥‥‥‥‥‥‥‥‥‥‥‥‥206
久世広周‥‥‥‥‥‥‥‥‥‥‥‥102, 116
久邇宮朝彦親王‥‥‥‥‥‥‥‥‥090, 124
熊本バンド‥‥‥‥‥‥‥‥‥‥‥‥‥266
雲井龍雄‥‥‥‥‥‥‥‥‥‥‥‥‥‥234
クラーク‥‥‥‥‥‥‥‥‥‥‥‥‥‥266
グラバー‥‥‥‥‥‥‥‥‥‥‥‥‥‥092
クリミア戦争‥‥‥‥‥‥‥‥042, 054, 056
栗本鋤雲‥‥‥‥‥‥‥‥‥092, 156, 162, 170
クルティウス‥‥‥‥‥034, 048, 056, 060, 064,
　068, 070, 078, 084, 102
黒田清隆‥‥‥‥‥‥‥‥224, 230, 260, 266, 270
黒船来航‥‥‥‥‥‥‥‥‥‥‥‥030, 038
軍艦操練所‥‥‥‥‥‥‥070, 096, 102, 104, 116, 146
慶応遣欧使節団‥‥‥‥‥‥164, 166, 168, 170, 172
警視庁‥‥‥‥‥‥‥‥‥‥‥‥‥‥‥268
月照‥‥‥‥‥‥‥‥‥‥‥‥‥‥‥‥088
元老院‥‥‥‥‥‥‥‥‥‥‥262, 264, 266
小出秀実‥‥‥‥‥‥‥‥‥150, 176, 180, 182
航海遠略策‥‥‥‥‥‥‥‥‥‥‥‥‥108
甲賀源吾‥‥‥‥‥‥‥‥‥‥‥‥‥‥222
江華島事件‥‥‥‥‥‥‥‥‥‥‥‥‥264
皇居‥‥‥‥‥‥‥‥‥‥‥‥‥‥‥‥216
公現親王（北白川宮能久親王）‥‥184, 208, 210, 228
貢士の制‥‥‥‥‥‥‥‥‥‥‥‥‥‥198
甲州勝沼戦争‥‥‥‥‥‥‥‥‥‥‥‥200
皇族‥‥‥‥‥‥‥‥‥‥‥‥‥‥‥‥240
公武合体‥‥‥‥‥‥‥086, 110, 114, 116, 138, 144
講武所‥‥‥‥‥‥‥‥‥‥066, 070, 088, 090, 098
工部省‥‥‥‥‥‥‥‥‥‥‥‥‥232, 236
工部大学校‥‥‥‥‥‥‥‥‥‥‥‥‥276
神戸事件‥‥‥‥‥‥‥‥‥‥‥‥‥‥196
孝明天皇‥‥‥‥‥‥018, 022, 078, 086, 090, 102, 128,
　132, 138, 144, 154, 178
五箇条の誓文‥‥‥‥‥‥‥‥‥‥‥‥202
小倉口の戦い‥‥‥‥‥‥‥‥‥‥‥‥176
小御所会議‥‥‥‥‥‥‥‥‥‥‥‥‥192
ゴシケーヴィチ‥‥‥‥‥‥‥‥‥088, 108
御親兵‥‥‥‥‥‥‥‥‥‥‥‥‥234, 242
五代友厚‥‥‥‥‥‥‥‥062, 162, 166, 172, 178
五島盛成‥‥‥‥‥‥‥‥‥‥‥‥‥‥028

後藤象二郎……182, 184, 186, 188, 200, 210, 254, 256
近衛忠煕……090, 124
五榜の掲示……202
小松帯刀……170, 186, 210
五稜郭……072, 106, 150, 216, 218, 224, 226
金戒光明寺……126, 188
近藤勇……132, 150, 170, 204
坤輿図識……016

【さ】

西郷従道……226, 232, 258
西郷隆盛……046, 088, 154, 166, 170, 184, 186, 190, 192, 200, 202, 204, 234, 236, 244, 254, 258, 270, 274
堺事件……200
酒井忠義……020, 030, 082
酒井忠惇……196
堺紡績所……230, 244
坂下門外の変……114
佐賀の乱……256
坂本龍馬……058, 164, 166, 172, 182, 184, 186, 190
相楽総三……196, 200
佐久間象山……030, 032, 046, 152
桜田門外の変……098, 106
薩英戦争……138, 142, 162
薩長同盟……172
薩土盟約……184, 186, 188
札幌農学校……266
沢太郎左衛門……116, 196
沢宣嘉……140, 232
参勤交代……122
三条実美……140, 236, 246, 254
三条制札事件……176
三職八局の制……198
参謀本部……276
讒謗律……264
参与会議……142, 144, 146
思案橋事件……268
シーボルト……012, 092
シーボルト事件……092
辞官納地……192
四境戦争……174
滋野井公寿……196
四侯会議……182
四国艦隊下関砲撃事件……154, 158, 162
士族……226, 240
七官両局の制……206
七卿落ち……140
品川弥二郎……076

柴田剛中……164, 166, 172, 178
師範学校……244
渋沢栄一……178
島津製糸所……230, 244
島津忠義……190, 220, 272
島津斉彬……026, 028, 032, 034, 038, 046, 062, 072, 084, 090, 230
島津斉興……022, 028, 032
島津久光……116, 118, 122, 142, 144, 182, 264, 272
清水谷公考……216
下田条約……046
下関戦争……134, 156
下関砲撃事件……134, 142, 146, 154, 260
集成館……034
自由民権運動……258
種痘……018, 020, 024, 028
種痘館……080
種痘所……102, 112
松下村塾……068, 076
彰義隊……200, 208
将軍継嗣問題……038, 042, 074, 080, 090
将軍後見職……120, 132, 146
昌平黌……104
衝鋒隊……208, 212
女子師範学校……258, 260
壬申戸籍……236
新製輿地全図……014
新選組……132, 148, 150, 154, 176, 190, 192, 216
神風連の乱……268
神仏分離令……202
新聞紙条例……264
新見正興……094, 096, 100, 104
調所広郷……024
周布政之助……040, 054, 056, 062, 084, 088, 128
征韓論争……254, 256
政事総裁職……120, 128
政体書……206
征台の役……258
西南戦争……270, 272, 274
舎密局……208, 222, 230
西洋医学所……112
赤報隊……196, 200
世良修蔵……202, 206
漸次立憲政体樹立の詔……262
船中八策……184
副島種臣……206, 244, 246, 254, 256
卒……228, 240

索 引

【た】

第1次長州戦争……………………………… 160
第2次長州戦争……… 164, 168, 172, 174, 176, 180
第一国立銀行 ………………………………… 254
大学 ………………………………………… 228, 238
大教宣布の詔 ………………………………… 230
大審院 ………………………………………… 262
大政奉還 ……………………………………… 188
第2回遣欧使節団→横浜鎖港談判使節団
太陽暦 ………………………………………… 250
台湾征討 ………………………………… 258, 260
高崎崩れ ……………………………………… 030
高島秋帆 …………………… 020, 022, 040, 066, 170
高杉晋作………… 076, 118, 120, 126, 136, 146, 154, 60, 176, 182
高野長英 ………………………………… 068, 092
高橋泥舟 ……………………………………… 200
高峰譲吉 ……………………………………… 224
竹内保徳 …………… 048, 058, 112, 116, 118, 120, 122, 126, 164
武市瑞山 …………………………… 110, 116, 164
竹本正雄 ……………………………………… 142
太政官 …………………………… 198, 238, 262, 270
太政官札 ……………………………………… 208
太政官制 ……………………………………… 252
伊達宗城 ……………… 026, 038, 142, 182, 238
谷干城 …………………………………… 256, 270
田原坂の戦い ………………………………… 272
弾正台 …………………………………… 226, 236
地租改正条例 ………………………………… 254
千葉周作 ……………………………………… 064
地方官会議 ……………………………… 262, 274
長州五傑 ……………………………………… 134
長州戦争→第一次長州戦争・第二次長州戦争
徴兵制 ………………………………………… 250
徴兵令 …………………………………… 250, 264
鎮守府 ………………………………………… 266
鎮台 …………………………………………… 250
対馬 ……………………………………… 108, 110
津田梅子 ………………………………… 238, 240
津田真道 ……………………………………… 116
土田龍湾 ……………………………………… 028
筒井政憲 ………………………………… 050, 052
坪井九右衛門 ………………… 014, 022, 040, 060
適々斎塾 ………………………………… 012, 028, 050
鉄道 ……………………………………… 260, 270
寺島宗則 ……………………………………… 226
寺田屋 ………………………………………… 172
寺田屋騒動 …………………………………… 118

寺村左膳 ………………………………… 184, 186
天狗党 ………………………………………… 160
天狗党の乱 …………………………………… 146
電信 ……………………………… 228, 232, 242
天誅組 ………………………………………… 140
伝通院 ………………………………………… 128
天保の改革 …………………………………… 014
天満屋事件 …………………………………… 190
土井利忠 ……………………………………… 028
東京株式取引所 ……………………………… 276
東京警視庁 …………………………………… 256
東京駒場農学校 ……………………………… 274
東京大学 ……………………………………… 272
東京大学史料編纂所 ………………………… 270
東郷平八郎 …………………………………… 188
同志社英学校 ………………………………… 264
東征大総督府 ………………………………… 198
東禅寺事件 ……………………………… 108, 118
東北戦争 ……………………………………… 202
戸川安愛 ……………………………………… 196
徳川昭武 ………………………………… 178, 180
徳川家定 …………………… 038, 058, 068, 074, 078, 082
徳川家達 ………………………………… 206, 208
徳川家茂 ………… 088, 102, 104, 108, 112, 114, 128, 130, 132, 138, 142, 144, 146, 148, 160, 164, 166, 168, 174
徳川家慶 …………………… 014, 030, 034, 038, 040
徳川斉昭 ………… 012, 014, 020, 022, 038, 042, 072, 076, 082, 094, 102, 104
徳川慶篤 …………………… 012, 038, 082, 094, 102
徳川慶勝 ……………………… 082, 104, 154, 192
徳川慶福（家茂）……………… 072, 074, 082, 084
徳川慶喜 ……… 022, 068, 072, 074, 094, 104, 120, 128, 132, 144, 148, 152, 160, 176, 178, 180, 188, 190, 192, 194, 196, 198, 200, 204, 206, 228
土佐勤王党 …………………………………… 116
戸田氏栄 ……………………………………… 036
鳥羽・伏見の戦い ……………………… 194, 206
富岡製糸場 …………………………………… 250
鳥居耀蔵 …………………………… 016, 020, 040
屯田兵制度 …………………………………… 260

【な】

内国勧業博覧会 ……………………………… 272
内務省 ………………………………………… 254
長井雅楽 …………………………… 108, 118, 128
永井尚志 …………… 048, 060, 062, 070, 082, 084, 086, 152, 170, 172, 188
中岡慎太郎 ……………………………… 184, 186, 190

長崎海軍伝習所	070, 162	塙保己一	126
長崎製鉄所	076, 236	蛤御門の変	152
長崎造船所	236	林大学頭	044, 046
長崎熔鉄所→長崎製鉄所		林有造	258, 272, 276
中島三郎助	020, 036, 074, 224	原市之進	186
中根雪江	190	ハラタマ	224
中浜万次郎	032, 042, 096	ハリス	066, 070, 072, 074, 076, 078, 080, 090, 096, 106, 116
中山忠光	134, 138, 140, 158	パリ万国博覧会	166, 178, 274
中山忠能	110, 178, 192	番組小学校	226
鍋島直正	020, 024, 028, 034, 220	反射炉	030, 054, 076, 156
ナポレオン3世	146, 180	蕃書調所	064, 066, 070, 076, 116, 118
生麦事件	122, 130, 134, 138	版籍奉還	220, 226
鳴滝塾	092	藩治職制	216
南紀派	074	東久世通禧	198
新島襄	264	土方歳三	216, 218, 224
2官6省	226	ビッドル	018
西周	116, 218, 252	一橋派	072, 074, 088
日米修好通商条約	078, 080, 090, 094, 096, 100, 118	一柳直方	018
日米和親条約	044, 054	人見勝太郎	216
日露和親条約（日露通好条約）	050, 052, 068	白虎隊	212
日清修好条規	238	ヒュースケン	066, 076, 092, 104
日朝修好条規	264, 266	広沢真臣	176, 188, 234
二宮尊徳	068	広瀬淡窓	068
日本赤十字社	272	風説書	020, 022, 024, 030, 034, 056, 114
韮山反射炉	076	福岡孝弟	184, 206
仁孝天皇	018, 022	福沢諭吉	096, 112, 116, 204, 242, 252
仁和寺宮嘉彰親王（小松宮彰仁親王）	192, 194, 198	武家諸法度	040, 050, 054
沼津兵学校	218	藤田東湖	012, 038, 046, 058, 062
野山獄	050, 064, 090, 146, 166	伏見宮邦家親王	090
		二股口の戦い	222
【は】		プチャーチン	038, 040, 042, 044, 048, 050, 054, 056, 074, 084
パークス	122, 158, 166, 192, 200, 226	普仏戦争	232
廃刀令	266	ブリュナ	250
廃藩置県	236	ブリュネ	214, 224
廃仏毀釈	202, 242	ブルーク	038
萩の乱	268	古高俊太郎	150, 154
博愛社	272	フルベッキ	094
箱館政府	218, 224, 226	文久遣欧使節団	112, 114, 116, 118, 120, 122, 126, 164
箱館戦争	224	平民	226, 240
箱館総攻撃	224	ヘボン	094, 126
箱根・山崎の戦い	204	ペリー	034, 036, 038, 040, 042, 044, 046, 048
橋本左内	046, 078, 088, 094	ベルクール	086, 092, 128, 140, 146, 156
橋本実梁	204	弁天台場	156, 216, 224
「バタビヤ新聞」	114	報徳仕法	068
八月十八日の政変	138, 140, 146, 192	北越戦争	208
八十八卿の列参奏上	90, 118	戊午の密勅	086, 090, 094, 114
花房義質	248, 258		

293

戊辰戦争······194, 224
北海道······228
堀田正睦······062, 066, 072, 076, 078, 080
母成峠の戦い······212
堀利煕······082, 084, 104
ポンペ······074, 106, 110

【ま】

前島密······234
前原一誠······232, 268
真木和泉······138, 152, 154
松浦武四郎······016
松平容敬······022, 028, 034
松平容保······122, 126, 132, 138, 144, 146, 152, 168, 188, 198, 212, 214
松平定敬······148, 168, 188, 196, 198, 200, 214
松平主税助······124, 126
松平喜徳······198, 214
松平慶永(春嶽)······038, 062, 072, 076, 078, 082, 088, 104, 120, 128, 142, 144, 146, 182, 192
松前崇広······028, 064, 168
松本良順······074, 110
間部詮勝······088, 096
間宮林蔵······012
マリア・ルース号事件······244, 246, 248, 252, 254, 258
万延元年遣米使節団······096, 098, 100, 102, 104
三浦休太郎······190
水野忠精······130, 132, 136, 174
水野忠邦······014
水野忠徳······042, 048, 074, 082, 086, 112
箕作麟祥······248
箕作阮甫······014, 016, 060, 070, 076, 080
箕作省吾······014, 016
宮古湾海戦······222
民部省札······228
椋梨藤太······040, 054, 062, 156, 166
陸奥宗光······246, 276
村垣範正······094, 096, 100, 106
村田清風······014, 040, 056, 062
明治天皇······178, 198, 200, 202, 212, 214, 216, 218, 222, 244, 252, 266, 270, 272, 274
明六社······252, 256
毛利敬親······028, 108, 118, 160
毛利元徳······220
モーニケ······024, 030
本木昌造······104
森有礼······252
文部省······230, 238, 250

【や】

矢田堀景蔵······062
柳原前光······204
山内豊信(容堂)······026, 038, 048, 094, 104, 128, 142, 144, 182, 192, 246
山内豊範······094, 220
山岡鉄舟······126, 128, 200, 202
山県有朋······076, 176, 226, 232, 234, 250, 270, 276
山川(大山)捨松······238, 240
山口直毅······196
山本覚馬······030
遊撃隊······204, 216
郵便······234, 240
由利公正······058, 256
洋学所······060, 062, 064
養生所······106, 110
洋書調所······118, 140
横井小楠······058, 078, 184, 220
横須賀製鉄所······164, 168, 174, 220
横浜鎖港談判使節団······140, 142, 144, 146, 148, 154
横浜鎖港問題······144
横浜製鉄所······146, 160
吉田松陰······016, 032, 034, 036, 044, 050, 064, 068, 076, 088, 096
吉田東洋······048, 078, 116
吉田稔麿······076
淀堤千両松······196

【ら】

頼三樹三郎······094
邏卒······238, 256
陸援隊······186, 192
李鴻章······238
立志社······258, 262, 272
琉球王国······048
琉球処分······248
琉球藩······244, 250, 262
留守政府······244, 254
レフィスゾーン······022, 030
浪士組······128, 130, 132
ロッシュ······146, 156, 162, 166, 168, 174, 176, 192
ロンドン覚書······118
ロンドン万国博覧会······116

【わ】

和魯通言比考······058

■編者

大石　学（おおいし・まなぶ）

　1953年生まれ。東京学芸大学卒業。筑波大学大学院博士課程単位取得。日本近世史専攻。現在、東京学芸大学教授。著書は『近世公文書論　公文書システムの形成と発展』『時代劇メディアが語る歴史―表象とリアリズム―』（ともに岩田書院）、『ビジュアル幕末1000人』（世界文化社）、『首都江戸の誕生　大江戸はいかにして造られたのか』（角川学芸出版）、『近世藩制・藩校大事典』『新しい江戸時代が見えてくる―「平和」と「文明化」の265年―』（以上、吉川弘文館）『新選組「最後の武士」の実像』（中公新書）、『古文書解読事典』『吉宗と享保の改革』『時代考証の窓から―篤姫とその世界―』『時代考証学ことはじめ』（以上、東京堂出版）など、多数。

　大河ドラマ『新選組』『篤姫』『龍馬伝』『八重の桜』『花燃ゆ』『西郷どん』の時代考証を担当。

■編集協力

結喜しはや
加唐亜紀

篠原杏奈
宗重博之
正木理恵
近藤　勲

図版作製　曽根田栄夫

＊表紙図版
「東京汐留鉄道舘蒸気車待合之図」（明治6年、国立国会図書館蔵）

幕末維新史年表	2018年10月30日　初版印刷 2018年11月10日　初版発行

編　者　　大石　学
発行者　　金田　功
発行所　　株式会社東京堂出版
　　　　　http://www.tokyodoshuppan.com/
　　　　　〒101-0051 東京都千代田区神田神保町1-17
　　　　　電話03-3233-3741

DTP　　　株式会社あおく企画
装　丁　　藤田美咲
印刷製本　中央精版印刷株式会社

Ⓒ Oishi Manabu, 2018
Printed in Japan
ISBN978-4-490-20986-0 C1021